Heimerziehung im Jugendhilfeverbund

LAMBERTUS

Freiburger Sozialpädagogische Beiträge
Band 20

Herausgegeben von Hubertus Junge

Heimerziehung im Jugendhilfeverbund

Konzepte und Konsequenzen

Herausgegeben von
Hubertus Junge

Lambertus

CIP-Titelaufnahme der Deutschen Bibliothek

Heimerziehung im Jugendhilfeverbund: Konzepte und Konsequenzen / hrsg. von Hubertus Junge. – Freiburg im Breisgau: Lambertus-Verl., 1989

(Freiburger sozialpädagogische Beiträge; Bd. 20)
ISBN 3-7841-0415-0

NE: Junge, Hubertus [Hrsg.]; GT

Umschlaggestaltung: Christa Berger, Solingen
Fotos: Peter Jokschus, Brüggen, Ingrid Post, Freiburg
Herstellung: F. X. Stückle, Ettenheim
ISSN 0532-6508
ISBN 3-7841-0415-0

Inhalt

Vorwort

Der Verband katholischer Einrichtungen der Heim- und Heilpädagogik, in dem 450 Heime der Erziehungshilfe zusammengeschlossen sind, führte vom 7. bis 9. Juni 1988 in Essen seine 18. Bundestagung Heim- und Heilpädagogik durch.
Die Bundestagungen der katholischen Heimerziehung haben eine lange Tradition und finden in etwa 3jährigem Abstand schon seit 1949 statt. In den Nachkriegsjahren wurden sie vom „Verband der katholisch-caritativen Erziehungsheime Deutschlands", wie dieser zentrale Fachverband des Deutschen Caritasverbandes bis zum Jahre 1966 hieß, und dem „Katholischen Arbeitskreis für Heilpädagogik" gemeinsam veranstaltet. Mit der 1966 erfolgten Namensänderung in „Verband katholischer Einrichtungen der Heim- und Heilpädagogik" und der Fusion der genannten zwei Veranstalter wurde eine fachliche Schwerpunktverlagerung und Konzentration in der katholischen Heimerziehung deutlich, die bereits vor der Heimkampagne eingesetzt hatte.
Die nunmehr 18 Bundestagungen Heim- und Heilpädagogik in den Jahren von 1949 bis 1988 werden seit 1959 in der Reihe „Freiburger Sozialpädagogische Beiträge" dokumentiert; vorher erfolgten Berichterstattungen in der Fachzeitschrift „Jugendwohl" des Deutschen Caritasverbandes.
Ein Überblick über die Themen dieser bundeszentralen Kongresse in den zurückliegenden 30 Jahren, die jeweils von rund 1000 Teilnehmerinnen und Teilnehmern besucht wurden, veranschaulicht mehr als viele Worte, wie die Träger der katholischen Heimerziehung ihrem pädagogischen Auftrag unter den sich wandelnden Lebensbedingungen und Lebenswirklichkeiten gerecht zu werden versuchten. „Wesen und Auftrag des katholischen Erziehungsheimes in unserer Zeit" (1959), „Religiöse Erziehung im Heim" (1962), „Leib und Leiblichkeit in der Erziehung" (1964), „Für die Welt von morgen erziehen" (1966), „Wachsen, Lernen, Reifen" (1968), „Gesellschaftliche Aspekte der Heimerziehung" (1971), „Sozialisationsfeld Heimerziehung" (1974), „Erzieher im Heim" (1977), „Kinder im Heim, Kinder ohne Zukunft?" (1979), „Erziehen in unserer Zeit" (1982), „Zukunft der Heimerziehung" (1985).
Es ging und geht beim Auftrag katholischer Heimerziehung immer darum, Kindern und Jugendlichen Wege zu einem selbständigen, in eigener Verantwortung gestalteten und gelingenden Leben zu weisen. Dieser hohe Anspruch erfordert Menschen, die bereit sind, über ihre professionelle Aufgabe hinaus mit den Kindern und Jugendlichen zu leben,

ihnen Verläßlichkeit und Vertrauen zu schenken, mit einem Wort: ohne Vorbedingungen für sie da zu sein. So steht bei den Bundestagungen Heim- und Heilpädagogik — wenn auch die Begriffe einem Wandel unterworfen sind — letztlich immer die Frage im Mittelpunkt, welche personalen, fachlichen, sozialen und organisatorischen Bedingungen dieses Ziel fördern oder beeinträchtigen.
Heute stehen die Bemühungen um eine bessere Verbindung und um die geforderte Zusammenarbeit der verschiedenen Erziehungshilfen im Vordergrund, weil die Gefahr gesehen wird, daß ein sich immer mehr differenzierendes und spezialisierendes Hilfesystem nicht mehr in der Lage sein könnte, dem am jungen Menschen orientierten ganzheitlichen Erziehungsanspruch, der vor allem auch seine Familie mit einbezieht, gerecht zu werden.
Der Verband katholischer Einrichtungen der Heim- und Heilpädagogik sieht in der Vernetzung von Erziehungshilfen, der Schaffung von Erziehungshilfezentren und der Entwicklung von Verbundsystemen Möglichkeiten, diesen Gefahren zu begegnen. Er will die Bereitschaft fördern, auf diesem Weg weiterzugehen und die dafür notwendigen Bedingungen zu schaffen. Er ist sich bewußt, daß bei einer stärkeren Berücksichtigung des unmittelbaren Lebensumfeldes der Kinder und Jugendlichen und ihrer Familien die gegebenen örtlichen und regionalen Voraussetzungen keine einheitlichen Formen des Hilfeverbundes zulassen oder erfordern. Die Anforderungen, die daraus für die Mitarbeiterinnen und Mitarbeiter, die Träger und nicht zuletzt für die rechtliche und finanzielle Ausgestaltung künftiger Erziehungshilfen abzuleiten sind, waren Gegenstand der Referate und Diskussionen während der 18. Bundestagung Heim- und Heilpädagogik.
Der vorliegende Band dokumentiert die Grundsatzreferate und die Beratungen in den Arbeitskreisen. In der Berichterstattung wird deutlich, daß für die 24 Arbeitskreise aufgrund der unterschiedlichen Themenstellungen und der verschiedenartigen Interessenlage der Teilnehmer keine einheitliche Methodik und Didaktik angestrebt war.
Nach den einführenden Kurzreferaten blieb es den Teilnehmerinnen und Teilnehmern der Arbeitskreise überlassen, Ergebnisse festzuhalten oder Forderungen zu formulieren. Vielleicht unterscheidet sich gerade deswegen die Dokumentation der 18. Bundestagung von üblichen Tagungsberichten. Sie entspricht eher einem Fachbuch, das über die an der Bundestagung unmittelbar Beteiligten hinaus sowohl jugendpolitisches Interesse finden als auch zur fachlichen Diskussion herausfordern möge.

Freiburg, im Januar 1989 Der Herausgeber

Eröffnung der Bundestagung

Alfons Henrich

Eine Tagung von der Größe und Bedeutung wie die unsere beginnt in der Regel mit festlicher Musik. Vielleicht haben Sie im stillen gedacht: „Die Eröffnung einer Bundestagung – so sang- und klanglos – das darf doch nicht sein." Nun, es soll auch nicht so sein.
Wenn auf eine musikalische Eröffnung durch einen Chor oder durch ein Orchester verzichtet wurde, dann einfach deshalb, weil wir das auch selbst können. Ich weiß, daß Sie alle hier im Saal nicht nur fachlich qualifiziert arbeiten können. Sie können auch singen. Ja, ich möchte meinen, daß das Singen zum pädagogischen Repertoire eines Erziehers gehört. Und das wollen wir zum Beginn unserer Bundestagung beweisen.
Bei unseren bisherigen Bundestagungen stand am Anfang immer die große, gemeinsame Eucharistiefeier. Wenn wir sie diesmal in die Mitte unserer Bundestagung gestellt haben, dann sollte am Anfang das Lob Gottes nicht fehlen.
So darf ich Sie nun einladen zu diesem Lob Gottes zur Eröffnung unserer Bundestagung, verbunden mit der Bitte an Gott, daß er all unsere Beratungen in diesen Tagen und unser Beisammensein hier in Essen mit seinem Segen begleite. Und nachdem hier im Saalbau ganze Völkerscharen aus allen Teilen der Bundesrepublik und darüber hinaus versammelt sind, wollen wir dies tun mit dem Kanon „Lobet und preiset ihr Völker den Herrn". Wir singen zunächst gemeinsam und dann in drei Stimmen. Ich darf Sie bitten, sich zu erheben.
(Kanon)
Nach diesem herrlichen Gotteslob, das, so meinte ich zu spüren, aus dem Herzen kam – wie ja bei allem, was in der Heimerziehung geschieht, das Herz, d. h. der ganze Mensch dabei sein muß – darf ich Sie alle hier im Saalbau von Herzen begrüßen und Sie zu unserer 18. Bundestagung Heim- und Heilpädagogik im Namen des Vorstandes unseres Verbandes willkommen heißen.
Wir haben zwar nicht die hohe Teilnehmerzahl wie bei unserer letzten Bundestagung in Regensburg im Jahr 1985. Damals waren es 1100 Teilnehmerinnen und Teilnehmer. Diesmal sind es zwar nur 900, die sich für die ganze Tagung angemeldet haben, aber mit den Tagesgästen, die sich in großer Zahl nur für einzelne Tage angemeldet haben, kommen wir an die Regensburger Teilnehmerzahl fast heran.

Daß Sie wieder so zahlreich gekommen sind, mag daran liegen, daß Sie die Bundestagungen unseres Verbandes zu schätzen wissen, daß Sie sich von der Thematik unserer Bundestagung neue Erkenntnisse und Impulse für Ihre pädagogische Arbeit erhoffen, und es mag auch daran liegen, daß Sie wieder einmal oder auch zum ersten Mal die große Gemeinschaft, die große Familie unseres Verbandes erleben wollen: das Zusammentreffen mit alten Bekannten, den fachlichen Austausch mit anderen, das Erlebnis der gemeinsamen Sorge um die uns anvertrauten jungen Menschen in unseren Heimen. Ich jedenfalls freue mich, wieder drei Tage lang mit Menschen zusammensein zu können, die ihre ganze Arbeitskraft für junge Menschen einsetzen, die jungen Menschen zeigen, wie das Leben geht und die dabei ein Stück ihres eigenen Lebens weitergeben.

Für Ihre tägliche Sorge und für Ihren Einsatz im Dienst an jungen Menschen, der, wie wir alle wissen, nicht leicht ist und den ganzen Menschen verlangt, sage ich Ihnen persönlich und im Namen des Vorstandes unseren herzlichen Dank. Dank sagen darf ich aber auch gleich zu Beginn all denen, die bei der Gestaltung unserer Bundestagung als Referenten oder als Leiter von Arbeitskreisen aktiv mitwirken, besonders denen, die nicht zu unserem Verband gehören. Namentlich für alle nenne ich Herrn Dr. Franz Jürgen Blumenberg, den Vorsitzenden des AFET, der morgen das Referat zum zweiten Schwerpunkt unserer Tagung halten wird.

Unter den vielen Gästen unserer Bundestagung darf ich zunächst die drei Ehrengäste begrüßen, die nachher ein Grußwort zu uns sprechen werden. Ich will es tun in der Reihenfolge der Grußworte. Ich begrüße mit großer Freude Herrn Heinemann, den Minister für Arbeit, Gesundheit und Soziales des Landes Nordrhein-Westfalen. Wir empfinden es als große Ehre, Herr Minister, daß Sie zur Eröffnung unserer Tagung gekommen sind und ein Grußwort zu uns sprechen.

Wir wissen, daß Ihr Ministerium einigen Ärger hatte mit den Freien Wohlfahrtsverbänden. Um so mehr wissen wir zu schätzen, was Sie, Herr Minister, bei Ihrer Regierungserklärung am 20. April 1988 im Landtag gesagt haben. Selten hat ein Politiker ein so klares Ja gesagt zur Subsidiarität und zur Freien Wohlfahrtspflege. Ein herzliches Dankeschön für dieses klare Bekenntnis.

Ich begrüße in Vertretung für Herrn Oberbürgermeister Peter Reuschenbach Herrn Bürgermeister Hanns Sobeck. Wir danken ganz herzlich für die tatkräftige Unterstützung der Stadt Essen bei der Vorbereitung unserer Bundestagung. Überall fanden wir freundliches Entgegenkommen: beim Verkehrsamt der Stadt, bei den städtischen Behörden

und nicht zuletzt bei der Verwaltung des Saalbaus. Wenn es im Prospekt der Stadt Essen heißt „Eine Stadt, in der sich's leben läßt“, so haben wir in den wenigen Stunden, die wir hier sind, schon etwas davon gespürt. Und wenn das Wetter heute nicht dem Prospekt entspricht, so wird sich das sicher noch im Lauf der Tagung ändern.
Ich begrüße Herrn Weihbischof Wolfgang Große in Vertretung für Herrn Kardinal Dr. Franz Hengsbach. Die Ernennung von Herrn Bischof Hengsbach zum Kardinal hat uns alle sehr gefreut und wir bitten Sie, Herrn Kardinal Hengsbach unsere herzlichsten Glück- und Segenswünsche zu überbringen.
In Ihnen, Herr Weihbischof, haben wir heute morgen den richtigen Mann in unserer Mitte. Denn als Caritasbischof der Diözese Essen und Vorsitzender des Diözesancaritasverbandes wissen Sie um die uns anvertrauten jungen Menschen und auch um unsere alltägliche Arbeit. Wir freuen uns auf Ihr Grußwort.
Lassen Sie mich unter den vielen Gästen, die zu unserer Bundestagung gekommen sind, noch einige namentlich begrüßen:
den Leiter des Landesjugendamtes Westfalen-Lippe, Herrn Landesrat Dr. Günter Happe;
den Leiter des Landesjugendamtes Rheinland, Herrn Landesrat Helmut Saurbier;
den Sozialdezernenten der Stadt Essen, Herrn Beigeordneten Günter Herber;
den Leiter des Stadtjugendamtes Essen, Herrn Dieter Greese;
Frau Monika Uhlig, Mitglied des Kreisvorstandes der FDP in Essen;
den Geschäftsführer des Evangelischen Erziehungsverbandes, Herrn Hans Bauer;
den Geschäftsführer des AFET, Herrn Heinrich Wilhelm Cohrs;
den Vorsitzenden der Internationalen Gesellschaft für Heimerziehung, Herrn Dr. Klaus Münstermann.
Erstmals sind damit alle Heimverbände bei unserer Bundestagung vertreten.
Ich begrüße die Vertreter des Diözesancaritasverbandes Essen, der Ortscaritas und der caritativen Fachverbände der Stadt Essen. Namentlich für alle darf ich Frau Maria Maas nennen, die Geschäftsführerin der Diözesanarbeitsgemeinschaft Jugend- und Heimerziehung in Essen, die uns mit ihren Mitarbeiterinnen so hervorragend bei der Vorbereitung unserer Bundestagung unterstützt hat. Dafür ein herzliches Dankeschön.
Ein Dankeschön aber auch Herrn Pfarrer Friedhelm Wortmann von St. Engelbert und Herrn Pfarrer Karl Josef Gierlich von St. Ignatius, die

uns nicht nur ihre Kirchen, sondern auch die Räumlichkeiten ihrer Pfarrzentren für unsere Tagung zur Verfügung stellen.
Nicht zuletzt gilt unser besonderer Gruß auch den Vertretern der Presse. Noch viele unserer Gäste wären namentlich zu nennen. Wir alle freuen uns, daß Sie gekommen sind und durch Ihr Kommen Ihr Interesse an unserer Arbeit bekunden. Seien Sie alle, genannt oder ungenannt, herzlich in unserer Mitte willkommen.
Wir alle hoffen, im Rahmen unserer Bundestagung Neues zu erfahren, Erprobtes zu vergleichen und im Fachgespräch Probleme und Erfahrungen auszutauschen. Hierzu dienen vor allem die Arbeitskreise an beiden Tagen. Wir wollen aber auch gemeinsam vor Gott hintreten bei der Feier der Heiligen Eucharistie, und schließlich wollen wir am Rande unserer Tagung Beziehungen pflegen und uns gegenseitig kennenlernen mit unseren Zielen und Wünschen und mit unseren Sorgen und Nöten. Daß uns dies alles gelingt, das ist mein Wunsch an Sie alle.

Grußworte

Professor Dr. Rita Süssmuth
BUNDESMINISTERIN FÜR JUGEND, FAMILIE, FRAUEN UND GESUNDHEIT

Heimerziehung gehört neben der Pflegefamilie zu den klassischen Formen erzieherischer Hilfe. Ihre Leistungsfähigkeit und ihre genuinen Möglichkeiten standen immer wieder im Kreuzfeuer der Kritik. Zuerst war es die z. T. heftig geführte Heimkampagne der 60er Jahre, dann der Trend zum verstärkten Ausbau des Pflegekinderwesens und schließlich die Hinwendung zur Sozialpädagogischen Familienhilfe, die die Heimerziehung und ihre Träger immer wieder vor neue Anforderungen gestellt und sie zur Anpassung und Weiterentwicklung gezwungen hat. Heute können wir mit Sicherheit sagen, daß Heimerziehung aus diesem schwierigen und risikoreichen Prozeß gestärkt hervorgegangen ist: fachlich qualifizierte Heimerziehung ist eine gleichrangige, der Entwicklung insbesondere älterer Kinder und Jugendlicher förderliche Hilfeform in einem größeren Spektrum erzieherischer Hilfen. Was für die Fachwelt längst unbestritten ist, setzt sich im allgemeinen Bewußtsein der Bevölkerung nur langsam um. Unser aller Aufgabe ist es daher, den hohen Rang weiterentwickelter und qualifizierter Formen der Heimerziehung für die Entwicklung von Kindern und Jugendlichen, die nicht in ihrer Familie aufwachsen können, der Öffentlichkeit deutlich zu machen.
Innerhalb der Jugendhilfe müssen wir endlich die Diskussion um die Hierarchie einzelner Hilfeformen beenden. Im Vordergrund der Entscheidungsfindung muß das Kind bzw. der Jugendliche, müssen sein engeres soziales Bezugsfeld, seine Bindungen und Bedürfnisse stehen, nicht Gesichtspunkte der Organisation, Trägerschaft oder Finanzierung. Angesichts eines weiter ausdifferenzierten Hilfespektrums ist es notwendiger denn je, daß die unterschiedlichen Hilfeformen nicht beziehungslos nebeneinander stehen, sondern miteinander verbunden und aufeinander ausgerichtet sind. Ein wichtiges Instrument zur Neustrukturierung der erzieherischen Jugendhilfe auf der örtlichen und der regionalen Ebene ist der Hilfeverbund in all seinen verschiedenen Erscheinungsformen. Dabei dürfen allerdings Trägerautonomie und unterschiedliche Wertorientierung nicht einem technokratischen, weltanschaulich-neutralen Erziehungsverständnis geopfert werden. Ein Hilfeverbund muß vielmehr dazu beitragen, ein plurales, fachlich qua-

lifiziertes und differenziertes Hilfeangebot zu gewährleisten, das den Betroffenen „lange Wege", „Sackgassen" und ein „zeitraubendes Umsteigen" erspart.
Den Teilnehmerinnen und Teilnehmern an der 18. Bundestagung Heim- und Heilpädagogik wünsche ich viele Gelegenheiten des fachlichen Meinungsaustausches und der mitmenschlichen Begegnung.

Hermann Heinemann
MINISTER FÜR ARBEIT, GESUNDHEIT UND SOZIALES DES LANDES NORDRHEIN-WESTFALEN

Der Verband katholischer Einrichtungen der Heim- und Heilpädagogik widmet sich seit vielen Jahren der Aufgabe, jungen Menschen, die der Heimerziehung bedürfen, pädagogische und heilpädagogische Hilfen zu leisten. Er will ihnen dadurch helfen, ihre Sozialisationsdefizite und Verhaltensstörungen zu überwinden, um schließlich – wie es ein Heimerzieher treffend ausgedrückt hat – „selbst segeln zu können".
Heimerziehung greift – wie Sie aus Ihrer täglichen Arbeit vor Ort wissen – tiefer und umfassender als alle anderen öffentlichen Erziehungshilfen in einer sehr wichtigen Entwicklungsphase in das Leben eines jungen Menschen ein. Sie muß daher – aus ihrem Selbstverständnis heraus – immer wieder kritisch reflektieren, was in ihren pädagogischen Strukturen zu verbessern, neu zu formen und notfalls auch über Bord zu werfen ist.
Unter diesem Aspekt freue ich mich sehr darüber, daß Sie in dem kleinen Faltblatt, mit dem Sie zu Ihrer 18. Bundestagung einladen, den Willen bekunden, Ihre Erfahrungen, die fachliche Kompetenz Ihrer Mitarbeiter und die von Ihnen vertretene wertgebundene Pädagogik – im Interesse der von Ihnen betreuten Kinder und Jugendlichen sowie ihrer Familien – bei der Entwicklung neuer Jugendhilfestrukturen einzubringen.
Sie haben also den Mut zu neuen Ufern, und das ist sehr zu begrüßen.
Lassen Sie mich mit ein paar Strichen einige Gedanken aufzeichnen, die aus meiner Sicht zum Thema „Heimerziehung heute" anzustellen sind.
Wenn ich die Situation der Heimerziehung richtig sehe, dann gehören die Zeiten, in denen sie schlechthin als nicht annehmbare Form der pädagogischen Hilfe angegriffen wurde, der Vergangenheit an. Dabei übersehe ich nicht, daß diese Kritik zum Teil berechtigt war und Denkanstöße für neue Prozesse in der Heimerziehung gegeben hat.
Unbestritten ist aber heute:

Die Heimerziehung ist für *bestimmte* Kinder und Jugendliche, bei denen eine Erziehung und Betreuung außerhalb ihres Elternhauses nicht zu umgehen ist, die beste Hilfeform. Sie kann für eine absehbare Zeit ihre weitere Entwicklung positiv bestimmen.
Freilich ist festzustellen, daß die Zahl der in Heimen und anderen Einrichtungen der Jugendhilfe stationär untergebrachten Kinder und Jugendlichen in den letzten 15 Jahren ständig und erheblich zurückgegangen ist.
Das liegt nicht in erster Linie an der demographischen Entwicklung, sondern vor allem daran, daß mehr Kinder als früher von Pflegefamilien aufgenommen werden. Außerdem ist das Feld der offenen ambulanten und teilstationären erzieherischen Hilfen, die einer Heimerziehung oft vorausgehen, in der Bundesrepublik ganz allgemein erheblich ausgebaut worden.
Auch die Tatsache, daß die Kosten der Heimunterbringung gegenüber diesen Maßnahmen und Hilfen wesentlich höher sind, spielt dabei eine erhebliche Rolle. Das wirkt sich oftmals dahin aus, daß Heimkinder wesentlich später ins Heim kommen, daß sie also erheblich älter sind als früher.
Dies hat offenbar bei einer nicht geringen Zahl von Heimerziehern die Vorstellung verfestigt, daß die Kinder und Jugendlichen, die der Heimerziehung bedürfen, immer schwieriger würden. Ich kann diese Einschätzung nicht teilen.
Natürlich sind Kinder und Jugendliche, die ins Heim kommen, im allgemeinen auffällig und problematisch. Was sie von ihren Vorgängern unterscheidet, ist m. E., daß sie heute mehr als früher verlangen, daß die Erzieher ihnen Inhalte und Ziele ihrer pädagogischen Arbeit im Heim plausibel und transparent machen.
Dem entspricht, daß das Angebot der Heimerziehung heute viel öfter als früher von Eltern, aber auch von Jugendlichen freiwillig angenommen wird.
Eltern und junge Menschen haben heute offenbar häufig positive Erwartungen an die Arbeit im Heim. Damit nimmt auch ihr Selbstbewußtsein gegenüber der Heimleitung und den Erziehern zu.
Wir müssen daher wahrscheinlich richtiger und ehrlicher sagen, daß nicht die Kinder und Jugendlichen im Heim, sondern die Aufgaben der Heimerziehung schwieriger geworden sind.
Heimerziehung kann heute nur dann erfolgreich sein, wenn zwei Voraussetzungen gegeben sind: zum einen ein engagierter, mit einer möglichst großen Autonomie ausgestatteter, fachlich versierter und anpassungsfähiger Erzieher und zugleich äußere Bedingungen, die den Erziehungs- und Ausbildungsbedürfnissen der Jugendlichen entsprechen.

Die Themen, die Sie in den Arbeitskreisen dieser Tagung diskutieren wollen, zeigen, daß Sie gerade bezüglich dieser beiden Voraussetzungen Schwachstellen aufdecken und neue Impulse setzen wollen. Besseres kann man von einer solchen Tagung nicht erwarten.
Die Landesregierung Nordrhein-Westfalen hat den Heimen der öffentlichen Erziehung und den Heimen nach §§ 5 und 6 Jugendwohlfahrtsgesetz allein von 1982 bis 1987 mehr als 40 Millionen DM an Landesdarlehen für Baumaßnahmen und an Landeszuschüssen für Inneneinrichtungen zur Verfügung gestellt. Mit diesen Mitteln wurden Umbauten und Ersatzbauten gefördert und die bestehende pädagogische Situation weiter verbessert.
Das Land hat ferner durch die vor einigen Jahren verbesserten Heimrichtlinien neue Impulse für die Heimerziehung in Nordrhein-Westfalen gesetzt. Der den freien und öffentlichen Trägern dabei eingeräumte Handlungsspielraum ist von diesen intensiv genutzt worden. Eine ganze Reihe von Initiativen hat sich in Richtung „zeitgemäße Formen erzieherischer Jugendhilfen in der Heimerziehung“ entwickelt und durchgesetzt.
Lassen Sie mich zum Schluß noch auf ein Problem hinweisen, dessen Lösung jedem, der gute Heimerziehung will, ein Bedürfnis sein muß: die unzureichende Gestaltung der Vorschriften der §§ 6 Abs. 3 und 75a Jugendwohlfahrtsgesetz.
Diese Vorschriften schließen gegenwärtig alle diejenigen jungen Menschen aus, die man als „Spätentwickler“ bezeichnen muß und die erst nach Eintritt der Volljährigkeit zur Einsicht und zum Entschluß kommen, eine Berufs- oder auch Schulausbildung zu absolvieren.
Die gegenwärtigen Regelungen benachteiligen also gerade diejenigen, denen von ihren Bedürfnissen her die Möglichkeiten beider Vorschriften besonders weit offen stehen sollten. Eine Öffnung dieser Vorschriften zugunsten der „Spätentwickler“ und „Nachzügler“ ist daher nicht nur sozialpolitisch, sondern auch schlicht menschlich unumgänglich. Es würde mich sehr freuen, wenn Sie ein entsprechendes Votum in die Schlußresolution Ihrer Bundestagung aufnehmen würden.
Für den weiteren Tagungsverlauf wünsche ich Ihnen viel Erfolg und ein herzliches Glückauf.

Hanns Sobeck
BÜRGERMEISTER DER STADT ESSEN

Ich darf Sie alle im Namen des Rates und der Verwaltung der Stadt Essen hier zur 18. Bundestagung Heim- und Heilpädagogik sehr herzlich

begrüßen. Sie sind in eine Stadt gekommen, in der Heime Ihres Verbandes mit zum Teil sehr langer Tradition ihre unverzichtbaren Dienste an Kindern und Jugendlichen leisten. Das Tagungsprogramm spiegelt die ganze Palette der Probleme wider, wie sie sich heute in unseren Städten und Gemeinden finden. Sie stellen sich diesen Problemen und verdeutlichen dadurch auch den Anspruch, den alle Träger der Jugendhilfe erheben müssen.
Heimerziehung bedarf der permanenten Fortentwicklung, um Kindern und Jugendlichen angemessene und ihnen zustehende Lebenshilfe zu geben. Heimerziehung, davon bin ich fest überzeugt, wird immer ihren originären Platz in der Jugendhilfe auch in Zukunft behalten. Dazu fordern unterschiedliche gesellschaftliche Gegebenheiten geradezu heraus. Wachsender Bedarf an sonderpädagogischen Maßnahmen bei Kindern und Jugendlichen erfordert ein ganzes Bündel von stationären und ambulanten erzieherischen Hilfen. Der Rat der Stadt Essen hat z. B. in diesem Jahr einen Jugendhilfe- und Familienförderungsplan mit dem Teilplan ambulante und stationäre erzieherische Hilfen verabschiedet. Freie Träger und die Stadt haben ein Verbundsystem beschlossen, das nunmehr vor seiner Bewährung steht. Ich möchte Ihnen allen wünschen, daß die Tage in Essen Ihnen Ermutigung und auch neue Freude an Ihrer Arbeit bringen.
Ich möchte Ihnen, wie der Minister, auch danken für Ihr Engagement, und ich danke ganz besonders, das werden Sie verstehen, dem Caritasverband dieser Stadt und im Bistum Essen. Am letzten Wochenende und auch am Sonntag war die Deutsche Kolpingjugend in Essen mit nahezu 8000 jungen Menschen. Das Thema dieser Tagung hieß: „Wir machen mehr aus unserer Arbeit." Und mit großem Ernst, aber auch mit ganz großer Freude wurde dieses Thema hier in den Straßen und in den Sälen der Stadt diskutiert und vorgelebt.
Wenn ich dieses Thema übertrage auf diese Ihre Tagung, „wir machen mehr aus unserer Arbeit", dann meine ich, daß es bedeutet, Mut zu haben, das christliche Menschen- und Weltbild als Basis und Zielorientierung für alle pädagogischen Maßnahmen vorzugeben. Mein eigener Beruf, und ich komme gerade erst aus der Grundschule heute morgen, läßt es mich erfahren, läßt mich die bürokratischen Zwänge der Schule oft vergessen und gibt Mut, was Maria Montessori einmal so ausgedrückt hat: „Wer wirklich liebt, ist das Kind, das den Erwachsenen bei sich haben will und immer wieder seine Aufmerksamkeit auf sich zu ziehen sucht, um zu sagen, sieh mich an, bleib bei mir." Daß Ihnen das in Ihrer ganz unterschiedlichen und schwierigen Arbeit gelinge, wünsche ich Ihnen sehr herzlich.

Und noch einen Wunsch habe ich. Schauen Sie sich in dieser Stadt, wenn es eben geht, in diesen drei Tagen um. Industriegeschichte und eine sehr unzutreffende Berichterstattung, sehr häufig permanent gepflegt in vielen Medien, verdecken die reiche Geschichte, eine unerwartete Kulturmächtigkeit und eine abwechslungsreiche Stadtlandschaft sehr häufig. Bleiben Sie auch über den Gottesdienst hinaus morgen einmal im Essener Münster, in diesem über tausendjährigen Kleinod. Schauen Sie die Einmaligkeit der goldenen Madonna an und vielleicht auch die neue Westkrypta, der Kontrast zu manchem in diesem Münster. Und besuchen Sie vielleicht auch das ganz in der Nähe gelegene Folkwangmuseum mit seiner unverwechselbaren Konzeption: beachtliche Exponate von Malern des 19. und 20. Jahrhunderts. In diesen Tagen wird auf der Villa Hügel, dem Wohnsitz der Familie Krupp, die Ausstellung Prag um 1600 eröffnet.

Die Stadt ist voller Bewegung und ganz anders, als sie oft dargestellt wird. Und wenngleich in Essen keine Zeche mehr Kohlen fördert, der Gruß der Bergleute bleibt, und wir erleben das in diesen Tagen in Borken in beklemmender Weise, wie solch ein Gruß Bedeutung hat. Glückauf für Sie alle persönlich, Glückauf für Ihre Arbeit und Glückauf für alle die Ihnen anvertrauten Kinder und Jugendlichen.

Wolfgang Große
WEIHBISCHOF, VORSITZENDER DES CARITASVERBANDES FÜR DAS BISTUM ESSEN

Lassen Sie mich mein Grußwort ohne Umschweife beginnen: Kirchliche Heimerziehung ist in unserer Gesellschaft eine umstrittene Form der Jugendhilfe.

Biographische Rückblicke z. B., in denen negative Heimerlebnisse für Lebensmängel des Erwachsenen verantwortlich gemacht werden, bringen hohe Verkaufszahlen; öffentliche Rechtfertigungen sind für manche Einrichtungen deshalb eine so große Last, weil Voreingenommenheit und vorgefaßte Urteile eine aufrichtige Auseinandersetzung nicht selten behindern.

Heim- und Heilpädagogik aber sollte erst recht nicht von jenen politischen und pädagogischen Gruppen verurteilt und gegen familiäre Erziehung ausgespielt werden, wenn von diesen Gruppen selbst Impulse ausgehen, die geeignet sind, Ehe und Familie heute in ihrem Wert und Ansehen zu mindern. Heimpädagogik wird Bestandteil unserer caritativen Hilfe bleiben. Ihnen allen danke ich für diese schwere und nicht selten

auch von außen belastete Arbeit, die Sie tun. Stellen Sie sich den fachlichen Erfordernissen, aber wehren Sie sich gegen eine allgemeine Abwertung. Mein Dank enthält aber auch die Bitte, begleiten Sie die Ihnen aufgegebenen jungen Menschen menschlich und gläubig. Maßstab bleibt bei all unserem Tun, wie Jesus den Menschen begegnete, welche Orientierung die Bibel dem katholischen Erzieher gibt.
In den Evangelien fällt auf, daß die Überzeugungskraft Jesu nicht allein in dem liegt, was er sagt, sondern in dem, was er sagt und tut. Wenn er von der Liebe Gottes erzählt, heilt und hilft er gleichzeitig. Aus seinen Zuhörern holt er die Kranken, die Kinder in die Mitte. „Laßt die Kinder zu mir kommen“ ist sein Auftrag an uns geblieben.
Zu allen Zeiten waren Kinder, vor allem elternlose Kinder – heute Sozialwaisen – häufig infolge familiärer und gesellschaftlicher Nöte und Orientierungslosigkeiten in ihrer menschlichen Entfaltung besonders gefährdet und auf Hilfe angewiesen. Ihnen galt und gilt daher die besondere Sorge der Kirche, die in ihren caritativen Einrichtungen die notwendigen Hilfen zu geben versucht, durch Sie zu geben versucht. Deshalb ist Ihre Heimpädagogik kirchlicher Dienst. Bei aller fachlich qualifizierten Pädagogik, die notwendig bleibt, darf das nicht vergessen werden. Die Verkündigung unseres Glaubens geschieht nicht nur in Worten, sondern auch durch Taten. Katholische Heimpädagogik ist Tatverkündigung. Ohne Ihre pädagogische Hilfe bleibt für manchen jungen Menschen der Glaube an die Liebe Gottes zu uns eine theoretische Behauptung.
Wir alle haben erlebt und erleben, was es heißt, geliebt zu werden, von Menschen geliebt zu werden, ehe wir über die Liebe Gottes glaubhaft sprechen können. Ich wünsche Ihnen nicht nur ein fachliches, sondern auch und vor allem ein gläubig-kirchliches Selbstbewußtsein in der Nachfolge, am Beispiel und in der Kraft Jesu Christi.
Kinder und junge Menschen, die in unseren Heimen leben, haben oft schon sehr früh Verwundungen erhalten und zuverlässige und liebe Familien nicht erlebt. Heimpädagogik als caritative Hilfe erhält von daher ihre besondere Notwendigkeit. Sie kann gegeben werden:
durch Erzieher, die sich selbst in dieser Arbeit bejahen und daran menschlich wachsen;
durch Erzieher, die Güte, Treue, Vertrauen selbst erleben und so weitergeben können;
durch Erzieher, die sich auch bemühen, miteinander offen und gütig umzugehen und die so ein Beispiel für christliches Zusammenleben geben.
Was Ihr Verband besonders in den letzten Jahren dafür an Hilfe entwickelt und vermittelt hat, daß Ihr Verband sich den Ansprüchen der

Gegenwart stellt und so auch Ihre Einrichtungen stützt, dafür danke ich dem Verband katholischer Einrichtungen der Heim- und Heilpädagogik, dem Fachverband im Deutschen Caritasverband, ausdrücklich und wünsche Ihrer Tagung helfende Einsichten, Worte und Taten und in allen komplizierten Sach- und Fachfragen den Geist der Caritas. Gott segne Ihre Arbeit. Herzlich willkommen in Essen!

Einführung in das Tagungsthema

Hubertus Junge

Im Vergleich zu unseren vorangegangenen Bundestagungen „Kinder im Heim – Kinder ohne Zukunft?“ (Trier 1979), „Erziehen in unserer Zeit“ (Braunschweig 1982) und „Zukunft der Heimerziehung“ (Regensburg 1985) könnte vielleicht das Thema der 18. Bundestagung Heim- und Heilpädagogik den Eindruck erwecken, als ob organisatorische, strukturelle und damit eher Fragen der Institution im Vordergrund stehen. Das Gegenteil ist der Fall. „Heimerziehung im Jugendhilfeverbund“ will antworten auf pädagogische Erkenntnisse und Anforderungen, die schon seit 1977, als der Zwischenbericht der Kommission Heimerziehung veröffentlicht wurde, aber in letzter Zeit immer stärker die Jugendhilfe bewegen. Es sind Erkenntnisse und Anforderungen, die die Jugendhilfelandschaft schon gründlich verändert haben und auch noch weiter verändern werden.

„Heimerziehung im Jugendhilfeverbund“ ist zugleich Auseinandersetzung mit jugendpolitischen Zielvorstellungen und neuen Rahmenbedingungen, wie sie z. B. im 7. Jugendbericht der Bundesregierung von 1987 zum Ausdruck gekommen sind und sicher auch – wenn es in dieser Legislaturperiode noch dazu kommen sollte – das Leistungsrecht eines reformierten Jugendhilfegesetzes bestimmen werden.

Es ist davon auszugehen, daß die Heimerziehung zunehmend ihre Monopolstellung in der Jugendhilfe aufgeben wird. Neue Entwicklungen in der Jugendhilfe weisen ihr einen veränderten Standort, aber auch neue umfassende Aufgaben zu. Dabei gilt es zu erkennen:

„Kinder und Jugendliche sind in ihrem Selbstverständnis und ihren alltagsgegebenen Ressourcen, ihren eigenen Möglichkeiten und ihren Stärken zu respektieren, gerade auch da, wo sie sich in Schwierigkeiten, in Selbstbehauptungs- und Abwehrstrategien, aber auch in unkonventioneller, unabgesicherter Vitalität zeigen.

Kinder und Jugendliche brauchen Hilfe, wo die Selbstverständlichkeiten und Ressourcen ihrer Lebenswelt nicht ihren Möglichkeiten und den ihnen gestellten Aufgaben entsprechen; Hilfen aber müssen dicht, gleichsam eingepaßt in die gegebenen lebensweltlichen Verhältnisse praktiziert werden; also stützend, begleitend, kompensierend.

Heimerziehung, als Angebot eines neuen, alternativen Lebensraums, muß soweit wie möglich der gegebenen Lebenswelt nahe sein, müßte

aber – vor allem – in sich selbst nach den Strukturen eines gelingenderen Alltags praktiziert werden, eines Alltags also, der hilfreich ist, indem er belastbar ist und neue Perspektiven eröffnet.“ (Hans Thiersch: Jugendhilfe und Heimerziehung im Wandel, Materialien zur Heimerziehung, Nr. 1/2/1988)
Anforderungen und Aufgabenstellungen einer so verstandenen Heimerziehung müssen sich in einem vielfältigen und aufeinander abgestimmten Angebot erzieherischer Hilfen widerspiegeln, für die die in den Heimen gegebenen Rahmenbedingungen und fachlichen Kompetenzen besondere Chancen eröffnen. Damit befaßt sich das erste Grundsatzreferat unserer Bundestagung, das wir von Dr. Peter Flosdorf, dem Leiter des überregionalen Beratungs- und Behandlungszentrums St. Joseph in Würzburg, erwarten.
Die 12 Arbeitskreise am heutigen Nachmittag stehen im inhaltlichen Zusammenhang mit dem Referat von Dr. Flosdorf. Es werden Konzepte erzieherischer Hilfen im Heim vorgestellt und ihre Verwirklichung vor dem Hintergrund heutiger erzieherischer Bedürfnisse von Kindern und Jugendlichen diskutiert. Nach einer jeweils kurzen Einführung in das Thema des Arbeitskreises werden der Erfahrungsaustausch, persönliche und fachliche Anforderungen an die Erzieher/innen sowie Fragen der Gestaltung des Lebensfeldes Heim Gegenstände der Beratungen sein.
Der neue Standort der Heimerziehung innerhalb der Jugendhilfe erweitert ihre Aufgabenstellung über ihren Binnenraum hinaus vor allem in zweifacher Hinsicht: Sie wird mit ihren Partnern sowohl im Bereich der ambulanten und teilstationären Erziehungshilfen als auch mit den verschiedenen öffentlichen Diensten und Leistungsträgern eine auf Dauer angelegte Zusammenarbeit mit neuer Qualität und Intensität pflegen müssen. Sie wird dabei auch neue Aufgaben in der Jugendhilfe übernehmen können, Aufgaben, in die sie ihr Erfahrungswissen und ihr fachliches Können einbringen kann.
Das zweite Grundsatzreferat morgen „Heimerziehung im System der Erziehungshilfen“, zu dem wir als Referenten Dr. Franz Jürgen Blumenberg, den Vorsitzenden der Arbeitsgemeinschaft für Erziehungshilfe (AFET) begrüßen, führt in diese Zusammenhänge ein.
Die sich daran anschließenden 12 Arbeitskreise am Nachmittag des zweiten Tages befassen sich mit Voraussetzungen und Formen der Zusammenarbeit zwischen dem Heim und anderen Erziehungshilfen und Institutionen. Eine Zusammenarbeit, die in manchen Regionen bereits zur selbstverständlichen Praxis vernetzter Erziehungshilfen geworden ist, insgesamt aber noch entschlossen und mutig weiterentwickelt bzw. verstärkt werden muß. Wir freuen uns besonders, daß wir für die Mit-

wirkung in den Arbeitskreisen qualifizierte Gesprächspartner aus all den Bereichen gewinnen konnten, mit denen wir zum Wohle der jungen Menschen enger zusammenarbeiten wollen und müssen.
Heimerziehung im Jugendhilfeverbund ist auch ein jugendpolitisches Ziel der Bundesregierung, das in einem neuen Jugendhilfegesetz seine rechtliche Absicherung und Gestaltung erfahren soll.
Wir empfinden es als eine besondere Ehre und Freude, daß Frau Professor Dr. Rita Süssmuth, Bundesministerin für Jugend, Familie, Frauen und Gesundheit, unserer Bitte entsprochen hat, die jugendpolitischen und rechtlichen Perspektiven dieser Zielsetzung hier selbst darzustellen. Das besondere Interesse von uns allen wird sich darauf richten, ob und wann die Erwartungen an eine neue gesetzliche Regelung der Jugendhilfe, die seit 20 Jahren überfällig ist, in Erfüllung gehen.
Heimerziehung im Jugendhilfeverbund betrifft jedoch auch inhaltliche und strukturelle Fragen, die das Selbstverständnis und die Aufgabenstellung freier Träger der Jugendhilfe grundsätzlich berühren. Verbundsysteme in gemischter Trägerschaft von Spitzenverbänden oder gar zwischen öffentlichen und freien Trägern der Jugendhilfe dürfen im Endergebnis nicht dazu führen, daß die verfassungsrechtlich garantierte und in der Praxis der Jugendhilfe seit Jahrzehnten bewährte plurale Struktur von Hilfen beseitigt wird. Dies käme nämlich der Preisgabe des Wahlrechtes der Hilfesuchenden auf wertorientierte Angebote in der Erziehungshilfe gleich. Wir als katholische Träger von Erziehungshilfen wollen ohne jede Vorbehalte und aus Überzeugung mit allen Partnern zusammenarbeiten, um eine dem Wohl des Kindes und seiner Familie dienende Hilfe zu sichern. Wir werden jedoch niemals unsere Selbständigkeit und unsere am christlichen Menschenbild orientierte Pädagogik zugunsten von Einheitsträgerschaften aufgeben. Ich verweise in diesem Zusammenhang auf die Stellungnahme, die Sie in der Tagungsmappe finden.
Die sich aus unserem Selbstverständnis für die zukünftige Arbeit unseres Verbandes ergebenden Aufgaben und Forderungen wird der 1. Vorsitzende in seinem Schlußreferat zusammenfassen.
Unser Tagungsthema wird auch im Rahmen einer Ausstellung im Foyer bildhaft und mit entsprechenden kurzen Texten dargestellt. Es geht dabei um die für unsere Arbeit charakteristischen Fähigkeiten: differenzieren, verändern, zusammenarbeiten. Eine vierte Fähigkeit, „träumen“, ist erwünscht und erlaubt. Hier sind Sie als Tagungsteilnehmer eingeladen, sich kreativ an der Ausstellung zu beteiligen und die Wolken mit Inhalt zu füllen. Die Ausstellung verdanken wir Herrn Konermann, Diözesan-Arbeitsgemeinschaft Heim- und Heilpädagogik Aachen, Herrn Schlotmann, Diözesan-Arbeitsgemeinschaft Heim- und Heilpäd-

agogik Münster, und weiteren Mitarbeitern aus unseren Einrichtungen in Nordrhein-Westfalen.
Ein letzter Hinweis auf morgen abend: Für die traditionell zu unserer Bundestagung gehörende kulturelle und festliche Veranstaltung haben wir keine fremden Künstler eingeladen. Der Abend wird, wie Sie aus dem Programm in der Tagungsmappe ersehen, als Sport- und Musikshow von Künstlern aus unseren Heimen – Jugendlichen und ihren Erziehern – gestaltet. Wir freuen uns darauf, damit auch in aller Öffentlichkeit zu dokumentieren, wieviel Talent, Kreativität und Können in der vergessenen Provinz Heim zu Hause ist und gepflegt wird.
Abschließend darf ich für den Veranstalter und alle Teilnehmer/innen der 18. Bundestagung Heim- und Heilpädagogik den Wunsch aussprechen, daß die Tage in Essen uns Motivation, Ermutigung und fachlichen Gewinn bringen. Hauptsächlich aber die Gewißheit, daß unsere Arbeit ein Dienst ist, den wir in einer großen Gemeinschaft und im Auftrag der Kirche als zuverlässige Freunde der uns anvertrauten Kinder und Jugendlichen leisten wollen.

Heimerziehung – ein differenziertes Angebot erzieherischer Hilfen

Peter Flosdorf

Dr. Paul Schmidle, der im vergangenen Jahr für uns viel zu früh verstorbene Generalsekretär des Deutschen Caritasverbandes und frühere Geschäftsführer unseres Verbandes, beschrieb die von ihm schon vor 20 Jahren geahnte Perspektive der katholischen Heimerziehung angesichts der sich abzeichnenden Veränderungen, des beginnenden quantitativen Rückganges und der gleichzeitigen fachlichen Differenzierung mit dem folgenden Bild: „Der Anzug, in dem wir stecken, ist sicherlich viel zu groß! Er muß kleiner werden, – aber hoffentlich geht es uns nicht so, daß wir demnächst vielleicht einen schönen Frack haben, an dem aber ein Ärmel fehlt, oder die Jacke ist da, aber die Hose ist uns verloren gegangen.“ Von einem viel zu großen Anzug zu einem Torso der katholischen Heimerziehung?

Von diesem beschwörenden Bild her will ich meine Überlegungen zu dem mir gestellten Thema wie folgt gliedern:

Am Anfang einige historische Erinnerungen; denn wer bereit ist, zurückzuschauen in die Vergangenheit, der vermag das Gegenwärtige besser zu verstehen, besonders wenn es gilt, dies auszuhalten und darüber hinaus Kraft für die Zukunft zu gewinnen.

Danach wollen wir Grunddimensionen des Heimes als leitende Realutopien in der Gegenwärtigkeit der Heimerziehung herausarbeiten und von daher drittens Anfragen an die verschiedenen Mitarbeiterebenen im Heim stellen: kritische Anfragen, die zur Reflexion in unserem eigenen Alltag im Heim ermuntern sollen, einem Alltag, den Thiersch einmal den „schmuddeligen Alltag“ genannt hat. Vielleicht gewinnen wir aus einer solchen Reflexion oder Rückbiegung die nötige Elastizität für verändernde Kraft und strukturierende Innovationen.

Mit einem Gedanken zum Selbstverständnis caritativer Arbeit und seiner Auswirkung auf die in den Arbeitsvertragsrichtlinien (AVR) beschworene „Dienstgemeinschaft“ wollen wir schließen.

Mit diesem Referat soll versucht werden, für die Vielfalt der am heutigen Nachmittag in den Arbeitskreisen zu erarbeitenden Themen so etwas wie eine Disposition zu entwerfen, die in Frage gestellt, verworfen oder bestätigt, aber auf jeden Fall konkretisierend ergänzt werden muß.

Die ersten Kongresse unseres Verbandes, an denen ich selbst seit der 6. Bundestagung 1957 in Bochum regelmäßig teilnehmen durfte, waren vom äußeren Erscheinungsbild her geprägt durch die absolute Dominanz der Ordensangehörigen. Das vorherrschende Schwarz der Ordensschwestern, leicht moduliert durch die Unterschiedlichkeit der Trachten der verschiedenen Ordensgemeinschaften, zeichneten ein Bild und eine Stimmung für die konservative Identität unseres Verbandes und zugleich von den verläßlichen Möglichkeiten unserer Heime, nämlich sozial belasteten und gefährdeten Kindern im Medium konstanter Beziehungen – in der Regel eben ohne Schicht- und Bezugspersonenwechsel – einen Entlastungs- und Schutzraum zu bieten. Das Waisenhaus oder die Erziehungsanstalt als Ort der Fürsorge war aber, wie wir später besser verstehen lernten, auch ein uns zugewiesener Ort gesellschaftlicher Ausgliederung, für die „Herausnahme aus dem Milieu“ und die Verpflanzung in den entlastenden Schonraum des Heimes als die vorherrschende Form für rasche und durchgreifende Interventionen der Jugendhilfe.

Das von Mehringer im Münchener Waisenhaus in den 50er Jahren eingeführte „Familienprinzip“ mit überschaubaren und in für sich abgetrennten Wohnungen lebenden Gruppen fand schnell ein weiterführendes Konzept im „Kinderdorf“. Hier gewinnt das Familienprinzip im dörflichen Idyll landschaftlicher Einbettung gegenüber dem gewohnten Bild eines monolithischen Anstaltsgebäudes einen überzeugenden baulichen Ausdruck – dennoch, beide leben aus der gleichen Idee: was früher z. B. „Rettungshaus“ genannt wurde, findet nun u. a. seine Umschreibung im „SOS“ der rettenden Hilfe. Das Dorf war einmal Inbegriff von Heimat – Heimat aber zugleich der Ort der tragenden und überdauernden und schützenden Beziehungen im vertrauten Rahmen einer überschaubaren Welt.

Das „Familienprinzip“ hat aber gleichzeitig, quasi noch in der Obhut gewohnter patriarchalischer Vorstellungsmuster, einem anderen Prinzip den nötigen konzeptionellen Raum geschaffen, – nämlich der Gruppe. Was innerhalb der Jugendbewegung als emanzipatorisches Medium Sicherheit gebender Zugehörigkeit schon zu Beginn unseres Jahrhunderts vielfältig in Fahrt und Lager, bei Lagerfeuer, Tanz und Gesang erlebt worden war, findet in der Reformpädagogik nach dem Ersten Weltkrieg erste konzeptionelle Übertragungen zunächst in den Landerziehungsheimen. Die methodische Durcharbeitung dieses Ansatzes konnte zwangsläufig erst nach dem Zweiten Weltkrieg mit der Überwindung

faschistisch-autoritärer Einstellungen und Ideologien erfolgen. Die Gruppenpädagogik wird jetzt zum Schrittmacher für neue demokratische Ordnungsprinzipien. 1971 veröffentlichte der AFET eine Schrift mit dem Titel „Demokratische Heimerziehung?". Das diesem Titel beigegebene Fragezeichen signalisiert offensichtlich die noch ungewohnte Sichtweise des Herausgebers, obwohl dieser schon 1956 die „Richtlinien für das heilpädagogische Heim" herausgegeben hatte und damit einmal dem Gruppenprinzip und zum anderen der Professionalität für diese neue Konzeption der Heimerziehung zum Durchbruch verhelfen wollte.
Schon bald war Heimerziehung nur noch als eine „heilpädagogisch qualifizierte" Maßnahme denkbar, dem dann auch die Richtlinien der Länderbehörden für die Heimerziehung nachzukommen versuchten.
Professionalisierung bedeutete aber auch, daß nun der sozialpädagogischen Ausbildung der Vorrang vor dem caritativen Charisma des Helfens und Behütens gegeben wurde. Immer häufiger traten jetzt an die Stelle der bisher überwiegend von Ordensschwestern garantierten konstanten Beziehungen die methodischen Konzepte der Psychologie, Psychotherapie und Heilpädagogik. Der bisher selbstverständliche Alltag des Heimes, oft noch dokumentiert in gemeinsamer Arbeit im Garten, auf dem Feld und in den Stallungen, weicht nun einer Psychologisierung pädagogischen Handelns, die sich auch in den zurückliegenden Tagungsprogrammen unseres Verbandes inhaltlich nachweisen läßt. Die mit dieser Entwicklung einhergehende Differenzierung der Heimerziehung bedeutet nun zweierlei: erstens das Nebeneinander unterschiedlicher Heimtypen – die sogenannte äußere Differenzierung z. B. in Kinder- und Jugendlichenheime, in Normalheime und heilpädagogische Heime, in Jugendwohnheime und Erziehungsheime u. a., und zweitens die Differenzierung der bisherigen Komplexität des Heimes in unterschiedliche Bereiche und Dienste – die sogenannte Binnendifferenzierung. Hier galt es u. a., das Zueinander der Gruppen und der sogenannten gruppenübergreifenden Dienste mit Psychologen, Therapeuten und Heilpädagogen konzeptionell zu regeln. Dies war angesichts der schwieriger werdenden erzieherischen Aufgaben nur möglich mit der Einführung von Konferenzen und Teambesprechungen als äußere Zeichen einer teilweise sich sehr mühsam vollziehenden Demokratisierung bisheriger hierarchischer Systeme.
Die Heimkritik der 70er Jahre und die mit ihr einhergehenden Heimkampagnen zielten auf überkommene und teilweise gedankenlos weitertransportierte autoritäre Strukturen, deren Dysfunktionalität zu den inzwischen eingetretenen gesellschaftlichen Veränderungen jetzt erst voll bewußt wurde. Das Heim als Ort gesellschaftlicher Ausgrenzung

mit einer „repressiv“ beschriebenen Anpassungspädagogik gegenüber einer überwiegend aus der Unterschicht rekrutierten Klientel wird jetzt nicht mehr als ein familialer Schonraum, sondern als „totale Institution“ (Goffman) angeprangert, die durch die Organisationsstrukturen der vermassenden Größe, der strikten Hierarchisierung, dem regulierten Ablauf des Wochen- und Tagesplanes, der anonymisierenden Verplanung entmündigt, und durch die darin zur Auswirkung kommenden repressiven Anpassungstechniken werden die gesellschaftlichen Mechanismen der Ausbeutung und Unterdrückung unterstützt bzw. wird auf diese hingearbeitet.
Mit dem Jugendhilfetag in Nürnberg 1970 war nun politische Emanzipation, Überwindung autoritärer gesellschaftlicher Mechanismen plötzlich wichtiger als die von den Heimen teils zaghaft, teils mutig verfolgte heilpädagogische Differenzierung. Die Karikatur des Heimerziehers als „Handlanger eines repressiven Systems“ forderte neben oder besser an Stelle der bisherigen psychologischen Reflexion nun eine soziologisch-politische und deren Umsetzung in politische Aktion und Veränderung. Heimerziehung, vor allem die Fürsorgeerziehung, war in den 70er Jahren das bevorzugte Angriffsfeld gesellschaftskritischer Initiativen und Kampagnen, z.T. mit grob simplifizierenden Zuschreibungen über angeblichen „Heimterror“ und andere ausbeuterische Unterdrückungen, die in den Medien gern vertrieben wurden. Die „Misere der Heimerziehung“ war beschworen und mit ihr standen die Mitarbeiter in den Heimen mit dem „Rücken an der Wand“ – gelähmt durch das Auseinanderklaffen von Theorie und Praxis, von ideologischem Veränderungsanspruch gegenüber der Gesellschaft einerseits und den konkreten Erziehungserschwernissen andererseits: Abgehobene Kritik, zudem in oft kaum verständlichen, begrifflichen Konstruktionen und gleichzeitig Handlungsunfähigkeit, die dann häufig als non-direktiv, demokratisch oder antiautoritär verbrämt und rationalisierend gerechtfertigt wurde.
Der Zwischenbericht Kommission Heimerziehung der Obersten Jugendbehörden und der Bundesarbeitsgemeinschaft der Freien Wohlfahrtspflege versucht 1977 in diesem Dilemma eine weiterführende Position zu gewinnen. Er kritisiert die inzwischen „überholte Monopolstellung der Heimerziehung“ innerhalb der Jugendhilfe, bei der sich Erziehungsbedarf direkt als Bettplatzbedarf niederschlug und so zur Errichtung viel zu großer Einrichtungen führte, die sich von ihren Strukturproblemen als dysfunktional gegenüber den auf Autonomie und Soziabilität hin beschriebenen Erziehungszielen erweisen mußten. Da prinzipiell nach diesem Bericht – „von Interimslösungen abgesehen – das Heim keine Erziehungs- und Sozialisationsaufgaben besser erfüllen (kann) als dies

einer sorgfältig ausgewählten Familie möglich wäre, wenn sie gut beraten und fachlich gestützt wird“ (S. 56), wird fortan der Pflegestellenplazierung der absolute Vorrang gegenüber der Heimeinweisung eingeräumt. Indikationen für die Heimerziehung werden mehr als „Interimshilfen“, als „Hilfen in akuten Krisen“, als „entlastender Übergang“ und für „kursorische Trainingsprogramme“ gesehen. Im Hinblick auf längerfristige Hilfen zweifelt der Bericht daran, „ob über Interims-Aufgaben hinaus Heime eine in anderen Erziehungsformen unwiederholbare, originäre pädagogische Leistung erbringen können“ (S. 58). Das Heim wird zwar als „kontrolliertes Lernfeld“ und „Schutz vor familialen Ansprüchen“ als Indikation anerkannt, aber zugleich dessen Effizienz angesichts der bestehenden Strukturen in Frage gestellt.

Der Bericht bemüht sich um eine Beschreibung und Klärung von pädagogischem und therapeutischem Handeln im Heim und dabei um die besonderen Feldbedingungen, die das therapeutische Geschehen beeinflussen.

Unser Verband hat sich mit den Inhalten und Perspektiven des Zwischenberichtes gründlich auseinandergesetzt (vgl. Jugendwohl 3/1979, S. 101). Die im Zwischenbericht formulierten Forderungen für die Jugendhilfe, insbesondere der Vorrang der ambulanten und teilstationären Hilfen gegenüber den stationären Hilfen, ist inzwischen, wenn auch überwiegend aus Kostengründen, Regel geworden. Geblieben ist uns die Aufgabe, mit einer offensichtlich sehr viel schwieriger und älter gewordenen Klientel bei sehr viel kürzerer Verweildauer ein sinnvolles pädagogisches Handeln leisten zu können. Hierzu meint Thiersch, „das Faktum, daß Heimerziehung als härteste, radikalste Maßnahme im Repertoire der Jugendhilfe gesehen werden muß, darf nicht bedeuten, daß sie immer nur zuletzt, als ultima ratio, gleichsam am Ende einer Kette von Versuchen mit allen anderen Möglichkeiten praktiziert wird. Die Verwechslung des Status der Maßnahmen mit einer zeitlichen Hierarchie führt immer wieder auch dazu, daß Schwierigkeiten sich so sehr verfestigen, daß Heimerziehung, zu spät begonnen, nichts mehr – oder oft jedenfalls zu wenig – ausrichten kann“ (Thiersch 1988, S. 5). Wir wollen Heimerziehung als ein differenziertes Angebot erzieherischer Hilfe verstehen, um dadurch eben mehr ausrichten zu können.

Grunddimensionen

Das Proprium der Heimerziehung ist – im Medium der Gruppe –, Kindern und Jugendlichen, die aus welchen Gründen immer, nicht daheim

in ihrer Familie oder Ersatzfamilie sein können, einen ganzheitlichen Lebensort zu gewährleisten, in dem sie im Miteinander mit ihren Bezugspersonen erzieherische Hilfen bekommen, um in der Bewältigung des ihnen im Heim vorgegebenen Alltags übertragbare Grunderfahrungen für ihre spätere Daseinsbewältigung zu erhalten. Dies werden häufig „korrigierende Erfahrungen“ gegenüber bisher stabilisierten Verhaltensmustern und Einstellungen sein müssen, die nur dann eine Chance haben, wirklich korrigierend zu sein, wenn sie individuell vermittelt, angemessen und zugleich dauerhaft bzw. kontingent und konstant sind.
Thiersch (1988, S. 6) beschreibt als allgemeine Aufgabe der Heimerziehung den „gelingenderen Alltag“ versus Exklusivität therapeutischer Arrangements. Hiermit wird erneut die Bedeutung der „anderen 23 Stunden“ (Trieschman/Whittaker/Brendtro 1975) gegenüber der einen Therapiestunde betont, aber dennoch – trotz der eindrucksvollen Beschreibungen besonders von Bettelheim (1972 u. 1975) und Redl/Wineman (1979) – muß die Bedeutung des Alltäglichen in ihrer pädagogischen und therapeutischen Bedeutung gegenüber der Allmacht therapeutischer Konstrukte und Methoden verteidigt und ausgebaut werden, wenn das Heim nicht zur „Klinik“ werden will, wo die applizierten Therapiequanten den vorher diagnostisch abgesicherten Zuschreibungen zugeordnet werden. Heimerziehung ist am ganzheitlichen Zusammenleben orientiert und hat deshalb die konstituierenden Fakten dieser Ganzheitlichkeit zu beachten. Wo dies methodisch geschieht, kann von Heimerziehung als einem differenzierten Angebot erzieherischer Hilfen gesprochen werden. Wir wollen diese nun im Spektrum einiger übergreifender Grunddimensionen zu beleuchten und zu würdigen versuchen.

Metasozialisation

Immer dann, wenn ich mich vom natürlichen und funktionalen Fluß eines mich in meinem Sozialverhalten prägenden und disponierenden Geschehens reflektierend, d.h. nach-denkend, zu distanzieren vermag, gewinne ich gegenüber der Gegebenheit der Sozialisation den kritischen Standpunkt der Metasozialisation. Ich kann dann über das sprechen, was ich als sozialisierende Wirkkräfte bei mir selbst oder anderen wahrzunehmen vermag.
Heimerziehung braucht den Mitarbeiter, der in diese kritische Distanz seinem eigenen Sozialisationsfeld gegenüber zu treten vermag. Diese kritische Distanzierung allein genügt aber nicht, sondern sie muß nach

der unterscheidenden Betrachtung (Kritik) das bewußte Handeln möglich machen.
Das konkrete Heim ist stets ein gewordener Ort, dessen bauliche, konzeptionelle und personelle Verwirklichung immer ein Kompromiß aus einer Unzahl von Gegebenheiten, Voraussetzungen und Bedingungen ist, die ihrerseits aber immerzu im weiteren Fluß des zeitlichen Geschehens in ihrer einmal vorhergegebenen Selbstverständlichkeit in Frage gestellt werden müssen. So steht das Heim im Spannungsfeld von rigider Erstarrung einerseits und schnell zerfließender Veränderlichkeit andererseits. Rigide erstarrt, erzwingt es trotz veränderter Situation eine unangemessene Fixierung an längst Überlebtes. Veränderlich zerfließend vermag das Heim aber nicht die notwendige Orientierung und strukturierende Ausrichtung zu geben. Verändern sich die äußeren Bedingungen – Gesellschaft, Umgebung, Klientel, Mitarbeiter –, so muß sich auch die Institution bzw. ihre Konzeption ändern. Veränderungen bedürfen eines Anstoßes, der in seiner Bedeutung von anderen erkannt und dann mitgetragen wird und erst so eine Chance gewinnt, unter den Machtverhältnissen des faktisch Bestehenden überhaupt Veränderungen bewirken zu können. Deshalb darf Kritik im Heim nicht nur erlaubt sein, sondern sie muß geradezu erwartet werden und dann schnell fragen lassen, was uns denn eigentlich daran hindert, das kritisch Erkannte auch handelnd zu bearbeiten.
Bleibende Themen einer solchen Betrachtung aus dem Standpunkt der Metasozialisation sind die Bedingungen der Institution in ihrem verhängnisvollen Drall hin zur totalen Institution und zur „inadäquaten Generalisierung von Handlungsmustern“ (Planungsgruppe Petra 1988, S. 19).
Wo sind unnötige Einschränkungen der Eigenverantwortlichkeit des Mitarbeiters und der Klienten aufzufinden und wie können sie bearbeitet werden?
Was läßt Eigeninitiative und Spontaneität ersticken und wodurch wird der Trott der Routine und abstumpfender Gleichmacherei gefördert?
Welche konzeptionellen Veränderungen sind angesichts konkreter erzieherischer Aufgaben wünschenswert, planbar und schließlich machbar?
Wer hindert uns am Träumen und an den aus den kreativen Phantasien erwachsenden Planungen?
Sind einmal vielleicht sinnvoll gewesene Aufgabenverteilungen, Rollenzuweisungen oder Privilegien noch zweckmäßig? Wie, wohin und wann sollten sie wodurch verändert werden?
Sind die vorhandenen pädagogischen und therapeutischen Angebote grundsätzlich oder im Hinblick auf die Individuallage des einzelnen Kindes oder Jugendlichen überhaupt noch effizient und angemessen?

Sind die irgendwann einmal üblich gewordenen Regelungen und Gewohnheiten überhaupt noch pädagogisch verantwortbar? Die o.g. Analyse (a.a.O., S. 19ff.) verweist hierzu vor allem auf die „Generalisierung und Egalisierung der therapeutischen Indikation“, auf die bedenkenlose „Handhabung von Beurlaubungen“ und die durchgehende „Beschulung in heiminternen Schulen“, auch wenn dies anders möglich wäre.
Was sollte besser, wann, wie und wo und von wem gemacht werden?

Die Liste der Fragen kann von jedem schnell aus seiner Situation heraus erweitert werden. Nicht nur zu fragen, sondern aus der reflektierten Fragestellung heraus innovativ zu handeln, dies erweitert sofort das Spektrum differenzierender erzieherischer Hilfen, gleich ob diese in Richtung konzeptioneller Veränderung (neue Therapieansätze, neue Organisationsformen wie: Tagesheimgruppe, Außenwohngruppen, Betreutes Wohnen) oder in Richtung der Erziehungsplanung und der dafür notwendigen Kontrakte mit Jugendämtern, Eltern, Mitarbeitern oder Kindern führen.
Heimerziehung verlangt heute für jedes Heim einen permanenten Prozeß der Bearbeitung seiner strukturellen Bedingungen. Diese Bearbeitung kann aber nur im Miteinander erfolgen. Voraussetzung für das Miteinander muß oft das Gegeneinander des Konfliktes sein. Deshalb dürfen im Heim Konflikte sein! Immer dann, wenn Konflikte offen und mit der Intention gemeinsamer Bearbeitung angegangen werden, sind sie konstruktiv. Gelingt es, diese Grundeinstellung auf das Miteinander mit den Klienten zu übertragen, dann wird das Heim zu einem modellhaften Lernfeld für Rollenflexibilität, Autonomie, Solidarität und Toleranz.

Individualisierung

Zimmernummern, Wäschenummern, Uniformität sind Symptome einer vermassenden, gleichmacherischen Funktion einer totalen Institution. Deshalb braucht das Heim, diesen anonymisierenden Kräften entgegenwirkend, Schutzräume für die Entfaltung des Individuellen. Wahrung der Intimität und Respekt vor dem Persönlichen: der abschließbare Schrank, das Anklopfen an der Tür, die individuelle Gestaltung des Zimmers, die mehr als ein Anheften von massenhaft produzierten Postern ist!
In diesem Schutzraum des Persönlichen ist m.E. auch erst über die Datensammlung der diagnostischen Erfassung hinaus das persönliche Verstehen und die aus ihr erwachsende Akzeptanz möglich, aber auch

die motivierende Erarbeitung von individuellen Zielen und deren Verwirklichungswege:
Was ist für welches Kind wann und wo wichtig und mit welchen Mitteln und mit wem lassen sich diese Ziele verwirklichen?
Diese diskutierende Erörterung und verbindliche Festlegung dieser Frage, deren Beantwortung und deren ausweitende Begleitung und Fortschreibung heißt Erziehungsplanung. Sie muß konkret operationalisiert sein und darf nicht der abgehobenen Beteuerung und Beschwörung abstrakter Werte wie Verantwortungsbewußtsein, Gemeinschaftsfähigkeit verhaftet bleiben, sondern muß umgesetzt werden in kleine Zwischenschritte, die dann konkret umgesetzt werden müssen: Wer, was, wann, wie, wo, von oder mit wem?
Durch die Bearbeitung dieses Sextetts der W-Fragen konkretisiert sich das Angebot differenzierender erzieherischer Hilfen, und wir verlassen den häufig zelebrierten Raum eines unverbindlichen Geredes „über" – in dem allenfalls diffuse Emotionen der Spannung oder Abwehr oder wechselseitiger Bestätigung ausgetauscht oder abreagiert werden. Wir sollten sie als mitunter notwendige Initialphasen der Problembearbeitung schnell einzugrenzen wissen!
Den genannten Zielen hat auch die Praxisanleitung und Supervision zu dienen. Der Mitarbeiter im Heim muß die Konflikte des Miteinander und die der Selbstgestaltung in sich selbst bearbeitet haben, wenn er die gleichen Konflikte bei seinen Klienten mit Erfolg bearbeiten will. Sie sind, mit anderen Worten, nur in dem Maße konstruktiv handhabbar, wie ich sie selbst in und mit mir behandelt habe. Praxisanleitung und Supervision geben hierfür die nötige Unterstützung und helfen mit, die nun einmal vorhandenen Ängste, Unsicherheiten und Abwehrhaltungen in der vertrauensvollen Akzeptanz zu bearbeiten und dadurch Einstellungen zu verändern und verändernde Kräfte freizusetzen.
Der Anspruch des Heimes, gemeinschaftsgestörten, dissozialen und emotional deprivierten Kindern ein durchgehendes Lernfeld für korrigierende soziale Erfahrungen zu vermitteln, kann nur über die soziale Kompetenz der Mitarbeiter erreicht werden, die dabei befähigt werden müssen, auf sehr unterschiedliche individuelle Problemlagen der ihnen anvertrauten Kinder und Jugendlichen einzugehen und im Medium ihrer eigenen Person fördernde Beziehung zu gestalten. Es kann gar nicht anders sein, als daß es dabei schnell zu kommunikativen Konflikten, angstbesetzter Abwehr oder subjektiven Zuschreibungen kommt, die, wenn sie unbearbeitet bleiben, den Anspruch und die Ziele der korrigierenden Erfahrungs- und Beziehungsvermittlung von Grund auf in Frage stellen. Deshalb mißt sich die Intensität der heilpädagogischen und

therapeutischen Qualifizierung eines Heimes auch an der Intensität und Qualität der tatsächlich und regelmäßig vermittelten Praxisanleitung und Supervision. Die in unserem Verband von einem Fachausschuß hierzu erarbeiteten Aussagen und die hierzu vorliegende Veröffentlichung (Flosdorf/Schuler/Weinschenk 1986), an der der von uns allen geschätzte Professor Weinschenk bis kurz vor seinem plötzlichen Tod die letzten Korrekturen vornehmen konnte, können den Mitarbeitern helfen, die richtigen Konzepte zu wählen und durchzusetzen.

Kooperation und solidarisches Miteinander

Heimerziehung kann heute nur noch als eine von den Mitarbeitern gemeinsam erbrachte Leistung gesehen und so als sozialpädagogisch-methodischer Ansatz gerechtfertigt werden. Im Alltag und in der Bewältigung seiner vielfältigen Aufgaben, Pflichten und Konflikte, aber auch in der entspannenden Muße und dem Feiern von Festen sollte Heimerziehung eine attraktive kommunikative Alternative gegenüber einem durch die Medien (vgl. Postman 1987) verfremdeten Alltag der kommunikativ einschrumpfenden Familien sein. So gesehen kann die Mitarbeiterschaft eines Heimes oder eines Heimbereiches, wenn dieser die unbedingt zu fordernde Überschaubarkeit hat, in Analogie zur früheren Großfamilie mit ihren auf die Generationen verteilten unterschiedlichen Rollen und Aufgabenbereichen gesehen werden. Das Sozialisationsfeld Heim ist heute in der Regel professionalisiert und dabei mit unterschiedlichen beruflichen und persönlichen Kompetenzen ausgewiesen.
Schon in der Gruppe ist die rund um die Uhr anwesende Gruppenschwester oder „Dorfmutter“ abgelöst durch ein Team von Gruppenerziehern, die die ihnen gestellten Aufgaben im zuarbeitenden Miteinander zu lösen haben. Heimerziehung verlangt eifersuchtsfreie Zusammenarbeit und die Fähigkeit, sich mit all den Schwächen und Stärken, die in jedem liegen, gegenseitig etwas zuzumuten. In der Gemeinsamkeit erwächst dann die Stärke! Das Gruppenteam sollte sich seinerseits in die solidarische Zusammenarbeit mit den übrigen Diensten, einschließlich des der Therapeuten, eingebettet wissen. Deshalb kann der therapeutische Dienst nicht so tun, als ob ihn der „schmuddelige Alltag“ in der Gruppe nichts angehe. Auch von diesem Alltag her sind die Ziele, Zeiten, Intensitäten und Qualitäten der therapeutischen Intervention zu sehen. Wenn die differenzierenden und auf die unterschiedlichen individuellen Bedürfnisse der Kinder und Jugendlichen hin entworfenen erzieherischen Hilfen nicht zu einer Zerstückelung oder Atomisierung des

gelebten Alltags der uns anvertrauten Kinder und Jugendlichen führen sollen, dann muß die Vielfalt der Angebote immer wieder auf die ganzheitliche Einheit des einzelnen hin bezogen werden. Der Gruppenerzieher als der unmittelbar betroffene Beziehungspartner ist aufgerufen, über diese einheitsstiftende Gestaltung der verschiedenen Maßnahmen zu wachen. Er wird dabei auf die Unterstützung des Leiters angewiesen sein, um, paulinisch gesprochen, die vielen Glieder zu einem Leib werden zu lassen.
Das Miteinander unterschiedlicher beruflicher Kompetenzen verlangt Klarheit und gegenseitiges Wissen um die damit verbundenen Aufgaben und Rollen. Stellenbeschreibungen können hierzu wichtige orientierende Hilfen sein, die aber nicht zu einer gegeneinander abgrenzenden Abschottung führen dürften. Ich kann mir nicht vorstellen, daß der Schematismus der Stellenbeschreibungen für die Unvorhersehbarkeit von Konflikten, Herausforderungen und Verpflichtungen unbedingt und jederzeit nur eine Hilfe ist. Die Regel und das Schema können eben nur orientierende Rahmenbedingungen sein, die immer wieder im solidarischen Miteinander – im: „einer trage des anderen Last“ – bearbeitet werden müssen. Dem konzeptionellen Geist eines Heimes würde es widersprechen, wenn die festlegend-abgrenzende Beschreibung einer Funktion zum Alibi dafür würde, sich im Krisenfall davonzustehlen.
Die Auflösung des Monolithen „Heim“ in ein konzeptionell aufeinanderbezogenes Spektrum unterschiedlicher Erziehungshilfen verschiedener stationärer, teilstationärer und teilweise auch ambulanter Art ist eine Perspektive, die schon von vielen Heimen beschritten worden ist. Als Konzeption eines „Erziehungshilfezentrums“, das von unserem Verband in Paderborn 1987 beschrieben wurde, wird darin zugleich der Gefahr der institutionellen Abgrenzung und Ausgliederung entgegengewirkt (vgl. Jugendwohl 5/1988, S. 221).
Hier muß sich nun das Miteinander in unterschiedlichen Konzepten von Lebensgruppen im Heim, Außenwohngruppen, außenbetreutem Wohnen, Tagesheimgruppen, evtl. Sozialpädagogischer Familienhilfe und Erziehungsberatungsstelle bewähren. Hierfür müssen geeignete Informations- und Organisationsformen gesucht und gefunden werden, um diese Formen zum Wohl der uns anvertrauten jungen Menschen mit einem Minimum an institutionellem „Reibungsverlust“ der Information und Kooperation aufeinander beziehen zu können. Ich möchte ungern von einem Erziehungshilfezentrum in der von uns gemeinten und vielerorts schon verwirklichten Form sprechen, wenn die angesprochenen Konzepte zwar in gemeinsamer Trägerschaft, aber sonst personell und funktional einfach nebeneinander gestellt sind. Die räumliche Nähe,

z. B. auf dem gleichen Grundstück, vermag das Miteinander zu fördern, garantiert es aber noch nicht. Das Miteinander im Ausarbeiten und Bearbeiten von konzeptübergreifender Erziehungsplanung und Kommunikation bedarf institutionalisierter Informations- und Kommunikationsebenen oder -gremien. Hierzu weiß ich aus den eigenen Erfahrungen in unserem Erziehungshilfezentrum in Würzburg, daß dies ein zusätzliches Mehr verbindender Aktivitäten nicht nur für den Leiter, sondern auch für weitere Mitarbeiter bedeutet. Verbinden und integrieren kann ich letztlich nur das, was sich aufeinander beziehen lassen will. Die beseelende Dynamik dieses Aufeinanderbezogenseins muß das gleiche Engagement für das Wohl der jungen Menschen sein, deren letztlich nicht planbare und regulierbare Lebendigkeit immer wieder zur Anforderung wird für die Offenheit (als Bereitschaft, Probleme wahrnehmen zu wollen) und das Engagement (als Bereitschaft, die wahrgenommenen Probleme gemeinsam angehen zu wollen).
Die Forschungen zu den Leistungsfeldern der Heimerziehung führten zu der Vermutung, daß über die Differenzierungsanforderungen die Integrationsaspekte zu stark vernachlässigt wurden: „Man dezentralisierte, ohne die zentrifugalen Tendenzen auffangen zu können, man demokratisierte, ohne zu fragen, wie dann bindende Entscheidungen zustandekommen“ (Planungsgruppe Petra a.a.O., S. 15).
Die Konzeption des Erziehungshilfezentrums als Verbund unterschiedlicher Hilfeformen in gemeinsamer Trägerschaft ist eine unserer Realutopien, ein im Boden der Jugendhilfelandschaft der Gegenwart entstandener „Traum“, der erfreulicherweise hier und dort – auf jeden Fall in wachsender Entfaltung – zu konkreten Ausgestaltungen geführt hat und insofern real wird. Ähnliches gilt für den Verbund von Erziehungshilfen oder den Jugendhilfeverbund, wo sich das Heim mit seinen Angeboten einbinden läßt in einen Verbund von Einrichtungen unterschiedlicher Träger.
Diese Form wird vielerorts die nötige Form der Zusammenarbeit sein, auch wenn hier der Reibungsverlust an Zeit und Energie größer zu sein scheint. Schon immer mußten Defizite oder Mängel an Nähe und Vertrautheit durch ein Mehr an institutionalisierten und organisierten Formen gemeinsamen Planens, Entscheidens und Handelns ausgeglichen werden. Hier dürfen wir uns auch durch unsere Tagung, besonders in den Arbeitskreisen 9 bis 12, weiterführende Anregungen erhoffen.

Die zirculäre, wechselseitige Bezogenheit: die systemische Sichtweise

Wissenschaftliches Forschen steht seit einiger Zeit in unterschiedlichen Gebieten vor der Aufgabe, bisher vorherrschende Sichtweisen linearer Ursache-Wirkungs-Verhältnisse durch eine Betrachtungs- und Wirkungsweise zu ersetzen, die sich am Regelkreismodell orientiert, in dem jeder Faktor jeden beeinflußt und der Beeinflussungsweg letztlich wieder zum Ausgangspunkt kreisförmig zurückläuft.
Auch unsere pädagogischen und therapeutischen Konzepte sind bisher überwiegend linear gesehen und ausgestaltet worden: das Kind als Objekt erzieherischer Initiativen, die vom Erzieher aus auf ein Ziel hin gedacht, geplant und angegangen werden. Der Erzieher als Verursacher von Prozessen, deren Wirkungen auf das von ihm intendierte Ziel hinlaufen sollen.
Innerhalb der Psychotherapie, insbesondere der Familientherapie, haben wir in den letzten Jahren besser verstehen gelernt, daß das gestörte Kind oder der auffällige Jugendliche in seinen Symptomen und Schwierigkeiten eben nicht nur das linear produzierte Ergebnis von eindeutig und abgrenzend zu definierenden Störungsursachen ist, sondern ein Glied im Feld der gegenseitigen Bezogenheiten der Familie, die das Kind schwierig machen, aber zugleich auch wieder selbst diesen Prozeß der Zuweisung und vor allem das Ergebnis dieser Beeinflussung selbst wieder für das eigene Überleben brauchen. D. h., die Störung des sogenannten „identifizierten Patienten" ist in der systemischen Betrachtungsweise lediglich der offenkundig in die Öffentlichkeit getretene Teil einer viel umfassenderen Störung, an der letztlich alle Mitglieder des Systems auf ihre Weise, aber eben in wechselseitiger Bezogenheit der Induktion und zirkulären Reaktionsabläufe, partizipieren. Die Familie oder auch andere soziale Systeme sind insofern im Modell des Mobiles gesehen worden: Stoße ich einen Teil des Mobiles an bzw. verändere ich ihn, so hat dies auch einen verändernd-bewegenden Einfluß auf die anderen Teile, bis das System zu einem für seine Teile optimalen neuen Gleichgewichtsstand zurückgefunden hat.
Diese Sichtweise hat in der Familientherapie zu der Einsicht geführt, daß es wenig Sinn hat, z. B. den „identifizierten Patienten" losgelöst vom System der Familie zu behandeln. Deshalb ist auch für viele familientherapeutisch arbeitende Kollegen in Erziehungsberatungsstellen die Herausnahme eines Kindes aus der Familie und seine Unterbringung kontraindiziert, – einer der Gründe, der heute die Zusammenarbeit von Erziehungsberatungsstellen und Heimen erschwert.

Wir konnten in unserer Arbeit im Heim und in unserer familientherapeutisch orientierten Erziehungsberatungsstelle verfolgen, daß solche harten, ausschließenden Kontraindikationen als endgültige Einstellungsfixierungen unangemessen sind. Dies wird sehr schnell deutlich, wenn das Heim selbst sich durch seine Konzepte der Elternarbeit bewußt öffnet und sich darin in seiner familienunterstützenden Funktion als vorübergehenden Teil des familiären Systems sieht. Ich weiß, daß dies als theoretischer Anspruch leicht gesagt, aber in der Praxis oft schwer umsetzbar ist. Wenn aber Eltern regelmäßig die Beratungs-, Trainings- und Therapieangebote des Heimes in Anspruch nehmen, wenn in gemeinsamen Eltern-Kind-Gruppen, einschließlich der Geschwisterkinder, langfristig angelegte und organisierte Projekte möglich werden und vom schnell wachsenden Engagement der Eltern mitgetragen werden, dann ist das Heim über seine Elternarbeit zu einem offenen Angebot geworden, das dann Teil systemisch orientierter Interventionen sein kann, dann aber allerdings auch damit rechnen muß, in Prozesse destruktiver Familiendynamik stärker mitverwickelt zu werden. Dies verlangt neue und zusätzliche Erfahrungen und Kenntnisse in systemischer und struktureller Familientherapie, die vor allem für die Mitarbeiter unabdingbar sind, die in diese Dynamik intervenierend eingreifen.

Die Konzepte der Sozialpädagogischen Familienhilfe mit ihren in der Familie selbst zum Tragen kommenden Interventionen sind ohne eine solche systemische Orientierung heute aus fachlich-methodischer Sicht kaum mehr zu verantworten. Deshalb ist es richtig, daß der Deutsche Caritasverband in seiner Stellungnahme zur Sozialpädagogischen Familienhilfe für ein methodisch anspruchsvolles Konzept eintritt, das sich nicht hin zu einer diffusen sozialpflegerischen Haus- und Familienhilfe hin verwässert (vgl. Jugendwohl 7/1987, S. 322). Wenn die Sozialpädagogische Familienhilfe Teil eines Verbundes ist, dann muß deshalb auch eine eigenständige Arbeitsweise garantiert sein, die nicht mit den Konzepten der Elternarbeit verwechselt werden darf, die ein integrierter Teil des Heimes sind. Die hier ohnehin nicht ausbleibenden Rollenkonflikte der Mitarbeiter und die nachhaltige fachlich-methodische Auseinandersetzung verlangen deshalb zumindest zeitweise nach einer Supervision durch entsprechende Experten.

Die hochgesteckten Ziele systemischer Familientherapie dürfen uns jedoch nicht daran hindern, sofort über eine stärkere Elternarbeit die Bedeutung der Familie für die in den Heimen untergebrachten Kinder besser zu erfassen und – wie wir es schon in einem Arbeitskreis auf unserer 15. Bundestagung 1979 in Trier formulierten – „mit den Eltern“ und nicht gegen sie zu arbeiten (Flosdorf 1980, S. 60, und 1988, S. 179).

Dies verlangt von den Mitarbeitern erneut die Einstellung und Kompetenz der Metasozialisation und darüber hinaus familientherapeutische Qualifikationen. Der Arbeitskreis 8 unserer Tagung wird hierzu sicherlich weiterführende Erfahrungen vermitteln und daraus vielleicht wirksame Strategien entwickeln.
Aus der systemischen Sicht stellt sich aber auch das Miteinander im Heim noch einmal in erneuter Dringlichkeit. Das Heim mit seinen verschiedenen Bereichen (Leitung, Verwaltung, Schule, Erziehungsbereich, Psychologischer Dienst, Versorgung und Hauswirtschaft u.a.) und seinen auf diese Bereiche bezogenen Berufen und Tätigkeiten ist selbst ein System, das ein ausgliederndes Fürsichsein eines Bereiches zu einer Störung des Ganzen werden läßt, das dem ganzen Organismus Energien raubt.
Patienten dieser Art sind identifiziert:
wenn der Heimleiter hinter seinem Schreibtisch oder sonstwo verschwindet und für die Mitarbeiter nicht erreichbar ist;
wenn die Verwaltung dem Erziehungsbereich ihre ökonomischen Daten diktiert und den Handlungsspielraum der Erzieher unnötig einschränkt;
wenn dem Träger das äußere Funktionieren des Betriebes wichtiger ist als der kommunikative Geist der Dienstgemeinschaft;
wenn der Praktikant mit seinen Zweifeln und Unsicherheiten sich selbst überlassen bleibt;
wenn die Reinigungskräfte das Gefühl bekommen müssen, nur noch den Dreck von anderen beseitigen zu müssen, und dies nicht einmal gewürdigt wird;
wenn ... und nun möge jeder seine eigenen Wahrnehmungen oder Empfindungen für sich artikulieren!

Heimerziehung als ein differenziertes Angebot erzieherischer Hilfe für junge Menschen, die ohne diese persönliche Zuwendung in unserer immer anonymer und chaotisch gewordenen Welt desorientiert, verlassen, überfordert und in ihren narzißtischen Phantasien realitätsunangemessen sich selbst überlassen bleiben, eine solche Heimerziehung muß sich als Prozeß um eine Alternative zur totalen Institution bemühen. Der Mitarbeiter soll sich deshalb in seinem Spiel- und Bewegungsraum von autonomer Selbstverantwortung eben nicht als fremdbestimmter Maschinist einer Sozialisationsmaschine Heim verstehen, die durch bürokratisch festgelegte Abläufe und Zwänge dysfunktional zu dem Menschenbild ist, dem wir uns verpflichtet fühlen, wenn wir von personaler Würde sprechen.

Das Heim wird von uns als Ort eines lebendigen und herrschaftsfreien Miteinanders und nicht als ein automatisch laufendes „Perpetuum mobile“ des Funktionierens geträumt, gedacht oder entworfen. Erziehungshilfezentrum meint dann eben nicht zentralistische Bürokratisierung, sondern ein Feld bzw. Potential flexibler Möglichkeiten für Kinder, Jugendliche und Mitarbeiter in Wohnen, Leben, Lernen und Tätigsein.
Erziehungshilfezentrum heißt dann auch nicht, in therapeutischer Exklusivität künstliche Nischen auszustaffieren, sondern von den Prinzipien eines therapeutischen Milieus her ein Feld für einen besseren und gelingenderen Alltag zu schaffen.
Dann sind wir dabei, eine personal verfremdende Methodenapplikation durch eine Beziehungsgestaltung zu überwinden, in der sich Mitarbeiter und Klient auch in einen gemeinsam zu erfahrenden Sinnhorizont gestellt sehen können.
Heimerziehung kann dann zu einem Ort werden, wo den Mitarbeitern im Miteinander die Kräfte zuwachsen, um im Standhalten und Aushalten die verändernden und korrigierenden Kräfte gegenüber den anflutenden Aggressionen, Verwirrungen und Defiziten und der wachsenden Strukturlosigkeit eines neuen Sozialisationstypes zu gewinnen und zu bewahren.

Heimerziehung als Gewährleistungsort differenzierter erzieherischer Hilfen

Heimerziehung – das ist nicht das mehr oder weniger baulich geglückte Gehäuse – auch wenn dies wahrlich Anlaß genug für reflektierendes Bedenken und Verändern geben würde – Heimerziehung, das sind wir, die Mitarbeiter. Damit aber bleiben wir selbst gefragt – jeder an seinem Ort, in seiner Rolle –, aber zugleich in Tuchfühlung zum Kollegen. Sie sollen jetzt noch einmal angesprochen werden:
Praktikanten – Ihr seid ins Heim gekommen, um hier theoretisch Gelerntes in die Praxis umzusetzen. Aber ein noch so schön aus den bunten Fäden wissenschaftlicher Kenntnisse und Theorien gestrickter Pullover vermag nur selten vor dem Kälteschock der Ohnmachtserfahrungen zu schützen, wenn Ihr oft viel zu schnell und zu wenig speziell zugerüstet in den verwirrenden Alltag des Heimes geworfen werdet, ausgeliefert den ausprobierenden Experimenten und „Spielchen“ der Kinder und Jugendlichen. Wenn Ihr dabei allein gelassen seid, dann geht auf die „alten Hasen“ zu und fordert ihnen das ab, was Ihr braucht, um nicht in irgendeinem Winkel abwehrender Beobachtung, aber tatsächlich

angstgelähmter Handlungsunfähigkeit stehenzubleiben. Es ist erlaubt, Schwäche zu zeigen, vor allem, wenn Stärkere sie ausgleichen können.
Gruppenerzieher – wie sieht es mit Deinem beruflichen Engagement aus? Ist es inzwischen in den vielleicht unveränderlichen Machtstrukturen der Institution und der damit verbundenen verwalteten Dienstleistungen zum „Job" reduziert? Läßt Du es zu, daß sich im Heim das wiederholen soll, was in vielen Behörden und Schulen leider Alltag ist? Was forderst Du ein, bevor Du „ausgebrannt" bist und Dich vielleicht in irgendeine bequeme Routine oder einen einfallslosen Trott rettest? Wann warst Du zuletzt in einer Fortbildung? Hast Du wirklich darauf bestanden, Supervision zu erhalten? Was hindert Dich daran, das anzugehen, was Dich belastet und bremst? Oder erlebst Du Dich – wie ein Erzieher es einmal formuliert hat – nur als „Institutionsknecht" – unterworfen der Feudalherrschaft unangreifbarer Mächte?
Gruppenübergreifende Dienste – die Psychologen, Therapeuten und Pädagogen erster Klasse – bewegt Ihr Euch nur auf der abgesteckten grünen Wiese Eurer Zuständigkeit und zelebriert Ihr dort vielleicht nur Eure Hochämter exklusiver Spezialisierung und überlaßt den schmuddeligen Alltag dem Fußvolk des Heimes? Wird so eine sozialpädagogische Klassengesellschaft der Privilegien im Heim installiert, während wir zugleich über gesellschaftliche Reformen und Unterdrückung diskutieren und Soziabilität als Erziehungsziel beschreiben?
Leiter in Heimen und Abteilungen – seid Ihr nur Verteidiger des Bestehenden, Funktionäre des Überkommenen oder auch Vordenker (Träumer = kreative Phantasten) für neue Wege angesichts neuer Herausforderungen? Seid Ihr aufmerksame Begleiter und unterstützende Befähiger für Eure Mitarbeiter, Manager und Trainer „gemeinsamen Können-Übens" (Bach 1986)? Schirmt Euch ein Vorzimmer und eine besonders gepflegte Wartezone von den Mitarbeitern ab? Läßt Euch der Zustand abgehobener Unerreichbarkeit vielleicht gar nicht mehr spüren, daß Ihr mehr in Tagungen und Sitzungen daheim seid als im Heim? Gleicht Ihr vielleicht die mangelnde Präsenz durch kumpelhafte Toleranz aus und enthebt Euch damit der Aufgabe der „Supervision" im Sinne des Überblicks und einer wohlverstandenen Kontrolle?
Träger und deren Geschäftsführer – für was tragt Ihr die Verantwortung – für die Perfektion der Verwaltung oder die Optimierung der Erziehung? Gilt es auch bei Euch, daß ein teurer Computer gleich angeschafft wird, die Erzieher aber monatelang dahinterher sein müssen, um ein billiges Sportgerät o.ä. zu bekommen? Wie sieht es mit der Transparenz der Haushaltspläne für den Erzieher aus? Darf auch er walten, oder wird er nur verwaltet und müde gemacht im undurchschau-

baren Dickicht der Kompetenzregelungen und Anweisungen? Ist der Träger vielleicht nur die Verputzerfirma oder das Ausstattungsgeschäft der „totalen Institution“ und damit in Wirklichkeit das Bestattungsinstitut lebendiger Erziehungswirklichkeit? Was tut Ihr, um dem Verrieb persönlichen Engagements der Mitarbeiter entgegenzuwirken – gibt es auch „Rücklagen“ für die Psychohygiene der Mitarbeiterschaft? Seht Ihr Euch als Teil des Systems oder seht Ihr das System als eine abhängige Größe von Euch und unter Euch?
Hier schließlich angelangt, sehen wir uns in Analogie zum Fortschritt wissenschaftlich-empirischer Erkenntnisse: die Lösung von Problemen führt mit dieser Lösung zugleich wieder zur Produktion oder zum Sichtbarwerden neuer Problemstrukturen!
Heimerziehung als Gewährleistungsorte für gelingenderen Alltag und für differenzierte Angebote erzieherischer Hilfen zur Problembearbeitung sind eben keine ausgegrenzten, hygienisch einwandfreien Verwahrräume der Gesellschaft. Heime in katholischer Trägerschaft sollten erst recht keine solchen Verwahrräume sein, wo wir als Sozialtherapeuten mit unserer Klientel – wie der Würzburger Pastoraltheologe Zerfaß kürzlich meinte – als „Guli der Gesellschaft“ verschwinden, und – so möchte ich als Mitarbeiter der Caritas karikierend hinzufügen – den dabei entstehenden üblen Geruch mit dem Weihrauch überhöhender Bedeutsamkeit zu kompensieren versuchen.
Denn die Kirche Christi ist, wie Rolf Zerfaß in einer seiner Thesen zur Funktion der Caritas und ihrer Einrichtungen für die Kirche selbst sagt, „nämlich keine Kirche der Gesunden und Starken, die etwas für die Kranken und Schwachen tun, eine Art religiöser Lions-Club, vielmehr ein ‚Patientenkollektiv‘, wo alle krank und alle zugleich gesund genug sind, mit der eigenen freien Schulter die Last des anderen zu tragen (Gal 6,2)“.
Oder um dies mit einem Zitat des evangelischen Theologen und Rollstuhlfahrers Ulrich Bach zu ergänzen: „Jeder ist auf Hilfe angewiesen, jeder kann mittun. Keiner ist nur Belastung für die anderen, und keiner ist nur Lastenträger: Helft Euch gegenseitig dabei, das zu tragen, was es bei Euch an Belastungen gibt; denn damit lebt Ihr nach den Spielregeln Christi“ (Bach 1986, S. 203f.).
So gilt es, an Stelle religiöser Leerformeln („frommer Sprüche“) oder dogmatischer Rationalisierungen uns diese Aufgaben im herrschaftsfreien Miteinander gegenseitig zuzumuten, wissend, daß wir dabei stets „auf dem Wege“ (in statu viatoris) sind.

LITERATUR

Bach, U.: Boden unter den Füßen hat keiner. Plädoyer für eine solidarische Diakonie. Göttingen [2]1986.

Bettelheim, B.: Liebe allein genügt nicht. Stuttgart 1972.

Bettelheim, B.: Der Weg aus dem Labyrinth. Leben lernen als Therapie. Stuttgart 1975.

Bundesminister für Jugend, Familie und Gesundheit (Hrsg.): Mehr Chancen für die Jugend – zu Inhalt und Begriff einer offensiven Jugendhilfe. Schriftenreihe Bd. 13. Stuttgart / Berlin / Köln / Mainz 1974.

Flosdorf, P., und Mitarbeiter: Mit den Eltern erziehen – auch im Heim. In: P. Schmidle / H. Junge (Hrsg.): Kinder im Heim – Kinder ohne Zukunft? Freiburg 1980.

Flosdorf, P. / Schuler, A. / Weinschenk, R.: Anleiten, Befähigen, Beraten im Praxisfeld Heimerziehung. Freiburg 1987.

Flosdorf, P. (Hrsg.): Theorie und Praxis stationärer Erziehungshilfe. Bd. 1: Konzepte in Heimen der Jugendhilfe. Bd. 2: Die Gestaltung des Lebensfeldes Heim. Freiburg 1988.

Hornstein, W.: Kindheit und Jugend in der Gesellschaft. Dokumentation des 4. Deutschen Jugendhilfetages. München 1970.

Planungsgruppe Petra: Analyse von Leistungsfeldern der Heimerziehung. Ein empirischer Beitrag zum Problem der Indikation. Frankfurt / Bern / New York / Stuttgart / Paris 1987.

Planungsgruppe Petra: Was leistet Heimerziehung? Ergebnisse einer empirischen Untersuchung. Frankfurt 1988.

Postman, N.: Das Verschwinden der Kindheit. Frankfurt 1987.

Redl, F. / Wineman, D.: Kinder, die hassen. München/ Zürich 1979.

Thiersch, H.: Jugendhilfe und Heimerziehung im Wandel. 10 Jahre Kommissionsbericht. In: Materialien zur Heimerziehung. IGFH – Frankfurt 1/2 1988.

Trieschman, A. E. / Whittaker, J. K. / Brendtro, L. K.: Erziehung im therapeutischen Milieu. Freiburg 1975.

Verband katholischer Einrichtungen der Heim- und Heilpädagogik. Verbundsysteme in der Jugendhilfe. In: Jugendwohl 5/1988, S. 221 – 228.

Zwischenbericht Kommission Heimerziehung der Obersten Landesjugendbehörde und der Bundesarbeitsgemeinschaft der Freien Wohlfahrtspflege, Heimerziehung und Alternativen – Analysen und Ziele für Strategien. (Hrsg. IGFH). Frankfurt 1977.

Eröffnung der 18. Bundestagung Heim- und Heilpädagogik

Tagungsstätte Saalbau Essen

Weihbischof Wolfgang Große, 1. Vorsitzender Alfons Henrich, Geschäftsführer Hubertus Junge

Begrüßung durch den Minister für Arbeit, Gesundheit und Soziales des Landes Nordrhein-Westfalen, Hermann Heinemann

Eröffnung der Bundestagung durch den 1. Vorsitzenden Alfons Henrich

Arbeitskreis 1

Heimerziehung als Prozeß: Indikation, Anbahnung, Kontrakte, Durchführung

Eckhart Knab, Klaus Knoop

Die Themenstellung „Heimerziehung als Prozeß“ kann als sehr anspruchsvoll bezeichnet werden, und die Sequenzen Indikation, Anbahnung, Kontrakte und Durchführung setzen Schwerpunkte, ohne den Anspruch exakter Abgrenzung oder umfassender Vollständigkeit erheben zu wollen.
Im Mittelpunkt meiner Ausführungen werden, wie gewünscht, folgende Bereiche stehen: Indikation, Anbahnung, Kontrakte. Der Bereich Durchführung muß als so umfassend angesehen werden, daß er Gegenstand eines eigenen Arbeitskreises sein müßte.

Indikation

Indikation ist ein Begriff, den wir in erster Linie aus der Medizin kennen und der, auf das Arbeitsfeld der klinischen Psychologie übertragen, in der Regel die Zuordnung des Therapieverfahrens zu einer Störung beschreibt.
Wie unterschiedlich die Positionen unter Fachleuten zum Thema Indikation Heimerziehung sein können, wird deutlich, wenn wir die Position von Flosdorf aus dem Jahre 1976 und die Position der Planungsgruppe Petra (1987) miteinander vergleichen.
Flosdorf sieht, mit der Stellungnahme des Verbandes katholischer Einrichtungen der Heim- und Heilpädagogik einhergehend, Heimerziehung bei folgenden Gegebenheiten indiziert:
„1. Wenn die Beziehung zu den Eltern trotz bestehender Schwierigkeiten aufrecht erhalten werden soll und insofern die Unterbringung in einer Pflegefamilie von vornherein wegen der sonst aufkommenden Konkurrenzgefühle und der daraus resultierenden Konflikte kontraindiziert ist.
1.1 Bearbeitung von Kontaktstörungen bei Gleichaltrigen.
1.2 Herauslösen aus einer negativen Peer group.
1.3 Kompensation beeinträchtigter (defizitärer) familiärer Bedingungen.

1.4 Ablösung von familiärer Overprotection.
1.5 Entlastung des Kindes (oder der Familie) bzw.
Überforderung durch Schule,
Überforderung durch Beruf.
1.6 Auffangen aktueller Krisen.
1.7 Behandlung fixierter schwerer Verhaltensstörungen.
2. Ermöglichung des weiteren Familienzusammenhaltes bei Verlust der Eltern oder Erziehungsunfähigkeit der Eltern (Geschwisterkinder).
3. Kinder in abgelehnter Position, bei denen die familiäre Situation u. U. durch Therapie aufzuarbeiten ist.
4. Übergangsunterbringung zur diagnostischen Abklärung der endgültigen Plazierung.
5. Schwersterziehbarkeit, aber noch vorhandene Beeinflußbarkeit unter methodisch kontrollierten Lernbedingungen.
6. Kursorische Trainingsprogramme (Erziehungskurse).
Aufgrund der unter 1 bis 3 genannten Indikationen ist für die Heimerziehung der Ausbau der Elternarbeit zwingend, um so das Kind schneller in das häusliche Milieu zurückführen zu können (familienergänzende Heimerziehung)."

Büttner, der Leiter der Planungsgruppe Petra, sagt nun aber in der Diskussion um die Indikationsproblematik, daß der Versuch, den Störungs- oder Symptomausprägungen der Kinder, Jugendlichen und jungen Erwachsenen Heimerziehung als die Methode der Wahl zuzuordnen, deshalb unzulässig und damit gescheitert ist, weil die Probleme der Betroffenen sich als viel zu komplex erweisen, so daß man Heimerziehung nicht wie ein medizinisches Medikament verschreiben könne. Als Beispiel dafür führt Büttner an, daß „Dissozialität" häufig durch neurotische Störungen bedingt ist, oder daß soziale Devianz zu neurotischen Störungen führen kann. Am Beispiel der in letzter Zeit wieder in Hessen kontrovers in die Diskussion gekommenen Geschlossenen Unterbringung wird die o. a. Problematik noch deutlicher. In der Diskussion über diese Maßnahme wurden die Störungen als so unterschiedlich angesehen (Suizidgefährdete, Delinquenz- und Drogengefährdete, chronische Wegläufer, Therapieresistente), daß von einer Zuordnung einer bestimmten Maßnahme oder einem bestimmten Verfahren zu einer bestimmten Störung nicht gesprochen werden kann.
Da die Entscheidung über Indikation aber im Jugendamt fällt, spricht Büttner hier von einer selektiven Indikation, auf die das Heim, das sich mit seinen Leistungen an die angebotene Klientel anpaßt, mit adaptiver Indikation reagiert.

Ist die Entscheidung einer „vorläufigen Indikation“ im Jugendamt gefallen, so vollzieht sich die Anbahnung einer Heimaufnahme in der Regel in folgenden klassischen Schritten:

1. Telefonischer Anruf mit Kurzabklärung.
2. Zuschicken von Unterlagen (Berichte von Schulen, Erziehungsberatungsstellen, E-Berichte, Gutachten).
3. Vorstellung (oder Besuch zu Hause, Jugendamt, Jugendvollzugsanstalt oder Psychiatrie).
4. „Probewohnen“.
5. Entscheidung nach Abstimmung aller Beteiligten.
6. Aufnahme.

Die Schritte 2 bis 5 dokumentieren deutlich, wie in den vergangenen Jahren eine Fachlichkeit entstanden ist, die zum Schutz und Nutzen des jungen Menschen entwickelt wurde, und gleichzeitig die zunehmende Qualifikation und Leistungsfähigkeit der Einrichtungen dokumentiert.
Es erscheint mir nun sinnvoll, ein strukturiertes Arbeitsschema darzustellen, das die einzelnen Schritte der prozeßhaften Anbahnung verdeutlicht:

1. Kennenlernen.
2. Konzeptentwicklung.
3. Kontrakterstellung.

Kennenlernen: Vorstellung oder Besuch

Die Vorstellung eines Kindes oder Jugendlichen erfolgt sinnvollerweise nur dann, wenn die vorliegende Störung oder Gefährdung so beurteilt wird, daß eine vorläufige Indikationsentscheidung Heimerziehung angemessen erscheint. Diese Entscheidung geht mit einer vorläufigen Hypothesenbildung einher, die oft zwangsläufig sehr komplex bezüglich Hintergrund und Vorgehensweise ist.
Die Vorstellung gehört heute zum Standard der Kennenlernphase. Sie bezieht in der Regel einerseits neben dem Kind das Jugendamt, die Eltern – meist einen Elternteil – und andererseits das Heim, d.h. Heimleitung oder Erziehungsleitung, mit ein. Zunehmend werden auch pädagogische Mitarbeiter der in Frage kommenden Gruppe oder Lehrer, z.B. bei vorhandener Sonderschule im Heim, mit einbezogen.
Das oder gegebenenfalls die Vorstellungsgespräche haben neben dem allgemeinen gegenseitigen Kennenlernen folgende Ziele:

1. Erweiterung der Informationsbasis bezüglich der Vorgeschichte bzw. Sozialanamnese (Verifizierung – Falsifizierung)
Elternhaus
Soziales Umfeld, Peer group
Freizeitbereich
Schule
Ausbildung, Beruf
2. Erweiterte Hypothesenbildung hinsichtlich Hintergrund und Vorgehensweise.
In vielen Fällen, besonders wenn das Vorstellungsgespräch harmonisch, konstruktiv und erfolgreich verläuft, kann eine baldige Entscheidung mit dem Einverständnis aller Beteiligten herbeigeführt werden, oft sogar noch während des Vorstellungsgesprächs. Dies liegt daran, daß bei größerer Erfahrung die Zuordnung von Gesprächsergebnissen und Bewertungen zu standardisierten Konzepten der differenzierten Heimunterbringung möglich ist, oder ganz einfach ausgedrückt: ein in Vorstellungsgesprächen erfahrener Heimleiter oder Erziehungsleiter weiß natürlich nach kurzer Zeit, wie er (für sich) entscheidet und wie er die Entscheidung konsensfähig vermittelt.
In vielen Fällen aber sind die Bedingungen viel komplexer und schwieriger, besonders dann, wenn Besuche der Heimleitung bei den Eltern, im Jugendamt, in der Jugendvollzugsanstalt oder in der Psychiatrie erwartet werden und auch notwendig sind.
Da wir in der Praxis eine immer schwieriger werdende Klientel beobachten und dies auch in der Literatur bestätigt wird (Flosdorf 1986, in: Gerucher/ Jungmann/ Schweitzer [Hrsg.]: Dissozialität und Familie), gestaltet sich die Informationsgewinnung, die Kennenlernphase, zunehmend schwieriger, zeit- und kostenaufwendiger, d.h., sie ist nur bei bestimmten Ressourcen der Einrichtung möglich.

Konzeptentwicklung

Es entspricht sicherlich dem Alltag vieler unserer Einrichtungen, daß vor oder bei der Aufnahme kein spezielles Konzept einer Unterbringung entwickelt wird, vielmehr wird in vielen Fällen aufgrund langjähriger Erfahrung und nach gesundem Menschenverstand entschieden. Es zeigt sich, daß so herbeigeführte Entscheidungen in vielen Fällen durch den Erfolg der Maßnahme bestätigt wurden.
Bei steigender Schwierigkeit der Klientel (Aggressivität, Autoaggressivität und Delinquenz) ist eine Konzeptstrategie nicht nur wünschenswert, sondern für alle Beteiligten notwendig.

Es muß z. B. Gegenstand einer Konzeptentwicklung sein, ob es sinnvoll ist, für einen 15jährigen Jugendlichen, der seit zwei Jahren nur noch sporadisch die Schule besucht, drogengefährdet und demzufolge in Beschaffungskriminalität verstrickt ist, einen Hauptschulabschluß anzustreben, wenn er bei erwiesener Schulphobie wieder in die 7. Klasse eingeschult werden müßte. Liegt eine handwerkliche Geschicklichkeit, aber eine erwiesene theoretische Begrenzung vor, so muß im Rahmen der Konzeptentwicklung, man kann auch das bekanntere Wort „Erziehungsplan" verwenden, entschieden werden, ob eine Ausbildung nach § 42b der Handwerksordnung oder aber nur ein Anlernverhältnis angestrebt wird.
Hätte es sich bei dem oben beschriebenen Jugendlichen „nur" um einen Lernbehinderten gehandelt, der weder kriminell noch drogengefährdet gewesen wäre, so hätte eine Entscheidung für eine Familiengruppe bezüglich der Betreuungsform zur Disposition gestanden. So aber wird die Planung eine Entscheidung für die Wohngruppe und später die Wohngemeinschaft vorsehen.
An diesem einfach gewählten Beispiel wird deutlich, daß bei der Konzeptentwicklung es sinnvoll erscheint, bei schwierigen Fällen nicht nur ein Konzept, sondern Konzepte bzw. Konzeptvariationen zu entwickeln. Meist zeigt sich schon in der Diskussion mit den praxiserfahrenen Mitarbeitern, wie gut, d. h. umsetzbar das Konzept ist. Ein kritisches, interdisziplinäres „Durchspielen" verschiedener Konzeptvariationen und realistischer Einschätzungen sollten zum Standard von Einrichtungen gehören, die sich solch schwieriger Klientel gewachsen fühlen.

Kontrakterstellung

Eine im Kreis der zuständigen Mitarbeiter konsensfähige Konzeption oder Erziehungsplanung für ein angefragtes Kind oder einen Jugendlichen kann inhaltlich als gut angesehen werden, muß aber scheitern, wenn das Kind, der Jugendliche, oft die Eltern, gelegentlich auch das Jugendamt das Konzept nicht annehmen und nicht mittragen.
Hier kommt es zu situationsbedingten Anpassungen im Sinne sozialer Erwünschtheit aller Beteiligten, so z. B., daß der Junge nur untergebracht ist oder daß das Fragen und Reden über Probleme aus der Sicht des Jugendlichen endlich aufhört. Das Ergebnis solcher Entscheidungen ist oft, daß nach einer kurzen „Orientierungsphase" der Jugendliche sich genauso verhält wie vor der Heimeinweisung, zur Verwunderung aller.

Die Kontraktverpflichtung, eine verbindliche, meist schriftliche Erklärung, ist für alle am Prozeß Beteiligten eine gute Methode, den o.a. Tendenzen vorzubeugen.

Man kann hier sowohl einen Klientenkontrakt, einen Elternkontrakt als auch einen Behördenkontrakt anstreben, besonders bei:

1. extremer Problematik des Klienten;
2. extremer Problematik des Elternhauses;
3. schwierigem sozialem Umfeld (einschl. Schule und Beruf);
4. schwieriger, äußerst zeitintensiver Entscheidungsfindung.

Der Kontrakt sollte in kurzer, gut gegliederter Form und verständlicher Sprache die Ziele, die Wege (Methoden und Techniken) und eine Verpflichtungserklärung beinhalten.

Es ist sinnvoll, ihn in Anwesenheit aller „Partner" zu unterzeichnen und dafür eine bestimmte Form zu arrangieren, die als alltagsabgehoben erlebt wird.

Ein besonderes Problem ist hierbei, die Kontraktfähigkeit der einzelnen Partner richtig einzuschätzen. Dies sollte unter formalen Gesichtspunkten für Jugendämter kein Problem sein, ist aber für Eltern oder gar für Kinder differenziert zu sehen.

So kann man mit 8jährigen Kindern z.B. keinen schriftlichen Kontrakt abschließen. Auch bei Eltern, die als schwerste Alkoholiker bekannt sind, stellt sich die Frage einer allgemeinen Kontraktfähigkeit.

In vielen Fällen aber ist der Kontrakt ein gutes methodisches Mittel, das angestrebte Ziel systematischer, überprüfbarer und mit einer höheren Wahrscheinlichkeit zu erreichen.

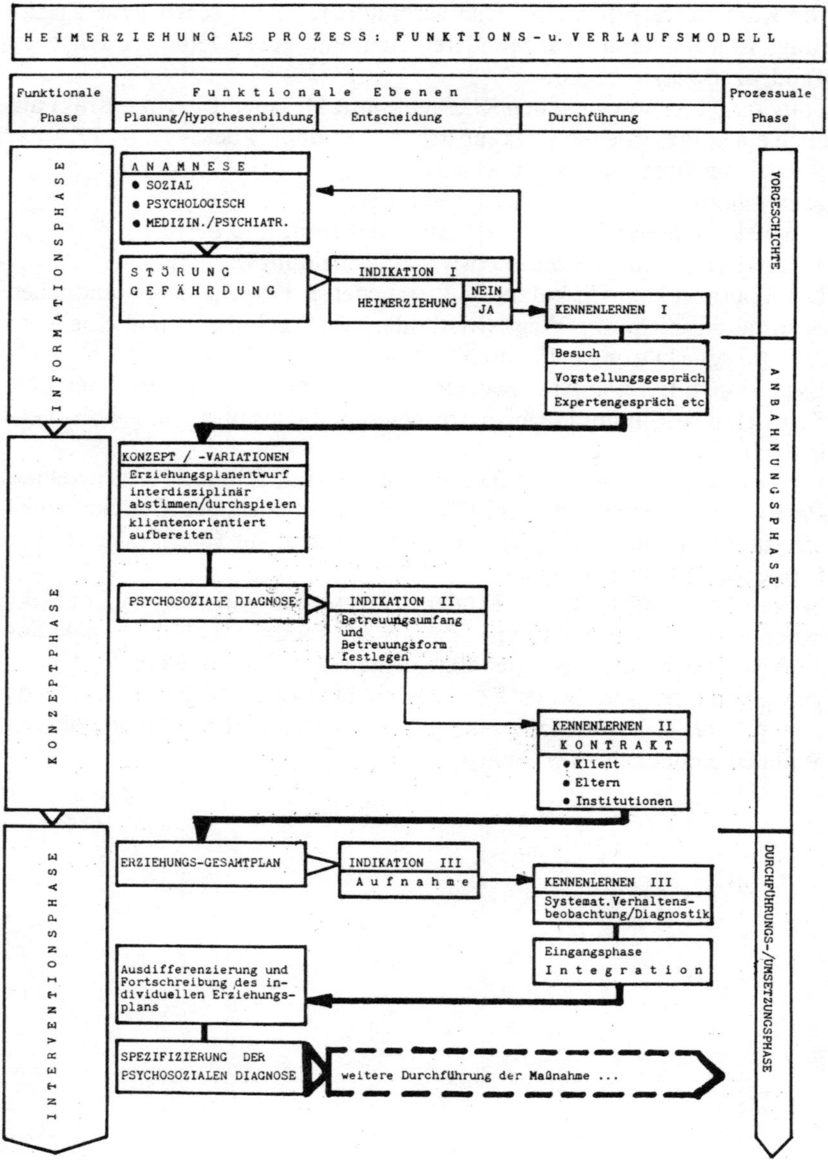

HEIMERZIEHUNG ALS PROZESS: FUNKTIONS- u. VERLAUFSMODELL
Funktionale Phase
Funktionale Ebenen
Planung/Hypothesenbildung
Entscheidung
Durchführung
Prozessuale Phase
INFORMATIONSPHASE
ANAMNESE
• SOZIAL
• PSYCHOLOGISCH
• MEDIZIN./PSYCHIATR.
STÖRUNG
GEFÄHRDUNG
INDIKATION I
HEIMERZIEHUNG
NEIN
JA
KENNENLERNEN I
Besuch
Vorstellungsgespräch
Expertengespräch etc
VORGESCHICHTE
ANBAHNUNGSPHASE
KONZEPTPHASE
KONZEPT / -VARIATIONEN
Erziehungsplanentwurf
interdisziplinär abstimmen/durchspielen
klientenorientiert aufbereiten
PSYCHOSOZIALE DIAGNOSE
INDIKATION II
Betreuungsumfang und Betreuungsform festlegen
KENNENLERNEN II
KONTRAKT
• Klient
• Eltern
• Institutionen
INTERVENTIONSPHASE
ERZIEHUNGS-GESAMTPLAN
INDIKATION III
Aufnahme
KENNENLERNEN III
Systemat. Verhaltensbeobachtung/Diagnostik
Eingangsphase
Integration
Ausdifferenzierung und Fortschreibung des individuellen Erziehungsplans
SPEZIFIZIERUNG DER PSYCHOSOZIALEN DIAGNOSE
weitere Durchführung der Maßnahme ...
DURCHFÜHRUNGS-/UMSETZUNGSPHASE

Arbeitskreis 2

Beziehungen aufbauen, sichern und durchtragen

Norbert Scheiwe, Gerhard Veith

„Wir mögen der Antwort auf die Frage, was der Mensch sei, näherkommen, wenn wir ihn als das Wesen verstehen lernen, in dessen Dialogik, in dessen gegenseitig präsentem Zu-zweien-Sein, sich die Begegnung des einen mit dem anderen jeweils verwirklicht und erkennt" (Martin Buber: Das Problem des Menschen. Heidelberg 1954, S. 170).
Die Weise der Gegenseitigkeit von Ich und Du nennt Buber „Beziehung", die er als apriorische Kategorie im Menschen angelegt sieht („Das eingeborene Du"). Dabei steht die mitmenschliche Du-Beziehung vor dem Hintergrund des „ewigen Du": Der Dialog Gottes mit dem Menschen findet in der mitmenschlichen Begegnung seine Analogie.
„Der Mensch wird am Du zum Ich" (M. Buber). Der Mensch braucht Beziehungen.
Das Alte Testament sagt: „... denn es ist nicht gut, daß der Mensch alleine ist" (Gen 2). Das Leben ist Beziehung.

Anspruch an unsere Arbeit

Der junge Mensch muß im Heim verläßliche positive Beziehungen finden.
Erziehungshilfe im Heim findet in Beziehungen statt und ist zu einem guten Teil Arbeit hieran. Viele Mitarbeiter machen nun die Erfahrung, daß der Aufbau einer tragfähigen Beziehung zu jungen Menschen zunehmend schwieriger wird. Sie geraten dabei in die zirkuläre Problematik, daß man einerseits sagt, die persönliche Beziehung sei das wichtigste pädagogische Werkzeug, und daß andererseits die größte Schwierigkeit vieler unserer Kinder darin besteht, daß sie keine Beziehungen zu Erwachsenen herstellen wollen oder können. Das frustriert.
Wir haben uns in unserer Arbeitsgruppe auf die Suche nach Antworten auf die Frage begeben: Wie können Beziehungen aufgebaut, gesichert und durchgetragen werden, damit sie für den jungen Menschen in Anbetracht seiner Nöte und Probleme möglichst hilfreich und unterstützend sind?

Fragen

Dem Anspruch, positive, verläßliche Beziehungen zu sichern, stehen oft strukturelle und organisatorische (z. B. betriebswirtschaftliche Notwendigkeiten, Schichtdienst etc.) und persönliche Bedingungen gegenüber, z. B. die Aussage von Erziehern: „Wer sich auf die Arbeit auf der Beziehungsebene einläßt, gerät in Rollenkonflikt“ oder „Alle wollen meinen Beziehungsanteil – Ich kann mich so schwer abgrenzen“. Eine Spannung wird spürbar, vielleicht sogar ein Vakuum. Zum einen besteht der Anspruch auf Beziehung, zum anderen hindern Bedingungen, in Beziehung zu treten.
Diese Spannung hat uns motiviert, in diesem Arbeitskreis zu arbeiten.
Dabei geht es um die Fragen:
Können wir mit dem Anspruch und der Wirklichkeit des Alltags umgehen?
Welche Formen des Umgangs haben wir oder müssen wir entwickeln, um mit dieser Spannung zu leben?
Unter welchen Bedingungen ist es möglich, Beziehungen aufzubauen, zu sichern und durchzutragen?
Ist „pädagogische Beziehung“ unmittelbare Begegnung, Freundschaft oder professionelle Helferbeziehung?
Gibt es allgemeingültige Prinzipien einer „idealen“ Beziehungsgestaltung oder ist es denkbar, daß junge Menschen mit verschiedenen Entwicklungsauffälligkeiten und unterschiedlicher interaktioneller Vorerfahrung ganz verschieden gestaltete Beziehungen benötigen?
Ist das gleiche Beziehungsangebot des Erziehers bei einem Kind wie bei einem Jugendlichen erforderlich oder muß der Erzieher seinen Beziehungsstil ändern?

Antworten

Antworten auf diese und andere Fragen versuchten wir durch folgende Programmstruktur zu erhalten:
1. Begrüßung, Vorstellung, Erwartungen der Referenten.
2. Begriffserklärung, Vorstellung verschiedener Definitionen, „Beziehung“ anhand von Folien, ethymologische Bestimmung des Begriffs. Diskussion im Kreis der Referenten.
3. Fallarbeit in Gruppen (Fall A).
Aufgabe: Wie können wir Beziehungen zu A. aufbauen, sichern, durchtragen?

4. Beziehungsfähigkeit als Indikation von Heimerziehung.
Folie: Was erwartet/bietet das Heim, die Gruppe, der/die Erzieher/in vom/dem jungen Menschen?
Was erwartet der junge Mensch?
Gruppenarbeit zur Grundfrage in drei Gruppen mit unterschiedlichen Schwerpunkten:
Beziehungen gestalten trotz Schichtdienst und Methodenvielfalt.
Beziehung gestalten mit beziehungsunfähigen/beziehungssüchtigen jungen Menschen.
Beziehung gestalten im Heim als Lebensperspektive.
Diskussion in Gruppen mit folgenden Vorgaben:
Wie gehen wir mit den unterschiedlichen Erwartungen Heim/junger Mensch um?
Paßt das Heim den jungen Menschen an vorgegebene Strukturen an, wie stellt sich das Heim auf die Bedürfnisse und Erwartungen des einzelnen ein?
Wie sieht das personale und personelle Angebot aus?
Welche strukturellen Bedingungen sind hilfreich, welche behindern den Aufbau von Beziehungen?

Ergebnissicherung

Das Ergebnis unserer Suche nach Antworten stellen wir in Form knapp kommentierter Aussagen dar, wobei auf die Notwendigkeit der Selektion aufgrund der vorgegebenen Rahmenbedingungen besonders hingewiesen wird.

1. Erziehungshilfe im Heim ist unmittelbare menschliche Begegnung. Gerade in einer Zeit, in der das Menschliche so sehr in der Krise steht, sind für eine tragfähige Erziehungswissenschaft die anthropologische Besinnung, das Wissen um und von den Grundbedingungen des menschlichen Wesens für jedes erzieherische Bemühen conditio sine qua non.
Wenn das entscheidende Agens persönlicher Entwicklung die Beziehung zum anderen ist, dann führt auch der Weg für einen Menschen mit „Auffälligkeiten" im Erleben und/oder Verhalten zu einer „gesunden" Person über die mitmenschliche Begegnung: Die Begegnung mit Erwachsenen, die ihm nicht eine heile Welt, sondern eine „heilende" Welt ermöglichen, einen Ort, wo er für seine Entwicklung hilfreiche unkonditionale Zuwendung, Treue, Achtung und Verständnis erfährt, einen Ort, wo sich für ihn das Leben in der Beziehung öffnet.

2. Erziehungshilfe im Heim ist zugleich eine professionelle Arbeitsbeziehung. Dieses zweite Bestimmungsmoment ist Bestandteil der sozialen Situation, in der Heimerzieher und junge Menschen sich miteinander befinden. Der Erzieher hat eine durch Anstellung und/oder Ausbildung etablierte Stellung. Hilfesuchende (Kind, Eltern, Ämter) wenden sich mit Problemen, die sie selbst nicht lösen können, an ihn mit der Erwartung fachlicher Hilfe bei der Problemlösung. Der Erzieher setzt das Handeln (Erziehungsplanung) und die Beziehung (Beziehungsgestaltung) als Mittel ein, um Ziele zu erreichen. Die Interaktion zwischen dem Erzieher und dem jungen Menschen stellt eine professionelle, reflektierte Dienst-Leistung dar und keine reziproke Beziehung, in der die Rollen ausgetauscht werden können.

3. Qualität und Intensität der sozialen Beziehungen und Professionalität sind keine feindlichen Brüder.
Die permanente Spannung zwischen Beruflichkeit und Privatheit unkonditionaler Zuwendung und Distanz, zwischen nicht bezahlbarem Sich-in-Beziehungen-Einlassen bis zu gelegentlichem Verausgaben und monatlichem Gehalt, zwischen Frust und Lust erfordert in besonderem Maße einen Aufwand an Selbstreflexion und Anleitung/Supervision.

4. Beziehungsgestaltung: Wir neigen dazu, unsere Antwort auf Notrufe („Verhaltensstörungen") generalistisch zu organisieren (s. Planungsgruppe Petra). Wir erwarten vom jungen Menschen z.B. Gesprächs-/Spielbereitschaft zu einem bestimmten Zeitpunkt (Termin beim Spezialisten), an einem bestimmten Ort (Heilpädagogische Abteilung), beurlauben ihn und alle anderen an schulfreien Wochenenden und in den Schulferien nach Hause, muten ihm und allen anderen im Heim gleichermaßen schichtdienstgestreßte Erzieher/innen bei gleichzeitig oft hohem Mitarbeiterwechsel zu. Hier müssen wir uns selbstkritisch fragen, ob wir uns mit unseren strukturellen Bedingungen und Ressourcen auf die unterschiedlichen Probleme verschiedener junger Menschen genügend einstellen, oder ob sich nicht junge Menschen mit individuellen Problemen allzuoft den gegebenen Strukturen anpassen müssen. Schneidern wir jedem Kind seinen eigenen wärmenden Mantel oder bedienen wir alle aus der Kleiderkammer mit Einheitsüberwürfen?
Eine individuelle differentialdiagnostische Beziehungsanalyse ist eine unbedingte Notwendigkeit der Beziehungsgestaltung und wichtiger Bestandteil der Indikation.

Fragen: Ist nicht Heimerziehung bei einem 13jährigen unter Umständen kontraindiziert? Heimerziehung, die ihm als institutionelle Erziehung Versorgung, strukturierte Alltäglichkeit, Schutz bietet, der in seiner bisherigen Lebensgeschichte überversorgt wurde und deshalb realitätsunfähig ist und in dieser Institution u. U. nicht das ausreichend lernen kann, was ihm fehlt?
Oder Martina, 9 Jahre alt, die aufgrund ihrer Lebensgeschichte voller Angst und Mißtrauen ist und konstante personale Zuwendung von Menschen benötigt, die voll da sind in Stellvertretung, die sie Freude, Geduld, Hoffnung, Mut und Zuversicht erleben lassen? Könnte sich hier nicht hohe Personalfluktuation als nicht hilfreiches, ja sogar schädigendes Beziehungsangebot erweisen?
Oder Michael, 17 Jahre alt, der Erwachsene ablehnt. Wäre es hier nicht sinnvoll, unseren personalen Beziehungsanspruch zu reduzieren, um über einen intentionalen Gegenstand (z. B. Arbeit) an den Jugendlichen „heranzukommen"?
Zu fragen wäre:
mit welchen Auffälligkeiten im Erleben und Verhaltensbereich,
in welchem Alter (neurotisch, reaktiv, depriviert u. a.),
mit welchen interaktionellen Vorerfahrungen kommt ein Kind zu uns,
mit welchem Beziehungsangebot
und konkreten heilpädagogischen Hilfen
können wir dem jungen Menschen am wirkungsvollsten helfen?
Das führt zu der richtungweisenden Erkenntnis, daß Heimerziehung – heilpädagogisch verstanden – ein Programm ist, das in sehr unterschiedlichen Arrangements gelebt werden kann. Z. B. in Heimgruppen, in Einzelbetreuung in einem angemieteten Zimmer, in Gruppen in Analogie zu Familienmustern, in der Wildnis in Lappland, in klinikähnlich organisierten Einrichtungen für kurzzeitigen Aufenthalt usw.
Die konkrete Beziehungsgestaltung im konkreten Einzelfall hat sich ausschließlich an dem zu orientieren, was dem Kind individuell zusteht, was es individuell braucht.

Wir haben uns die Frage gestellt, woher ein Praktiker handlungsanleitende Prinzipien für die Beziehungsgestaltung bei jungen Menschen in unterschiedlichen Entwicklungsphasen und mit unterschiedlichen Störungen beziehen könnte. Da sind zum einen die Modelle pädagogischen Handelns von Aichhorn, Redl/Wineman, Zullinger, Pestalozzi u. a.
Auf der anderen Seite ist die Frage der Beziehungsgestaltung auch eine empirische Frage, da anzunehmen ist, daß manche Vorgehensweisen

notwendig, vielleicht auch hinreichend, möglicherweise auch hinderlich oder schädlich sein können.
Da erst in jüngster Zeit eine hervorragende Arbeit gerade zu dem Thema heilpädagogischer Beziehungsgestaltung von Peter Flosdorf publiziert wurde, mit der wir uns vollinhaltlich identifizieren können, beschränken wir uns auf die Nennung einiger beziehungsfördernder Faktoren wie:
Echtheit und Achtung als personale Grundeinstellung;
Konkretheit und Klarheit der Sprache;
Fähigkeit des Erziehers, zu Beginn klare Strukturen zu setzen;
emotionaler Ausdruck;
voll da sein, Sympathie, Selbstexploration als methodische Hilfen.

5. Beziehungen sichern und durchtragen.
Eine essentielle Voraussetzung heilpädagogischer Arbeit ist ein Mindestmaß an personeller Kontinuität. Hohe Fluktuation ist für die meisten jungen Menschen unbefriedigend. Dies erfordert auch die Schaffung betriebsfreundlicher, beziehungsfördernder Strukturen im Heim.
Unterschiedliche Störungen/Schädigungen unserer jungen Menschen bedürfen differenzierter personaler Antworten, die sich u.a. in unterschiedlichen Arbeitszeitordnungen manifestieren müssen.
Unterschiedliche Regenerationsmodelle (Sabbatjahr, allgemeingültige Arbeitszeitregelung, vorzeitiger Ruhestand bei vollem Pensionsausgleich wie bei Generälen) müssen diskutiert und politisch durchgesetzt werden, soll Heimerziehung ihrer Verpflichtung, sich kindgemäß zu organisieren, gerecht werden.
Älteren Erziehern, die gewachsene Beziehungen zu mehreren Generationen von Kindern pflegen und im Einzelfall den Alltag als zu belastend empfinden, soll die Möglichkeit der Beziehungspflege zu Ehemaligen als neue und wichtige Aufgabe übertragen werden.
Die Nähe und Unmittelbarkeit der Beziehungen erfordert ein hohes Maß an Sensibilität und Bereitschaft zu partieller Offenheit. Supervision hilft u.a., hemmende Faktoren aufzudecken und Strategien wirkungsvollen Handelns zu entwickeln.
Kindern und Erwachsenen geht es nur gemeinsam gut.

Arbeitskreis 3

Erziehungsplanung verwirklichen: anleiten und zusammenarbeiten

Christian König, Harald Patzelt, Arnulf Schuler

Die Teilnehmer kamen mit unterschiedlichen Vorstellungen, Fragestellungen und Erwartungen. Bei der zur Verfügung stehenden Zeit konnte nicht inhaltlich an dem sehr differenzierten Thema gearbeitet werden. Es konnte also nicht darum gehen, *ob* Erziehung geplant werden soll, sondern *wie* diese Planung durch Anleitung und Zusammenarbeit verwirklicht werden kann. Ziel war demnach die Erarbeitung von Hilfestellungen und Hilfsmitteln zur Konkretisierung von Erziehungsplanung.

Ausgangspunkt ist die Erkenntnis, daß der Erzieher im Heim zunehmend unter Druck gerät. Es wird eine hohe erzieherische Kompetenz von ihm erwartet. Zudem steht er ständig unter Erfolgszwang und unter Berichtspflicht und damit unter permanenter Kontrolle von innen und außen.

Im erzieherischen Alltag ist er aber nicht selten allein gelassen. In manchen Einrichtungen tritt er nur als „ausführendes Organ" in Erscheinung, der die Pläne, die andere Fachkräfte oder Institutionen erstellt haben, in die erzieherische Praxis umzusetzen hat. In anderen Heimen dagegen hat der Erzieher die „Planungs-, Durchführungs- und Kontrollinstanz" auszuüben. In beiden Fällen wird man dem Erzieher nicht gerecht, er wird in seiner Funktion und Kompetenz entweder unter- oder überfordert. Weil der Erzieher als direkte Bezugsperson die meiste Zeit in der unmittelbaren Beziehung zum Kind/Jugendlichen steht, hat er in der Regel die größte Informationsdichte. Aufgrund seiner Ausbildung kann er diese Information nicht immer ausreichend verwerten und für den erzieherischen Alltag in konkrete Handlungsziele umsetzen. Er ist – wie jede andere Fachkraft auch – angewiesen auf eine unterstützende Anleitung und Zusammenarbeit mit anderen Fachdisziplinen und Funktionsträgern.

Anleiten zum „geplanten Erziehen" bedeutet, den Erzieher zu befähigen, daß er an fachlicher Autonomie zunimmt, unter Zuhilfenahme der *Methodik,* die

zielgerichtetes Handeln | reflektiertes Handeln | berufliches Handeln

beinhaltet. Das heißt: zu wissen

was ich tue;
warum ich etwas tue;
wie ich etwas tue.

Die folgenden sechs Thesen dienten als Impulse für die Arbeit im Arbeitskreis. Sie erheben ebensowenig wie die Konkretisierungen Anspruch auf eine umfassende Darstellung der Thematik.

These 1
„Das Erziehen nach Plan konzentriert wie selten die Aufmerksamkeit auf das Wissen und Können des Erziehers mit den verschiedenen Fähigkeiten und Fertigkeiten" (Weinschenk).
Der Erzieher braucht das Gerüst eines Handlungskonzeptes, das er im Alltag zur Anwendung bringen kann.

Konkretisierungen:
Der Erzieher muß die Genese der Verhaltensstörungen (Krankheitsbilder, Prägungen etc.) kennen und Zusammenhänge der Entstehung und Festigung herstellen können (diagnostisches Denken).
Er soll Verständnis für die familiäre Situation des Kindes/Jugendlichen und die Kind-Eltern-Interaktionsmuster entwickeln, d.h., die Abhängigkeiten unterschiedlichsten Verhaltens erkennen und sie für die Entwicklung neuer Verhaltensweisen und für korrigierende Erfahrungen nutzbar machen.
Der Erzieher muß daraus konkrete Ziele formulieren, in Teilschritte zerlegen und Rangfolgen (Prioritäten) herstellen können.
Der Erzieher muß seine Absichten in konkrete Pläne und zu überprüfende Handlungskonzepte umsetzen können.
Das Wissen muß integriert werden durch Verbindung von Theorie und Praxis und durch Einbeziehung in das Gesamtkonzept der Einrichtung.
Das fachliche Wissen des Erziehers muß im konkreten Praxisfeld fortwährend neu erworben und ergänzt werden durch systematische Anleitung sowie Fort- und Weiterbildung.

These 2
Die notwendige Nähe des Erziehers zu den Kindern/Jugendlichen bewirkt eine starke persönliche Betroffenheit. Sie birgt die Gefahr in sich, die unerläßliche berufliche Distanz zu verringern.

Konkretisierungen:
Der Erzieher muß um seine eigenen Gefühle, Haltungen, Einstellungen, Werte, Normen wissen und auch seine Abhängigkeit von der Gesellschaft und deren Normen berücksichtigen.
Der Erzieher muß in einer vertrauensvollen Arbeitsatmosphäre seine persönliche Betroffenheit gegenüber den Mitarbeitern in der Gruppe und allen anderen Funktionsträgern äußern können, mit denen er Erziehung plant und realisiert.
Der Erzieher braucht in der Regel fortwährend eine Person bzw. Gruppe, die mehr Distanz zum Erziehungsgeschehen hat und die in der Lage ist, mit ihm zusammen das berufliche Tun zu reflektieren, zu kontrollieren und gegebenenfalls zu modifizieren, z. B. auch durch Supervision.

These 3
Die Anleitung/Begleitung des Erziehers beim geplanten Erziehen ist dann am wirkungsvollsten, wenn es gelingt, seine persönlichen und fachlichen Ressourcen zu wecken, ihn zu motivieren und zu fördern, um autonomer den alltäglichen erzieherischen Notwendigkeiten begegnen zu können.

Konkretisierungen:
Hier geht es insbesondere um eine Hilfestellung beim Erlernen, Erhalten und Erweitern selbständigen, bewußten und erfolgreichen Handelns, damit der Erzieher nicht zum Erfüllungsgehilfen anderer Fachkräfte wird (Weinschenk: Identität des Planenden und Handelnden).
Der Erzieher muß seinen eigenen Standort erkennen können, von dem aus er erzieherisch tätig wird. Dies beinhaltet nicht nur die bewußte Wahrnehmung der eigenen Wertvorstellungen, Verhaltensmuster, Prägungen, Konzepte und wie bestimmend sie für mein Verhalten und meine Beziehung zu anderen Menschen sind, sondern ganz allgemein auch die Erforschung dessen: *wer* bin ich? – *woher* komme ich? – *wohin* will ich? – bzw. *wer* will ich sein?

These 4
Anleitung bei der Erziehungsplanung heißt auch, die Kooperation aller am Erziehungsprozeß beteiligten Personen und Institutionen (Erzieher, Eltern, Psychologe, Schule, gruppenergänzender Dienst, das Kind/der

Jugendliche selbst, in Einzelfällen sogar Hausmeister oder Reinemachepersonal u.a.) zu erwirken und damit die unterschiedlichsten Ressourcen einzubeziehen.

Konkretisierungen:
Der Erzieher hat als unmittelbare Bezugsperson der Kinder/Jugendlichen die wesentliche Rolle im Erziehungsgeschehen. Der Erzieher muß deshalb eine Sichtweise erwerben, die den Menschen als Ganzes sieht und nicht nur Teilfunktionen, wie z.B. den Leistungsbereich oder bestimmte Defizite und Störungsbilder. Er muß zudem über das Individuum des Kindes/Jugendlichen hinaus auch dessen soziales Umfeld in die Gesamtsicht miteinbeziehen.
Der Erzieher wird, sobald das Kind/der Jugendliche in seine Gruppe kommt, in die Erstellung eines ersten, vorläufigen Erziehungsplanes einbezogen. Bei der Fortschreibung der individuellen Gesamtplanung wird er unter Einbeziehung aller an der Erziehung Beteiligten entscheidend mitwirken.
Dies bedeutet nicht nur die Zusammenarbeit und Koordination der im Heim tätigen Fachkräfte, sondern auch die Hinzuziehung außenstehender Personen und Institutionen.

These 5
Anleiten und Begleiten von geplantem Erziehen darf nicht von abgehobener, distanzierter Position erfolgen, sondern heißt auch, bei der Verwirklichung des Erziehungsauftrages mitzuwirken.
Die Anleitung wird deshalb im wesentlichen von der Erziehungsleitung wahrgenommen werden. Wenn diese Funktion nicht eigens besetzt ist, kann diese auch durch Psychologen, Heilpädagogen oder den Heimleiter ausgefüllt werden.

Konkretisierungen:
Der Anleiter muß selbst in das Erziehungsgeschehen einbezogen sein. Er wird an dem gemessen werden müssen, was er selbst an „Theorie“ in die Praxis umzusetzen vermag.
Unausgegorene „Handlungsanweisungen“, sowohl therapeutischer als auch pädagogischer Art, machen Erzieher und Kind zum Spielball experimentierfreudiger „Theoretiker“ und führen alsbald zur Resignation des Erziehers, der das Gefühl der „Unfähigkeit“ vermittelt bekommt.

These 6
Die differenzierte Aufgabenstellung der Jugendhilfe bedarf eines bewußten, fachlich begründeten und menschlichen Vorgehens. Es ist da-

her erforderlich, von Anfang an auf die Möglichkeiten und Grenzen zu achten.

Konkretisierungen:
Der wesentliche Faktor bei der Umsetzung des Erziehungsplanes liegt in der Motivation, in der Veränderungsbereitschaft des Kindes/Jugendlichen. Deshalb ist die Beziehung des Erziehers zum Kind eine bedeutende Variable bei der Umsetzung des Erziehungsplanes in die Praxis.
Jeder Erzieher hat seine eigenen, individuellen Grenzen. Seine Einstellungen, Haltungen, Prägungen, seine Fähigkeiten und Fertigkeiten bestimmen wesentlich die eigene „Begrenztheit".
Der Erzieher muß erkennen, daß der Mensch nicht nur allein das Produkt seiner Erfahrungen ist. Er wird die genetischen Bestimmungen, die physiologischen und psychologischen Bedingungen ebenso mit einbeziehen müssen wie die konkreten Umweltbedingungen soziokultureller und schichtspezifischer Art.
Auch die jeweiligen Bedingungsstrukturen in der Gruppe bzw. im Heim bedürfen einer Reflexion, inwieweit auch sie den Prozeß geplanter Erziehung begrenzen.

Ergebnisse aus den Untergruppen

In drei Untergruppen wurde über Erfahrungen, Erwartungen und Konsequenzen diskutiert. Folgende Schwerpunkte ergaben sich dabei:
Gewisse Bedenken und Befürchtungen bestehen noch dahingehend, daß Erziehungsplanung die Spontaneität und Kreativität des Erziehers zu sehr einengt, daß er dabei festgelegt, ja manipuliert werden könnte.
Auch beim Kind darf die Erziehungsplanung nicht das Gefühl erzeugen, allein einer geschlossenen, starren Front von Betreuern gegenüberzustehen oder den Behandlungsstrategien von Experten als Objekt ausgeliefert zu sein.
Jede Einrichtung muß ihren eigenen Stil von Erziehungsplanung finden, der den Betreuten und den Mitarbeitern am besten entspricht.
Anleitung und Erziehungsplanung müssen von der Institution her, strukturell und organisatorisch ermöglicht, vorgesehen sein.
Erziehungsplanung muß routinemäßig und längerfristig organisiert sein. Sie soll also nicht als Reaktion auf akute Krisensituationen stattfinden, sondern in „ruhigen Zeiten" vorausschauend – eben „planend" –, damit auch Kriseninterventionen diagnostisch abgesichert, reflektiert und in den Gesamtzusammenhang des erzieherischen Vorgehens eingebettet erfolgen können.

Erziehungsplanung, Anleiten und Zusammenarbeiten erfordern eine gemeinsame Sprache aller Beteiligten, um die sich besonders die „akademischen Fachkräfte“ bemühen sollten.
Bei der Erziehungsplanung reicht es nicht aus, genaue Ziele zu formulieren, sondern es muß auch fest vereinbart werden, wer für die jeweilige Durchführung verantwortlich ist.
So sehr „annehmende Atmosphäre“ und „tragfähige Beziehungen des Heim-Personals untereinander“ Voraussetzungen für das Erstellen und Realisieren eines Erziehungsplanes sind, kann doch auch umgekehrt die gemeinsame Erziehungsplanung wesentlich zur Verbesserung der Zusammenarbeit und der Beziehung im Team beitragen.
Viele Teilnehmer äußerten den Wunsch nach gezielten Fortbildungsmaßnahmen zur inhaltlichen Durchführung von Erziehungsplanung. Da Erziehungsplanung besondere Auswirkungen auf das Konzept der gesamten Einrichtung hat, sollten solche Angebote am besten innerhalb einer Einrichtung mit allen Erziehern, Fachdiensten und leitenden pädagogischen Mitarbeitern durchgeführt werden.

Literaturliste zum Thema Erziehungsplanung
(wurde an die Teilnehmer des Arbeitskreises verteilt)

AFET, Überlegungen zur Erziehungsplanung, in: Mitgliederrundbrief der Arbeitsgemeinschaft für Erziehungshilfe Nr. 2/3, Mai 1974.

AFET, Zielsetzung der Erziehung, in: AFET – Mitgliederrundbrief Nr. 4/5, 1973.

AFET, Gestaltung, Begleitung und Bewertung von Erziehungsprozessen – Auswirkung der Erziehungsplanung auf die Erziehungswirklichkeit, Arbeitstagung der Arbeitsgemeinschaft für Erziehungshilfe e. V. vom 10. – 12. Oktober 1984.

AFET, Grenzen erzieherischen Handelns, Tagungsbericht, in: Neue Schriftenreihe der Arbeitsgemeinschaft für Erziehungshilfe (AFET) e. V., 34/1982.

Amsler, W./Casse, K. u. a.: Konzepte der Heimerziehung für erziehungsschwierige Kinder und Jugendliche, Kapitel 1: Ausgewählte Probleme: Erziehungsplanung im Heim, S. 80 ff. Verlag der Schweizerischen Zentralstelle für Heilpädagogik, Luzern 1980.

Bezirksregierung Braunschweig, Arbeitshilfe Psychosoziale Diagnose, zum Runderlaß des Niedersächsischen Kultusministers vom 26. 8. 1976, in: Niedersächsisches Ministerialblatt Nr. 42/1976.

Buchka, Maximilian: Hilfen zur Erstellung eines Erziehungsplanes in sozialpädagogischen Handlungsfeldern, in: Unsere Jugend 2/1988.

Czepluch, Martin: Überlegungen zum individuellen Erziehungsplan, in: Jugendhilfe 4/1969.

Dietl, Franz: Der Erziehungsplan, in: Pädagogischer Rundbrief 1/2, 1974.
DGVT (Hrsg.): Erziehungsziele, in: Verhaltenstherapeutische Erzieherfortbildung in der Praxis, Sonderheft 1980.
Egan, Gerard: Der fähige Helfer, Aktionsprogramme Stufe 3. Gelnhausen 1979.
Endres, Nikolaus: Der Erziehungsplan in der Heimerziehung, in: Pädagogischer Rundbrief Nr. 12, 1953.
Ders.: Die Beobachtung von Kindern und Jugendlichen als Voraussetzung ihrer Erziehung und Begutachtung, in: Pädagogischer Rundbrief Nr. 5/6, 1956.
Endriss, Rosemarie: Erziehungsplanung, in: Fortbildungsbrief 3/4, Oktober 1974, des EREV.
EREV, Erziehungspläne, Empfehlungen des Fachausschusses „Pädagogische Grundsatzfragen in der Heimerziehung“, Mai 1975.
Erziehungsplanung – ein Versuch, in: Zeitschrift für öffentliche Fürsorge 2/1973.
Fachausschuß für Heimberatung und Fortbildung beim Landesverband katholischer Einrichtungen der Heim- und Heilpädagogik in Bayern e. V., Erziehungsplanung im Heim, in: Pädagogischer Rundbrief 8/9, 29/1979.
Hane, Willy: Das Geheimnis der Menschenführung bei Don Bosco und Flanagan, in: Die Heimstatt 1 – 4/1985.
Heibach, Horst: Erziehungsziele unserer Zeit – kritisch befragt, in: Die Heimstatt 1/2/1977.
Heiserer, Helmut: Planbarkeit der Erziehung – Möglichkeit und Grenzen der Erziehungsplanung im Heim, in: Pädagogischer Rundbrief 1/1978.
Hirschfeld, Erich: Die inneren Ressourcen der Heimerziehung qualitativ und ganzheitlich nutzen, in: Unsere Jugend 4/1988.
Institut für Jugendhilfe Ludwigsfelde (Hrsg.): Die Erziehungsplanung im Heim, in: Beiträge zur Weiterbildung 14/1967.
Kiehn, Erich: Praxis des Heimerziehers, Freiburg, 3. Auflage, 1972.
Ders.: Pädagogische Planung in der Heimerziehung, in: Jugendwohl 9/1972.
Ders.: Von der Schwierigkeit des Gruppenteams im Heim, einen Entwicklungsbericht zu verfassen, in: Jugendwohl 7/8/1978.
Knab, Eckhart (Hrsg.): Heimerziehung. Klein-Zimmern 1976.
Ders.: Heimerziehung, Frankfurt 1980.
Kok, J. F. W.: Grundlagen moderner Heimerziehung – ein Leitfaden für Ausbildung und Praxis. Freiburg 1976.
Kultus, Michael / Thiel, Klaus-Wilhelm / Genswein, Gerhard: Der Entwicklungsbericht – Erfahrungen – Meinungen, in: Sozialpädagogik 1/1988.
Landschaftsverband Rheinland/Landesjugendamt, Diagnose, Erziehungs- und Therapieplanung, Koordination der Behandlung, in: Rahmenplanung für die öffentliche Erziehung – Zielvorstellungen 1976.
Landeswohlfahrtsverband Baden – Landesjugendamt: Die Abfassung von Entwicklungsberichten, eine Arbeitshilfe. Karlsruhe 1971.
Liening, H.: Planung und Planbarkeit von Erziehung im Heim, in: Unsere Jugend 5/1978.

Mayer-Kulenkampff, Ilse: Erziehungsplanung und Heimerziehung, in: Unsere Jugend 1/1971.

Möller, Kurt: Erziehungsplanung aus der Sicht des Heimes, in: BHS – sozial, Mitgliederrundbrief II. 4, 1982.

Parstorfer, Josef: Zielorientierte außerschulische Erziehung und Bildung im Heim. Köln 1972.

Paulitz, Harald: Die Bedeutung des Entwicklungsberichtes des Heimes, in: Zentralblatt für Jugendrecht (ZblJugR) 5/1978.

Petermann, Franz (Hrsg.): Studien zur Jugend- und Familienforschung, Planungsgruppe Petra, – Analyse von Leistungsfeldern in der Heimerziehung –, Frankfurt 1987.

Riedrich, F. W./Rick, H.: Die fachliche Legitimation von Gutachten in der Jugendhilfe, in: Forum Jugendhilfe 4/1981.

Scherpner/Kowollik u. a.: Erziehungsplanung, in: Mitglieder-Rundbrief 2/3/1974.

Schier, N.: Der Entwicklungsbericht des Heimes, in: Unsere Jugend 7/1980.

Schmid, Peter: Erziehung und Erziehungsplanung, in: Vierteljahresschrift für Heilpädagogik und ihre Nachbargebiete (VHN) 2/1976.

Schmidle, Paul / Junge, Hubertus (Hrsg.): Erzieher im Heim. Freiburg 1978.

Schmidgen: Die Indikation für die verschiedenen Formen erzieherischer Hilfen im Hinblick auf die Heimerziehung vom Standpunkt der öffentlichen Jugendhilfe, in: AFET Mitgliederrundbrief 4/5/Juli 1967.

Schweitzer, H./Mühlenbrink, H./Späth, K.: Projektstudium in der Heimerziehung, Kapitel 7, Entwicklung eines Erziehungsplanes für die pädagogische Arbeit in der Erziehungsgruppe. Frankfurt 1977.

Schwarzwälder, Hedwig: Diagnose in der Heimerziehung. Stuttgart 1972/73, hekt.

Späth, Karl: Menschenbilder im Handlungskontext der Jugendhilfe, in: Sozialpädagogik 6/1986.

Tröger, Walter: Erziehungsziele. München 1974.

Verband katholischer Einrichtungen der Heim- und Heilpädagogik, Katholische Heimerziehung in der Diözese Rottenburg-Stuttgart, Arbeitshilfen, Stuttgart (ohne Jahr).

Weinschenk, Reinhold: Der Erziehungsplan für das Heimkind, in: Jugendwohl 10/1974.

Weinschenk, Reinhold: Geplantes Erziehen im Heim. Freiburg 1978.

Weismantel, Otto: Erziehungsbericht, in: Pädagogischer Rundbrief 1/2/1974.

Zöpfl, Helmut: Orientierung am Kind, in: Die Heimstatt, 1. – 2. Jg. 1988.

Arbeitskreis 4

Zum Lieben befähigen: sexualpädagogische Ziele und Wege

Josef Köhne, Anna Zahalka

Das Thema unseres Arbeitskreises ist offensichtlich wichtig und schwierig, sonst würden sich nicht so viele Teilnehmer dafür entschieden haben. Wir sind ein Arbeitskreis, d.h. wir wollen miteinander versuchen, uns Gedanken zu machen und aus unseren Erfahrungen Hilfen zu geben, unsere Aufgaben in der täglichen Arbeit besser zu erfüllen.
Meine Rolle verstehe ich so, daß ich Impulse durch einige Hinweise und Thesen gebe, die wir dann miteinander besprechen wollen.
Sie alle haben ja Erfahrungen, und zwar doppelte: durch Ihre eigene Entwicklung, durch Ihren eigenen Lernprozeß als Liebende; aber auch durch berufliche Erfahrung im Umgang mit Jugendlichen in Heimen, in denen Sie, teilweise schon lange, tätig sind.
Noch eine Anmerkung: Wir können über Liebe, Zärtlichkeit und Sexualität nicht abstrakt reden; immer fließen auch eigene Erfahrungen, geglückte und mißglückte, Gelingen und Versagen im Umgang mit uns selbst und unseren Partnern mit ein. Das macht es einerseits schwer, andererseits auch chancenreicher, offen über diese Thematik zu sprechen. Also geben wir uns die Chance am heutigen Tag, zum Wohl für uns selbst, für unsere Partner, vor allem aber für die jungen Menschen, die uns beruflich anvertraut sind.

Lieben, was ist das eigentlich?

Es entsteht immer wieder die Gefahr eines Dualismus, der dem Menschen nicht entspricht: auf der einen Seite Liebe als etwas Geistiges, über den Menschen hinaus Weisendes, auf der anderen Seite etwas scheinbar banal Körperliches. „Liebe machen“ wird das im Stück „Die Fremdenführerin“ von Botho Strauss genannt.
Andererseits heißt es im Gutachten der Minderheit der Päpstlichen Ehekommission von 1967, die sich bei der Formulierung der Enzyklika „Humanae Vitae“ durchsetzte: „Wahrlich, dieses Ziel (gemeint ist die

Förderung der Ehe und der menschlichen Natur durch die Sexualität; J. Köhne) kann auch auf anderem Wege erreicht werden – das ist etwas, worüber die empfängnisverhütende Theorie immer schweigt –; denn die eheliche Liebe ist vor allem geistig – falls die Liebe echt ist – und bedarf keiner ausdrücklichen sinnlichen Gesten, noch viel weniger ihrer Wiederholung in bestimmter Häufigkeit. Infolgedessen sind der behauptete Sinn der Hochherzigkeit und das Fehlen von Hedonismus fragwürdig, wenn wir die innige Liebe der Gesamtperson finden zwischen Vater und Tochter, Bruder und Schwester, ohne daß es sinnlicher Gesten bedarf."[1]

Hier wird also unterstellt, daß wahre menschliche Liebe vor allem geistig sei, sie bedürfe keiner Sinnlichkeit. Solange in dieser Haltung Christen auf Liebe und Ehe vorbereitet wurden, mußte es zu Verkürzungen im mitmenschlichen Bezug kommen bzw. konnte dieser sich nicht entwikkeln. Der katholische Philosoph Josef Pieper weist in diesem Zusammenhang auf die Erfahrungen der tiefenpsychologischen Heilpraxis hin, „die besagen, daß die gewaltsame Zurückdrängung der im Sinnlichen wurzelnden erotischen Erschütterungsfähigkeit Liebe überhaupt unmöglich mache und ersticke, auch die ‚geistige' und ‚geistliche' Liebe; und daß die Unduldsamkeit, die Härte und der Starrsinn, die nicht selten anzutreffen sind bei Menschen, die ein ‚geistliches' Leben zu führen streben, sehr wohl durch die naturwidrige Unterdrückung der passio amoris bedingt sein könnte. Der Mensch ist bis in die sublimste Spiritualität hinein ein leibhaftiges Wesen. Diese Leiblichkeit, die ihn, gleichfalls bis in die spirituellste Lebensäußerung hinein, Mann oder Frau sein läßt, bedeutet nicht nur Schranke oder Eingrenzung, sie ist zugleich der spendende Lebensgrund allen menschlichen Wirkens. Darin stimmen Thomas von Aquin und Platon überein"[2].

Was ist damit gemeint? Es wird viel zu wenig beachtet, daß die Qualität jedes zwischenmenschlichen Bezuges wesentlich auch sinnlich ist, sinnlich im konkreten Einbezug aller fünf menschlichen Sinne. Dafür gibt schon die Sprache Zeugnis: „Ich mag Dich" hängt mit dem Geschmack zusammen; was ja in doppeldeutigem Sinn zu verstehen ist.

„Ich habe ihn (oder sie) zum Anbeißen gern", dieses Gefühl hat wohl schon jeder von uns verspürt und erlebt. „Ich suche Kontakt mit ihm", „Ich will und kann mich an jemanden halten", „Ich fühle mich bei jemandem wohl", „Ich gebe jemandem Ansehen", „Er (oder sie) ist ansehnlich", „Ich fühle mich ihm zugehörig" – alle diese Äußerungen, deren eigentliche Bedeutung wir oft gar nicht mehr bewußt sehen, drücken eine positive Beziehung zu jemandem aus. Noch deutlicher wird es, wenn wir die Formulierungen betrachten, in denen unsere Sprache eine negative

Beziehung ausdrückt: „Ich kann ihn nicht sehen", „Ich mag ihn nicht hören", „Ich kann ihn (immer oder sie) nicht riechen", „Bei ihm wird mir übel". Hier sind nicht Können und Qualitäten der Optik, der Akustik, des Geschmacks im physikalischen Sinn gemeint. Jemanden „nicht riechen können" ist nicht eine Tatsache der Riechfähigkeit oder des Odeurs, sondern bedeutet vor allem die persönliche emotional-sinnliche Beziehung. So sprechen wir ja auch mit Recht von „Ein-fühlen", nicht von „Ein-denken".

Diese sinnenhafte Wahrnehmung und deren Austausch sind das Kernstück menschlicher Liebesfähigkeit, und zwar vom Beginn des Lebens bis zu seinem Ende im Tod. Jeder Mensch bedarf zu seiner gesunden Entwicklung und zur Erhaltung seiner seelischen Gesundheit des Austausches von Zärtlichkeiten, wobei diese sich auch in sehr subtilen Formen ausdrücken können.

Wo wird sie grundgelegt? Betrachten wir die Primärbeziehung zwischen dem Säugling und seiner Mutter oder seiner mütterlichen Pflegeperson: diese spricht ihm mit sinnlich-zärtlichen Gesten das Ja der Bestätigung zu. Sie blickt den Säugling freudig an (sie gibt ihm damit „Ansehen"), sie hört seine Laute, sie riecht ihn, sie schmeckt ihn im Kuß und nimmt ihn in der streichelnden Berührung „wahr". In dieser sinnlich-zärtlichen Bestätigung erfährt das Kind in seiner ersten Erdenzeit, daß man es „wahr"-nimmt im wörtlichen Sinn und bejaht, daß man es gern hat, so wie es ist, ohne Bedingung. Hier wird der Grund gelegt für die im späteren Leben entscheidende Fähigkeit, vertrauen zu können, sich bergen, überlassen und anvertrauen zu können. Nur so kann sich das Kind gesund entwickeln. Es hat einen Reizhunger nach Intimität.

Vor allem von R. Spitz[3] ist das Krankheitsbild des Hospitalismus und der sogenannten anaklitischen Depression ausführlich beschrieben worden: Kinder, die in den sehr frühen Entwicklungsphasen auch bei bester körperlicher und hygienischer Versorgung zärtliche Zuwendung und mütterliche Wärme entbehren müssen, neigen zu chronischem Kränkeln, sie ver-kümmern, wobei hier der Zusammenhang mit „Kummer" schon im Wort deutlich wird. Sie gedeihen nicht, wenden sich nicht zunehmend mit Interesse der Umwelt zu, sondern bleiben in sich verschlossen, sie erkranken an „Hospitalismus". Diese Zusammenhänge werden auch im Wort „stillen" deutlich. Es geht dabei eben nicht nur um eine Zufuhr von Kalorien, sondern wesentlich auch um die „Stillung" emotionaler Bedürfnisse nach Nähe, Wärme, Geborgenheit und Zuwendung. Insofern ist auch nicht entscheidend, ob mit der Brust oder der Flasche gefüttert wird, sondern ob die Mutter sinnlich ganz erfahren werden kann. Zur not-wendigen Bestätigung des Kleinkindes gehört

auch die seines Geschlechtes. Wie leichthin wird manchmal gesagt, das Kind sei „nur ein Junge“ oder „nur ein Mädchen“, je nachdem die Erwartungen in der Familie gerade sind. Wenn wir Geschlechtlichkeit als leib-seelisches Geprägtsein definieren und verstehen, wird deutlich, daß mit einer solchen Feststellung – auch wenn sie nicht ganz ernst gemeint ist – das Kind als Ganzes abgelehnt oder zum mindesten nicht positiv so, wie es ist, bejaht wird. Das kann, je nach dem Grad der Enttäuschung und ihrer Äußerung, zu verheerenden Folgen führen, bis in die Unsicherheit der Rolle als erwachsener Mann oder als erwachsene Frau und vor allem zur Unfähigkeit, sich selbst zu lieben, sich anzunehmen.
Erfahrene Zärtlichkeit, das heißt sinnenhafter Kontakt, vermittelt dem Kind und später dem Erwachsenen das Gefühl eines Wertes, ohne das er selbst nicht liebesfähig werden kann. Nur wer die Urerfahrung des eigenen Angenommen-, Bejaht- und Wertseins gemacht hat, wird sich selbst bejahen können und daher auch liebesfähig werden. „Du sollst Deinen Nächsten lieben wie dich selbst“ ist nicht nur ein sittliches Postulat, sondern sagt auch etwas über einen psychologischen Bedingungszusammenhang aus. Selbstlosen Verzicht kann man nur im Bewußtsein seines Wertes leisten, nicht aber im Gefühl eigenen Unwertes. Hier liegen wichtige Ansätze, um „zur Liebe zu befähigen“. Durch die erfahrene und erlebte Zärtlichkeit in der Kindheit bekommt der Mensch zunehmend die Fähigkeit, Zärtlichkeit und Liebe zu erwidern. Falls diese Erfahrungen gefehlt haben, kann zwar später durch eine entsprechende Pädagogik und gegebenenfalls Therapie noch einiges nachgeholt werden, aber Sie alle wissen aus Ihrer Erfahrung, wie eng die Grenzen oft trotz intensiver Bemühungen bestehen bleiben.
Es muß hier noch darauf hingewiesen werden, daß Zärtlichkeit nicht nur wichtig ist für die frühkindliche und jugendliche Entwicklung, sondern für jeden Menschen bis an sein Lebensende. Eine besondere Situation ergibt sich in Zeiten der Krankheit, des Alterns und beim Sterben. Der Mensch war in der ersten Phase seines Lebens angewiesen auf zärtliche Zuwendung und Bestätigung, um zunehmend eigenständig zu werden. In jenen Zeiten kommt es wieder zur Hilflosigkeit und vermehrtem Angewiesensein, vorübergehend in der Krankheit, auf Dauer oder endgültig im Alter und beim Sterben. Ohne den geistigen und geistlichen Zuspruch in seiner Bedeutung mindern zu wollen, kann er doch kalt und unverbindlich sein, wenn er ohne Zuwendung und spürbaren Kontakt bleibt. Der Mensch ist ein sinnliches Wesen in allen Phasen seines Lebens. Wenn Zärtlichkeit eine Form der Zuwendung, der Bestätigung und des Trostes ist, dann wird klar, daß sie gerade in kritischen Situationen und Belastungen „not-wendig“ im wörtlichen Sinn ist.

Wenn wir also unsere erste Frage unvollkommen zu beantworten versuchen, so müssen wir sagen, daß Lieben wesentlich die vertrauensvolle, lebendige, sinnlich-zärtliche Zuwendung bedeutet, deren Annehmen und Geben der Mensch durch Erfahrung wesentlich in seiner frühen und späteren Jugend lernt. Hier liegt eine, vielleicht die wichtigste Aufgabe jeder Pädagogik, Seelsorge und Therapie. Der Mensch ist nicht von vornherein ein liebesfähiges Wesen, sondern er bedarf einer Befähigung zum Lieben, wie es unser Thema feststellt.

Sexualpädagogische Ziele

Das Ziel jeder Sexualpädagogik ist die Entwicklung von Liebesfähigkeit unter Einschluß der in der Pubertät hinzukommenden sexuellen Triebkräfte. Der Mensch ist ein geschlechtliches Wesen. Die Sexualität ist die zentrale Kraft, die ihn als Mann oder als Frau prägt. „Mensch" ist ja eigentlich schon eine Abstraktion, er ist jeweils entweder Mann oder Frau. Nun hat die Evolution dahin geführt, daß die sexuellen Triebkräfte nicht mehr wie beim Tier durch Instinkte geordnet sind, die das jeweilige Verhalten steuern. Sie sind nicht mehr etwas Schematisches, dessen Abläufe einfach vollzogen werden müssen und können, sondern sie sind formbar und ihr Ausdruck hängt sehr stark von der persönlichen Entwicklung ab. Sexualität ist eine Anlage und Möglichkeit, die sich in vielfachen Ausdrucksformen zeigen kann. Das geht so weit, daß Avodah Offit schreiben konnte: „Sexualität ist, was wir daraus machen: eine teure oder billige Ware, Mittel der Fortpflanzung, Abwehr der Einsamkeit, eine Kommunikationsform, eine Waffe der Aggression (Herrschaft, Macht, Strafe, Unterwerfung), ein Sport, Liebe, Kunst, Schönheit, ein idealer Zustand, das Böse, das Gute, Luxus oder Entspannung, Belohnung, Flucht, ein Grund der Selbstachtung, ein Ausdruck der Zuneigung (mütterlicher, väterlicher, brüderlicher oder schlicht menschlicher Verbundenheit), eine Art der Rebellion, eine Quelle der Freiheit, Pflicht, Vergnügen, Vereinigung mit dem All, mystische Ekstase, indirekter Todeswunsch oder Todeserleben, ein Weg zum Frieden, eine juristische Streitsache, eine Art, menschliches Neuland zu erkunden, eine Technik, eine biologische Funktion, Ausdruck psychischer Krankheit oder Gesundheit, oder einfach eine sinnliche Erfahrung."[4] Sie werden vielleicht durch dieses „Sammelsurium" überrascht sein, und doch alles das und wahrscheinlich noch mehr finden Sie in den Ausdrucksformen und Phantasien der Sexualität. Frau Offit fährt fort: „Als was wir die

Sexualität am Ende ansehen, hängt davon ab, was wir in der Beziehung zu anderen Menschen erfahren haben."[4]
Hier ist also jede sexualpädagogische Bemühung anzusetzen, durch Stärkung der positiven Möglichkeiten, durch Orientierung, durch Wissensvermittlung, wesentlich aber auch durch die Vermittlung positiver Erfahrung und Ermöglichung von deren Reflexion.
Dabei geht es nicht allein und unmittelbar um die sexuellen Antriebe und deren Erleben, sondern diese sollen eingebettet werden in das weite Feld menschlicher Beziehungsmöglichkeiten. Dabei geht es nicht um Unterdrückung, sondern um Kultivierung, weil der Mensch ja nicht primär Naturwesen, sondern Kulturwesen ist. Daher ist auch die Frage nach der „Natürlichkeit" nur sehr differenziert zu beantworten. Wir werden darauf sicher noch ausführlich in unserem Gespräch eingehen.
Zur sexuellen Liebesfähigkeit gehört die Fähigkeit und Bereitschaft:
Gefühle und Wünsche an sich und am Partner wahrzunehmen, zu akzeptieren und auszudrücken,
einander im Gespräch besser zu verstehen,
auf die Eigenart und die besonderen Reaktionen des Partners einzugehen,
sich anvertrauen und überlassen zu können,
um bestimmter Werte willen, besonders um des Partners und seiner Befindlichkeit willen, auf eigene Bedürfnisse zu verzichten,
den Partner nicht nur um besonderer Eigenschaften und Vorzüge willen, sondern als Person zu bejahen,
mit dem Wissen um die Möglichkeit der Zeugung eines Kindes verantwortlich umzugehen.
Zu den Zielen der Sexualpädagogik gehört es auch, Jungen und Mädchen, Männer und Frauen zu ihrer eigenen Identität zu verhelfen. Hier sind gerade in der Pubertätszeit Unterschiede, die leicht zu Mißverständnissen und dann zu Problemen und Enttäuschungen führen: Mädchen stehen nicht so wie Jungen unter einem genitalen Druck. Während der Junge – ob er will oder nicht – den Orgasmus kennt, zum mindesten durch die mit orgastischen Gefühlen einhergehenden nächtlichen unwillkürlichen Samenergüsse, ist das beim Mädchen nicht so spontan der Fall.
Menstruation und erste Pollution sind zwar beide Zeichen der einsetzenden Geschlechtsreife, sie sind in ihrem Erlebnisgehalt jedoch völlig verschieden. So ist der Junge oft mehr am rein körperlichen Aspekt interessiert; er sucht oft primär sexuelle Befriedigung, während das Mädchen meist zuerst Zärtlichkeit, Vertrauen, Begehrtwerden sucht, dem dann erst das Begehren folgt. Mädchen flirten, deuten an, erleben die Reak-

tion des Jungen, deren Ausmaß und Intensität sie oft falsch einschätzen. Viele Mädchen ahnen nicht, wie leicht ein normaler Junge in sexuelle Erregung versetzt werden kann. Daraus folgt, daß Jungen und Mädchen oft nicht die gleiche Sprache sprechen, wenn sie über dieselben Dinge reden. Das Wort „Liebe“ kann zu tiefen Mißverständnissen führen, Mädchen fühlen sich dann leicht ausgenutzt, Jungen lächerlich gemacht. Wir Erwachsenen übersehen oft die Unsicherheiten und Ängste, die mit dem Umgang von Jungen und Mädchen verbunden sein können.
Guido Groeger schreibt: „Die Aufnahme erster Beziehungen zu einem Jungen oder Mädchen ist weder eine Sache der Unbekümmertheit noch von Selbstverständlichkeit, sondern stellt eine zu lösende Aufgabe dar, für die Erziehung und Entwicklung, frühkindliche Prägung und Persönlichkeitsstruktur bereits mehr oder weniger gute Voraussetzungen geschaffen haben.“[5] In dieser Phase kommt es also wesentlich auf eine wachsende Identitätsfindung an. „Die Liebe der Jugendlichen ist weitgehend ein Versuch, zu einer klaren Definition seiner Identität zu gelangen, indem er seine diffusen ‚Ich-Bilder‘ auf einen anderen Menschen projiziert und sie in der Spiegelung allmählich klarer sieht. Darum wollen manche Jugendliche auch lieber miteinander reden und ihre gegenseitigen Identitäten ins reine bringen als sich umarmen“, schreibt Erik H. Erikson[6] und weist auf häufige Mißverständnisse der Umgebung, auch der Erwachsenen und Erzieher hin. Wir müssen uns fragen, ob wir den Jugendlichen diesen „Raum“ helfend geben und mit ihnen gemeinsam reflektieren oder sie nur unter Druck setzen, durch Verdächtigungen oder Unterstellungen einerseits, durch Druck zu Sex andererseits. In einer recht verstandenen Sexualpädagogik muß Jugendlichen auch geholfen werden, mit den verschiedenen Normen und Erwartungen zurechtzukommen.
Für nicht wenige, Jugendliche und Erwachsene, ist heute der sexuelle Kontakt die einzige Möglichkeit der Kommunikation, zum Ausdruck von Gefühlen; manchmal der verzweifelte Versuch, die Isolierung der Person zu durchbrechen, was aber durch eine Isolierung der Sexualität gerade nicht gelingen kann, obwohl es manchmal in einer fast süchtigen Weise immer wieder versucht wird. Ältere von uns werden sich noch an die Filme „Das Schweigen“ von Ingmar Bergman und „Der letzte Tango von Paris“ von Bertolucci erinnern, die diese Problematik zum Inhalt hatten. In solchen Fällen ist nicht nach der Moral zu rufen (wie es damals geschehen ist), sondern nach pädagogischen, beraterischen oder therapeutischen Hilfen.
Zur Gefahr von Mißverständnissen in der Entwicklungsphase noch das Ergebnis einer Untersuchung: Junge Leute, die schon vollen Ge-

schlechtsverkehr gehabt hatten, wurden getrennt befragt nach ihrem ersten Verkehr und seiner Motivation. Von den Mädchen antworteten 4,6% „Ich hatte sexuelle Wünsche", 71% „Mein Freund wünschte Geschlechtsverkehr, ich liebte ihn und fürchtete ihn bei Ablehnung zu verlieren"; 16,4% „Ich war neugierig, wie es ist".

Die mit diesen Mädchen befreundeten Jungen gaben an: 75,5% „Sie hatte sexuelle Wünsche", 10,4% „Sie war neugierig, wie es ist", 6,1% „Sie fürchtete, mich, den sie liebte, zu verlieren bei Ablehnung", 7,1% „Sie fürchtete, altmodisch zu sein"[7]. Gerade diese Untersuchung zeigt, wie viele Mißverständnisse zwischen Jugendlichen (aber auch noch später zwischen Erwachsenen) bestehen und wie mangelhaft eine offene Kommunikation ist über ihr Fühlen, ihre Wünsche und ihr Erleben. Das wird auch in der ärztlichen Sprechstunde immer wieder bestätigt. Hier liegt ein wichtiger sexualpädagogischer Ansatz und eine entsprechende Aufgabe.

Auf dem Weg zur Identität als Mann und Frau spielt auch das Phänomen der „Entwicklungshomosexualität" eine Rolle, über deren Bedeutung, ihre Formen und Ursachen jeder Erzieher nicht nur Bescheid wissen muß, sondern auch die Fähigkeit entwickeln soll, konstruktiv damit umzugehen. In der pubertären und nachpubertären Phase sind gleichgeschlechtliche Handlungen relativ häufig, ohne daß eine echte, sogenannte Neigungshomosexualität vorzuliegen braucht. Der gleichgeschlechtliche Partner eignet sich eher zur Identifikation. In Erziehungsheimen wird dieses Phänomen sicher noch wesentlich häufiger sein als bei Jugendlichen, die in Familien aufwachsen. Wir werden in unserem Gespräch nachher noch darauf einzugehen haben.

Ziel aller sexualpädagogischen Bemühungen ist es also, Liebesfähigkeit zu entwickeln und zu ermöglichen; die Identität als Mann und Frau finden zu helfen; Kultivierung und Einordnung der sexuellen Antriebe, die beim Menschen nicht mehr durch Instinkte geordnet sind; Lust und Freude an der eigenen und der Körperlichkeit des Partners zu ermöglichen, aber auch die Fähigkeit zum Verzicht und zur Sublimation zu entwickeln. So bezeichnet auch Viktor E. Frankl als „das eigentliche Anliegen aller verantwortungsbewußten psychischen Sexualhygiene, im besonderen aller Sexualpädagogik ...: die Synthese von Erotik und Sexualität"[8].

Nun werden Sie fragen, wie man das denn machen solle? Es ist sicher leichter, solche Ziele und Postulate aufzustellen als sie zu verwirklichen. Ist das nicht alles zu ideal, besonders angesichts der vielen Enttäuschungen, die Sie in Ihrer Arbeit und trotz Ihrer intensiven Bemühungen immer wieder erleben? „Grau Freund, ist alle Theorie", heißt es schon in Goethes Faust.

Wir müssen also die dritte Frage stellen und zu beantworten versuchen.

Was können sexualpädagogische Wege sein, um zum Lieben zu befähigen?

1. Das Wichtigste im Umgang mit Jugendlichen in diesem Bereich ist unsere eigene Haltung. Jugendliche haben ein sehr feines Empfinden dafür, ob wir selbst frei sind, ob wir Leiblichkeit und Zärtlichkeit bejahen können, ob wir Herzlichkeit nicht nur zeigen, sondern ob wir herzlich sind, ob wir uns mit ihnen freuen können oder ob unsere Haltung durch Angst, Ärger, ggf. sogar Neid und Enttäuschung geprägt wird.
So müssen wir uns fragen, ob wir innerlich frei gegenüber unserer eigenen Körperlichkeit und Sexualität sind, können wir mit unseren Partnern darüber sprechen? Erfahren unsere Kinder durch uns Zärtlichkeit und Angenommensein? Ist unser Umgang mit unseren Partnern beispielhaft?
Gewiß, es kann mißverständliche Gesten und Situationen geben. Aber die Angst vor eventuellen Mißverständnissen darf unsere Umgangsformen nicht prägen oder hemmen. Falls Schwierigkeiten mit unseren eigenen Gefühlen auftreten, sollten wir das rechtzeitig mit unserem Ehepartner, einer anderen vertrauten Person oder mit einem erfahrenen Arzt besprechen.
Die Erfahrungen mit unseren Kindern und Jugendlichen können durchaus auch Impulse für unsere eigene Ehe, Partnerschaft und Familie geben.

2. Wesentliche Hilfe für Kinder und Jugendliche ist das gemeinsame Gespräch und Bedenken. Es sollen jetzt einige Fragen gestellt werden, die als Gesprächsanstöße für einzelne und auch Gruppen hilfreich sein könnten:
2.1. Sehe ich – als Jugendlicher, als Eltern oder als Erzieher – den Umgang von jungen Leuten nur oder gar ausschließlich als sexuellen, noch eingegrenzter als genitalen Umgang? Ist hier das einzige Kriterium der Moral? Das wird deutlich am Begriff „voreheliche Beziehungen". Nach unserem Gefühl und allgemeinen Verständnis sind hier oft nur sexuelle Beziehungen gemeint, und ihr Vorhandensein als moralisch fragwürdig, ihr Fehlen als moralisch gut angesehen. Dabei geht es in der Zeit vor der Ehe und in der Ehe nicht nur um Sexualität, sondern um ein breites Geflecht von Beziehungsmöglichkeiten. Es wäre verhängnisvoll, diese zu drosseln, nur aus Angst, daß auch genitale Impulse und Handlungen auftreten könnten. In dieser Angst ist eine verbreitete Liebesunfähigkeit begründet.
Unsere erste und vielleicht wichtigste „voreheliche Beziehung" war unsere Mutter, dann der Vater, Bruder und die Schwester, Freunde und

Freundinnen, die alle dazu beigetragen haben, daß wir schließlich bindungsfähig und damit „ehereif“ wurden.
2.2. Ist mein Verhalten eigentlich ehrlich? Drückt es das aus, was ich fühle und denke, bin ich mit mir selbst „kongruent“? Es sei hier an die Untersuchung über die Motivation zum ersten vollen sexuellen Kontakt erinnert.
2.3. Schaffe ich in meinem Verhalten und Denken Geborgenheit? Schaffe ich Vertrauen, nehme ich die Bedürfnisse und Belange des anderen wahr? Bemühe ich mich um „Liebe“, die nicht nur ein Gefühl, sondern auch die Folge einer Entscheidung ist? Können andere sich auf mich verlassen? Dabei ist dieses Wort ganz wörtlich zu nehmen: der andere soll seine Sicherungen loslassen können, weil ich ihn halten werde. Hier ist das eindrucksvolle Bild der „Artisten unter der Zirkuskuppel“ heranzuziehen, die ihre Verläßlichkeit in ganz besonderer Weise zeigen.
2.4. Berücksichtige ich in allen Fällen die Freiheit meines Partners? Nehme ich ihn ernst oder nütze ich ihn aus? „Verführe“ ich ihn? Das Wort „verführen“ macht deutlich, daß ich jemanden eben nicht zu seinem Ziel führe, zu dem, was für ihn gut ist und ihm wirklich gut tut, sondern ich ver-führe, das heißt, in die Irre. Nutze ich aus, das heißt, mache ich ihn mir „zu-Nutze“?
2.5. Habe ich „vorausschauende Verantwortung“ (Mitscherlich)? Das heißt, mache ich mir Gedanken darüber, wie mein Verhalten, mein Umgang nicht nur unmittelbar, sondern auf die Zukunft hin wirkt? Sie alle kennen das Wort aus dem „Kleinen Prinzen“ von A. Saint-Exupéry: „Du bleibst zeitlebens für das verantwortlich, was du dir vertraut gemacht hast.“ Natürlich werden wir nicht alles übersehen und abschätzen können, aber machen wir uns wenigstens Gedanken darüber? „Vorausschauende Verantwortung“ auch für ein bei einem sexuellen Kontakt möglicherweise gezeugtes Kind? Untersuchungen haben ergeben, daß etwa 40 % aller sexuellen Erstkontakte völlig ungeschützt verlaufen. Nur weil die Ovulation, also der Eisprung, bei vielen Mädchen sehr viel später einsetzt als die Menstruation, kommt es nicht noch häufiger zu Schwangerschaften im Jugendalter mit allen ihren problematischen Folgen. Wenn schon Kontakte möglicherweise nicht zu verhindern sind, müssen auf jeden Fall deren nicht verantwortbare Folgen ausgeschlossen werden. Auch darüber werden wir sicher nachher noch miteinander sprechen.
2.6. Fördere oder mindere ich Angst im Verhältnis zu meinem Partner? Bin ich mir meines Partners, meiner Partnerin sicher, was die Offenheit und das Vertrauen angeht? Fühle ich mich bei ihm wohl?
2.7. Kann ich verzichten? Aber das gilt in allen Bereichen, nicht nur im sexuellen. A. Mitscherlich schreibt: „In der Langeweile puren Triebverschleißes meldet sich die Erfahrung, daß Verzichten die Verfügungsge-

walt über sich selbst vergrößern, mitmenschliche Beziehungen vertiefen und damit glücklich machen kann. Wer ‚nein' sagen, sich einer Lust enthalten kann, bleibt vielleicht wach für eine stärkere, z. B. für die Gratifikation, die ihm durch die Achtung anderer oder auch seines eigenen Gewissens zufällt. Wer sich Lust allzu leicht gönnt, wird möglicherweise für jenen Genuß unempfindlich, der freier, reifer, heiterer macht. Er gerät unter ein Pendant des moralischen Zwanges, er wird vom Suchtzwang beherrscht."[9] Fördere ich bei mir und in meiner Erziehung die Fähigkeit, „nein" sagen zu können, erweitere ich die Frustrationstoleranz? „Wer nicht verzichten kann, auf den sollte man verzichten." Aber nochmals, das gilt für alle Bereiche. Man kann süchtig sein auf Arbeit, Alkohol, Fußball und Drogen. Immer bedeutet das, abhängig zu sein, die eigene Freiheit zu mindern oder zu verlieren, die auch eine der Voraussetzungen für echte Liebesfähigkeit ist.

Damit zusammen hängt die Fähigkeit, warten zu können, was uns heute besonders schwer gemacht wird. Denken Sie an die Angebote der Warenhäuser, an Kreditangebote. Warum warten, wo ich doch alles schon heute haben kann?

Zum Wartenkönnen gehört auch die Fähigkeit zu werben, sich Zeit zu lassen. „Zur Sache, Schätzchen" ist heute die Parole, wobei viele gar nicht mehr wissen, was sie dadurch an Möglichkeiten personaler Erfahrung verpassen. Hier sei nochmals an die Bedeutung des Beispiels erinnert. Wir alle sind sehr schnellebig geworden: Man kommt gleich zur „Sache" (!), die Zwischenstufen werden zwanglos, ungehindert, unverzüglich zusammengerafft; das Begehren zergeht in seiner unmittelbaren Verwirklichung. Die Zeit des Wartens, des Suchens, des sich aneinander Herantastens wird übersprungen, so daß sich eine echte Liebesbeziehung gar nicht entwickeln kann.

2.8. Wie wirkt mein Verhalten auf andere? Provoziere ich? „Verführe" ich vielleicht unbewußt durch mein Verhalten, mein Auftreten, meine Kleidung? Viele Mädchen und Frauen sind sich nicht darüber klar, wie schnell ein ganz normaler junger Mann in sexuelle Erregung gebracht werden kann. Viele Frauen reagieren dann abweisend, überheblich oder gar beleidigt. Mache ich Andeutungen oder Versprechungen, nicht nur in Worten, sondern auch in Gesten, die ich gar nicht einhalten möchte oder kann? Auch hier gilt die „vorausschauende Verantwortung". Als ich in einem Kreis Jugendlicher diese Möglichkeit von Mißverständnissen und die leichte Ansprechbarkeit von „ganz normalen" Jungen und Männern erwähnte, rief ein Mädchen spontan: „Das finde ich gemein!" Liegt hier Gemeinheit vor oder nur mangelndes Wissen oder mangelndes Vorstellungsvermögen?

2.9. Was blockiert, was fördert unsere Beziehung? Wichtig ist, über die eigenen Gefühle, Wünsche und Ängste nachdenken und sprechen zu können. Schaffen wir dafür Voraussetzungen und Gelegenheiten? Ein großer Teil der Schwierigkeiten und Ängste liegt nicht so sehr im sexuellen Bereich, sondern im mangelhaft entwickelten oder gestörten emotional-geistigen Verhältnis zu Personen des anderen Geschlechts und auch zu sich selbst.

2.10. Versuche ich, meinen Partner/meine Partnerin nüchtern zu sehen? Kann ich Projektionen abbauen, ohne die dabei manchmal sehr schmerzlichen Empfindungen dem Partner/der Partnerin anzulasten? Kein Partner ist in der Lage, dem anderen alle Wünsche und Erwartungen zu erfüllen, ebensowenig wie wir selbst das können. Nehmen wir das übel? Kann ich das bei anderen, aber auch bei mir akzeptieren? Kann ich die rechte Mitte finden zwischen allzu idealisierten Erwartungen, die dann nicht erfüllt werden können, und der Resignation, die festzustellen glaubt: „Die sind ja doch alle so!"?

2.11. Wie kann ich mit den vermeintlichen oder auch wirklichen allgemeinen Erwartungen an mich umgehen: „Das tut man so!"? Viele Jugendliche stehen unter einem sehr starken Gruppendruck, auch auf bestimmtes sexuelles Verhalten hin. Es gehört sehr viel Stützung und Hilfe dazu, gegen einen solchen Druck zu bestehen. Das gilt in beiden Richtungen: Absolute Distanz ebenso wie die scheinbare Notwendigkeit von frühen sexuellen Erfahrungen. Vieles geschieht, um „mithalten" und „mitsprechen" zu können. Dabei kommt es auf die Entwicklung eigener Entscheidungs- und Verantwortungsfähigkeit an. Was können wir als Eltern und Erzieher zu dieser Entwicklung beitragen?

3. Die Vermittlung von emotionaler Kraft, um mit der Umbruchsituation umgehen zu können. Wenn viele Jugendliche in dieser Zeit ihrer Reife und Entwicklung unsicher sind, sollten wir die „emotionale Zufuhr" nicht allein den Gleichaltrigen überlassen, sondern als Eltern und Erzieher Bestätigung, Wärme, Anerkennung und Vertrauen erfahrbar machen. Sie alle kennen den Spruch: „Von einem Kompliment kann ich wieder 3 Tage leben!" Denken wir daran, daß nicht nur wir diese Not-Wendigkeit haben, sondern auch und wahrscheinlich ganz besonders Jugendliche in der Zeit ihres Umbruchs zur eigenständigen Person. Geben wir Hilfen, ohne gleich die Erfüllung des angestrebten Zieles zu erwarten oder gar zu verlangen? Können wir Kraft und Vertrauen aufbringen, den not-wendigen „Spiel-Raum" zu geben? Bringen wir die Gelassenheit auf, auch Umwege in Kauf zu nehmen? Mir ist hier hilfreich das Gleichnis vom „Verlorenen Sohn": Der Vater ließ ihn mit seinem

Erbe ziehen, obwohl er sicher wußte, daß dieser nicht sehr sorgfältig damit und mit seinen Lebensmöglichkeiten umgehen würde. Und als der Sohn dann elend zurückkam, machte der Vater ihm keine Vorwürfe, sagte auch nicht: „Ich habe das ja gleich gewußt", sondern er breitete seine Hände aus, gab ihm neue Kleider und einen Ring und freute sich. Wir alle sind ja auf einen solchen Vater angewiesen. Vielleicht hilft uns dieses Bewußtsein und diese Erfahrung, auch unsererseits Väterlichkeit beziehungsweise Mütterlichkeit zu entwickeln. Gerade in der Sexualerziehung sind wir oft zu sehr vom Prinzip „Alles oder Nichts" ausgegangen. J. Splett hat einmal gesagt: „Wer dieses Prinzip vertritt, muß sich den Verdacht gefallen lassen, das Nichts zu wollen." Kein Lehrer wird nach einem verbauten Aufsatz das Schreiben so lange verbieten, bis der nächste Aufsatz aus „Respekt vor der deutschen Sprache" fehlerfrei sein wird. Er wird auch weiterhin Fehler rot anstreichen, aber zugleich Möglichkeiten aufzeigen und ermutigen, in Zukunft weniger zu machen.

Vielleicht ist Ihnen einiges zu theoretisch und zu optimistisch angesichts vieler Schwierigkeiten und Enttäuschungen, die Sie gerade in der Heimerziehung erleben. Lassen Sie uns nun aber versuchen, im gemeinsamen Gespräch miteinander und füreinander Hilfen zu finden, damit wir denen besser auf ihrem Weg helfen können, die uns als Eltern und Erzieher anvertraut sind, damit wir sie zum Lieben befähigen.
(Referat: Josef Köhne)

Anmerkungen

1 Zit. nach von Gagern, F. E.: Geburtenregelung und Gewissensentscheid. München 1967, S. 150.
2 Pieper, Josef: Begeisterung und göttlicher Wahnsinn. München 1962, S. 153f.
3 Spitz, R.: Vom Säugling zum Kleinkind. Stuttgart 1967.
4 Offit, A.: Das sexuelle Ich. Frankfurt/ Berlin/ Wien 1984, S. 16.
5 Groeger, G. N.: „Vorformen der Ehe", in: Ehe, 7/1970, S. 22.
6 Erikson, Erik H.: Kindheit und Gesellschaft. Zürich/ Stuttgart 1957, S. 240.
7 Zit. nach Medical Tribune, 4. 12. 1974.
8 Frankl, V. E.: Psychogene Potenzstörungen, in: Frankl, V. E./von Gebsattel, V. E./Schultz, H. H. (Hrsg.): Handbuch der Neurosenlehre. München 1959.
9 Mitscherlich, A./M. Mitscherlich: Die Unfähigkeit zu trauern. München 1967.

Weiterführende Literatur

Bartholomäus, W.: Glut der Begierde, Sprache der Liebe. München 1987.
Bernt, D.: Konfliktfeld Sexualerziehung in der Schule. Frankfurt 1983.
Haag, H./Ellinger, K.: Stört nicht die Liebe. Olten 1986.
Loewit, K.: Geheimsprache Sexualität. Innsbruck/ Wien 1988.

Arbeitskreis 5

Aus dem Glauben leben – Glauben erfahrbar machen

Franz Enz, Maria Maas

Vorbemerkung: Es ging in diesem Arbeitskreis nicht darum, sich an eine Klagemauer zu stellen und die Zeit damit zu verbringen, sich darüber auszutauschen, wo Schwierigkeiten oder Analysen zu erstellen sind, wo was fehlt.
Wir wissen, wo es fehlt: Es gibt den Schwund des Glaubens in unserer Zeit, die Glaubenssubstanz trocknet aus.
Görres sagt: „Entscheidend ist, daß der Mensch Wurzeln faßt."
Wir haben mit Kindern und Jugendlichen zu tun, die im Glauben kaum oder gar nicht verwurzelt sind. Wir haben zu tun mit Kindern, denen wichtige Voraussetzungen zur Entfaltung des Glaubens fehlen.
Was können wir tun, daß der Prozeß der Glaubenserosion gestoppt wird?
Der Arbeitskreis will auf folgende Fragen eingehen:
1. Wer Glaube weitergibt und
2. wie man den Glauben erfahrbar machen kann.
Teil 1 des Themas bezieht sich auf den Erzieher,
Teil 2 des Themas auf die Kinder, an die Glaube vermittelt werden soll.
Glaubensweitergabe nur in Form von Gewußtem, von zu Lernendem, ist ein Vorwurf, den man der bisherigen Glaubensvermittlung macht.
Heute ist die Frage bedeutsam: Was bringt der Glaube? Wie ist ein lebensnaher Zugang zum Glauben möglich?
Wir müssen ansetzen bei dem Erleben der Kinder. Junge Leute fragen heute stark danach, was Glauben für das konkrete Leben bringt. Solches Fragen kann auch uns weiterhelfen in unserem Glauben. Glaubenserfahrung ereignet sich in konkreter Lebenserfahrung.
Ein erster Schritt wird sein: Unsere persönlichen Erfahrungen ernst und wichtig nehmen. Sie können für unser Leben und unseren Glauben wichtig werden (z. B. das Erleben der Größe des Meeres kann zur Erfahrung der Größe Gottes werden).
Nach diesen „Vorbemerkungen" wurden die Teilnehmer eingeladen zum gemeinsamen Überlegen, was mit „Aus dem Glauben leben" gemeint ist. Ausgangspunkt der Überlegungen waren zwei Karikaturen und ein Arbeitsblatt.

Karikatur „Moses mit den Gesetzestafeln“

Aussage der Karikatur: Moses bringt dem Volk die 10 Gebote: Ich bin der Gott, der dich aus dem Sklavenhaus herausgeführt hat. Ich habe Interesse an euch (von hier aus ist die Freude des Juden am Gesetz zu verstehen).
Aus der Frage, wie erfülle ich die Gebote, entstanden die Ausführungsbestimmungen. Der Zeichner hat auf das Buch der Ausführungsbestimmungen das „Auge Gottes“ gesetzt. So wird getan, als seien auch sie von Gott. Sie sind aber von Menschen für konkrete aktuelle Situationen geschrieben worden und müssen immer wieder fort- oder neu geschrieben werden. So muß auch die Kirche sich immer wieder fragen, was sie von den Menschen fordert, welche Verpflichtungen sie ihnen im Namen Gottes auferlegen darf. Es fehlt oft das „Befreiende des Glaubens“ in der Glaubensvermittlung.

Arbeitsblatt „Thesen zur Glaubenskrise“

Die Teilnehmer werden gebeten, das Arbeitsblatt einzeln zu bearbeiten, die Ergebnisse dann mit dem Nachbarn zu besprechen.
Das Arbeitsblatt bot viele Denkanstöße, sich mit den Ursachen von Glaubenskrisen auseinanderzusetzen und führte zu lebhaften weiterführenden Diskussionen.

Karikatur: „Zwei Personen im Wildwasser vor einem Abgrund“ Dazu die Zitate: Ich fühle mich gut! Und: Ich weiss, dass mein Erlöser lebt.

Als Aussage wurde herausgearbeitet: Glaube ist nicht gleichzusetzen mit bloßem Gefühl. Glaube nimmt uns nicht aus problematischen Situationen einfach heraus. Er gibt inneren Halt. Gläubiges Vertrauen ist dann gerechtfertigt, wenn der Christ das ihm Mögliche tut.

Was heisst Glauben?

Was Glauben ist, wird an der Gestalt des Abraham deutlich: auf dem Weg sein, heimatlos sein, sich einlassen auf eine ungewisse Zukunft, hoffen wider alle Hoffnung.

Abraham, der Mensch unterwegs, ist das Vorbild des Glaubens.
Glaube ist nie Besitz, nie fertig, er geschieht in lebenslangem Wachsen.
Glaube ist etwas Persönliches, betrifft mich selbst. Glaube heißt, sich festmachen in Gott. Es ist ein Akt des ganzen Menschen.
Glaube verzichtet darauf, auf das Machbare, das Verfügbare allein zu bauen.
Grundhaltungen des Glaubens sind: Anbetung, Lobpreis, Gebet.
Worum geht es im Heim? Der Erzieher muß selbst Stand gewinnen im Glauben.
Christlicher Glaube muß als Chance sinnvollen Lebens erfahrbar werden; er hat die Menschenfreundlichkeit Gottes sichtbar zu machen.
Die Konkretisierung des Lebens aus dem Glauben läßt sich aufzeigen am Beispiel des Umgangs mit Macht im Alltagsgeschäft der Heimarbeit (Z. B.: Wie gehen wir im Heim mit Macht um? Ist hier etwas vom Geiste Christi zu erfahren? Z. B. Selbständigkeit fördern, Lebenschancen ermöglichen, Dienen).
Wie kann Glauben „gelernt" werden? Nur indem man sich „hineinbegibt" (Vergleich mit dem Schwimmen, das nur der lernt, der ins Wasser geht). Die zentrale Frage ist, wie schaffen wir es, daß etwas rüberkommt und Mut macht, sich auf Gott ganz einzulassen?
„Aus dem Glauben leben" ist eine Anfrage an uns selbst. Spüren die anderen eigentlich, daß wir uns darum bemühen, wird es erfahrbar? Z. B. auch im Gebet? Im Umgehen mit den anderen? Dann braucht man nicht immer „Gott" im Munde führen, dann darf Glaube auch ein zweifelnder Glaube sein. Wir haben allerdings nicht das Recht, „unsere" Schwierigkeiten auf die Kinder zu übertragen. Wir müssen deren Probleme ernst nehmen. Dann kann es sein, daß Kinder „uns" danach fragen, wovon „wir" leben.

Glauben erfahrbar machen

Der Begriff Erfahrung ist mehrdeutig. Erfahrungen sind Erlebnisse, die einen tiefen, prägenden Einfluß hinterlassen. Erfahrungen können nicht durch Worte weitergegeben werden.
Worauf es ankommt:
Erlebnisräume für religiöse Erfahrungen zu schaffen.
Den Kairos, den richtigen Augenblick zum Sprechen über Gott und religiöse Erfahrungen zu nutzen.
Erlebnis-Betroffenheit auszunutzen. Immer dann, wenn ein Erlebnis Betroffenheit auslöst, d. h., das Gefühl „Das könnte mich angehen", ist ein Erlebnis im Ansatz religiös.

Solche Erlebnisse sind möglich bei:
Erfahrung von Einheit und Gemeinschaft (man braucht einander, man bedarf einander).
Erfahrung absoluter Verpflichtung (Glück und Zukunft eines anderen hängen von mir ab).
Erfahrung innerer Freiheit.
Erfahrung befreiender Wahrheit.
Erfahrung einer Lebenskrise.
Erfahrung der Vertrauenswürdigkeit des Lebens.
Hier können Tiefendimensionen erschlossen werden. Wir müssen uns fragen, wo erlebt ein Jugendlicher im Heim dies alles?
Wichtig ist, die Authentizität der religiösen Erfahrung zu beachten, die nur jeder für sich machen kann.
Es muß die Frage nach dem Verhältnis von christlichem Glauben und religiöser Erfahrung gestellt werden. Religiöse Erfahrungen kann jeder machen. Der christliche Glaube aber muß darüber hinaus vermittelt werden. Wir sollten die christliche Symbolsprache wieder lernen, weil in ihr religiöse Erfahrungen ausgesprochen werden.
Glaube erfahrbar machen, heißt heute: „Die Kirche zum Menschen bringen."
Glauben lernen heißt, so zu leben versuchen, als sei das Evangelium wahr. Gott erfahren kann nur, wer Gott „den Chauffeur seines Lebens" sein läßt. Glaube erfahrbar machen, dazu muß man nicht Theologe sein. Kierkegaard hat einmal gesagt: „Ich glaube, weil mein Vater es mir gesagt hat." Und Jaspers bemerkte dazu: „Ich habe Schwierigkeiten zu glauben, weil mein Vater es mir nicht gesagt hat." Vom Glauben muß geredet werden.
Religiöse Erziehung im Heim darf nicht nach vordergründigen oder spektakulären Erfolgen schielen.
Es ist schon viel erreicht:
wenn die jungen Menschen nach Verlassen des Heimes Religion und Glaube zumindest nicht für überflüssig oder gar unsinnig halten;
wenn sie Religion und Glaube als mögliche Bereicherung und Vertiefung des Lebens begreifen;
wenn sie durch die „Menschlichkeit" des Erziehers, durch seine Art des mitmenschlichen und partnerschaftlichen Umgangs als Ausdrucksform gelebten Glaubens Kirche glaubwürdig erleben.

An Hand eines Schaubildes wurde zum Schluß verdeutlicht, daß Glaubensvermittlung nur in einer ganzheitlichen Sorge für den Menschen geschehen kann. Dienst am Glauben ist Dienst an der Liebe und umgekehrt.

Arbeitskreis 6

Umgang mit aggressivem Verhalten: standhalten und verändern

Heinrich Hölzl, Ignaz Pley, Ulrich Weiß

„Zwei große Übel beherrschen unsere Zeit: zunehmende Aggression und Umweltzerstörung."[1] Aggression setzt uns zu, reißt uns mit, läßt uns selber aggressiv werden und stellt unser Standhalten hart auf die Probe. Nicht nur dem unmittelbaren Aggressor gegenüber, sondern vor allem auch im Umfeld, je nachdem, wie ich mich in einem Team oder im gesamten Heim aufgehoben und mitgetragen fühle.

Phänomenologie und Bewertungsaspekte von Aggression

Allgemein kann man heutzutage Aggression, deren vielfältige Formen und erst recht ihre ungeheuren Auswirkungen zunehmend mit Angst und Bangen beobachten. Speziell richtet sich unser Blick auf den zwar kleinen Bereich Heim und Wohngruppe, der jedoch als eine Form des Zusammenlebens sowohl exemplarisches Feld für alle Spielarten von Aggressivität als auch erzieherisches Übungsfeld im Umgang mit Aggressionen ist bzw. sein kann. Definieren möchten wir Aggression als ein antisoziales Verhalten, das gegen andere oder gegen sich selbst gerichtet ist, um mit Absicht zu schädigen; es kann verbal oder tätlich, ausdauernd oder akut, gedanklich oder ausgeübt, verdeckt oder offen sein. Mit Aggressivität bezeichnen wir eine überdauernde Bereitschaft, ein solches Verhalten an den Tag zu legen.
Die Formen der Aggression sind vielfältig. In der nachfolgenden Darstellung wird dies der Schwere nach zunächst linear deutlich gemacht, und zwar diesseits und jenseits einer gewissen „Null-Grenze" der (Re)aktionslosigkeit.
Zur Beurteilung, wie schwer eine Aggression zu werten ist, gehört wesentlich die auslösende Situation hinzu. Wir haben daher in der anderen Dimension mögliche Auslöser hinzugefügt, ebenfalls in gesteigerter Stärke, und auch hier über den „Nullpunkt" hinaus in die andere Richtung.

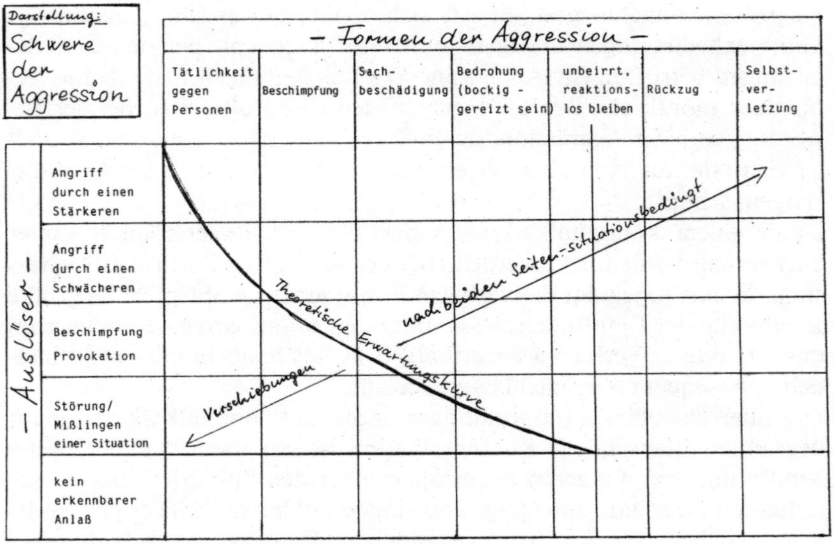

In der Gesamtschau beider Dimensionen wird die Schwere von Aggression ermeßbar, wenn man jeweils den Auslöser, vor allem aber auch die Situation als Ganzes, die Aggressionsform und schließlich die resultierende Situation bedenkt und bewertet. Die allgemein am häufigsten zu erwartende Reaktionsform, je nach Auslöser, wurde in einer Kurve angedeutet, die in Wirklichkeit aber situationsbedingt nach beiden Seiten oft abweicht und damit ziemlich atypische Reaktionen miteinbezieht, z. B., daß jemand ohne erkennbaren Grund schlägt oder sonstwie überreagiert; natürlich auch umgekehrt, wobei dies meist friedlichere Reaktionen sind.

Die Situationsbedingtheit, die die Schwere der Aggression wesentlich mitbestimmt, soll noch etwas konkreter geschildert werden. Begleiterscheinungen, Rahmenbedingungen, aber auch Wirkweisen und Bewertungsmaßstäbe spielen eine Rolle. Wichtig ist ferner zu sehen, daß Aggression nicht nur ein Problem des Kindes/Jugendlichen ist, sondern ebenso ein Problem des Erziehers, gegen den sie gerichtet ist. (Natürlich gilt Entsprechendes unter erwachsenen Kontrahenten.) Jeder Erzieher hat unterschiedliche Erfahrungen von Aggression und im Umgang mit Aggression, die er nicht nur aus dem aktuellen Geschehen oder aus seiner Heimerfahrung schöpft, sondern weitgehend aus seiner eigenen Lebensgeschichte mitbringt. Ein wichtiger Faktor ist die augenblickliche Verfassung des Erziehers, beispielsweise, ob er im Augenblick der

Aggression ohnehin gestreßt ist, sich alleingelassen fühlt, ungünstige Gruppenbedingungen ertragen muß oder auch von persönlichen Belastungen betroffen ist. Auch seine Wertvorstellungen bzw. damit verbundene moralische Beurteilungen spielen eine Rolle, z.B. bei der Bewertung verbaler Aggression, deren Sprachschatz meist aus dem Sexualbereich oder anderen abgewerteten Bereichen, etwa auch der Behinderungen, schöpft.

Unter einem kommunikativen Aspekt soll ein äußerst interessanter Sachverhalt verdeutlicht werden. Bei der häufigsten Form von Aggression, die uns begegnet, der verbalen Form, gibt es wohl auch die größte Bandbreite der Empfindensweise unter den Mitarbeitern, die wiederum unser reaktives Verhalten beeinflußt, d.h. uns handeln oder nicht handeln, konsequent oder nachlässig sein läßt.

Die unterschiedlichen Empfindungen liegen im kommunikativen Ablauf begründet. Menschliche Kommunikation ist nur dann stimmig, wenn Sender und Empfänger sich vor allem über den Sinngehalt der ausgetauschten Botschaft unbedingt und eindeutig klar sind[2]. Dies gilt natürlich auch bei mehreren Sendern und/oder Empfängern, z.B. in einer Gruppe oder einem Team.

Was gemeint ist, wird aus dem Ergebnis einer Befragung unter den Erziehern zweier Teams deutlich. Jeder sollte mittels einer Skala von 1 bis 5 das Ausmaß der persönlichen Betroffenheit beim Hören der gängigsten Verbalattacken unseres Heimes – unabhängig von den Begleitumständen – nennen. Bei zwei Dritteln aller Ausdrücke schwankte die Betroffenheit der einzelnen von „läßt mich unberührt“ bis „macht mich stark betroffen“ bzw. sogar „äußerst stark betroffen“. Folgert man entsprechende Reaktionen der Erzieher/innen, so entsteht ein unterschiedliches Erziehungsverhalten: Der eine reagiert auf eine Beleidigung und Beschimpfung kaum bis gar nicht, während ein anderer aufgrund starker Betroffenheit ähnlich stark reagiert.

An diese kommunikationstheoretischen Überlegungen anknüpfend, möchten wir das Bedingungsgefüge der verbalen Aggression noch einmal bildlich verdeutlichen, und zwar mit einem Geschoß, das auf den Gegner gefeuert wird. Zunächst ist da die Worthülse, die unterschiedlich verstanden und gewertet werden kann (z.B. auch jugendgemäße Sprache: „geil“ u.a.). Hinzu kommt, bildlich gesagt, das Pulver, das in diese Hülse gefüllt wird, etwa das Maß an Wut, Enttäuschung, Versagung u.ä., aber auch Ursachen dafür, z.B. daß jemand zum zweiten Mal am gleichen Tag eine Versagung einstecken muß oder morgens in der Schule auch schon Ärger hatte u.ä. Und schließlich wäre da noch – wiederum bildlich gesprochen – der Zunder, mit dem die aggressive Munition losgeht: Lautstärke, der gewählte Rahmen (z. B. vor Publikum), bedrohliche Haltung oder eine sonstige Machtdemonstration.

Theorien aggressiven Verhaltens

Auf die Frage nach den Ursachen der Aggression gibt es unterschiedliche Antworten, je nach theoretischem Fundament. Unser Ziel ist keineswegs, eine theoretische Begriffsdiskussion hier zu entfachen, da sie kaum hilfreich wäre, konkrete Handlungsstrategien für den Umgang mit aggressivem Verhalten abzuleiten. Vielmehr möchten wir im Arbeitskreis konkret Fragen nachgehen, wie z. B.: Was mache ich angesichts von Aggression? Wie kommt sie bei mir an? Was macht mir besonders Schwierigkeiten und Probleme, etwa auch mit meinen Kollegen im Team und im Heim insgesamt? In der Literatur werden im wesentlichen drei verschiedene Erklärungsmodelle für Aggression genannt.

Das lernpsychologische Modell

Dieses geht davon aus, daß aggressives Verhalten gelernt wird, hauptsächlich in zwei Weisen: erstens, aggressive Forderungen führen bereits in früher Kindheit zu Erfolg und bestärken dann solches Verhalten, zweitens, soziales Lernen durch Vorbilder spielt eine große Rolle beim Erwerb aggressiver Verhaltensweisen (Vertreter dieser Theorie: Bandura, Walters).

Das Frustrations-Aggressions-Modell

Es besagt, daß aggressives Verhalten durch frühkindliche Entbehrungen wachgerufen wird. Da sich auch im weiteren Leben Frustrationen nie vermeiden lassen, erfolgt die Entwicklung aggressiven Verhaltens zwangsläufig. In diese Modellvorstellung paßt auch das oft genannte Dampfkesselmodell (Vertreter: Dollard u. a.).

Das Triebmodell, auch Instinktmodell genannt

Hier wird erklärt, daß allen Menschen ein Aggressionstrieb angeboren ist. Dieser (spontane) Trieb wird durch Reize und Appetenzverhalten

ausgelöst. Durch stammesgeschichtliche Anpassungen wird das aggressive Verhalten programmiert – insgesamt, aber auch teilweise (Vertreter dieser Richtung: Lorenz; Eibl-Eibesfeldt; v. Kube/Alshuth; Mayr; auch psychoanalytische Theorien: Freud; Reich; Fromm).
Der Richtungsstreit zwischen den einzelnen Theorien ruft heftige Auseinandersetzungen hervor, die oft mit Vorurteilen und Abwertungen verbunden sind. Hilfreich für uns dürfte eine zusammenfassende Sicht sein, die allen Richtungen fruchtbare Inhalte für das Verständnis von Aggression zuspricht, so beispielsweise Eibl-Eibesfeldt[3].
Für uns als Praktiker kann die Beschreibung eines zentralen Problems diese genannte Sichtweise verdeutlichen. Bei der Aggression geht es, wie wir wissen, oft um Macht, Machtstreben, Machtdemonstration, Machtkampf. Als Gegenpol zur Macht steht vielfach die Ohnmacht. Die „Machtposition" des Erziehers reizt zur Herausforderung, zur Infragestellung, zum Versuch der Entmachtung. Nicht selten gelingt dies, so daß sich die Seiten verkehren, der Erzieher ohnmächtig bestimmten Situationen gegenübersteht und sich schwer tut – jedenfalls im Augenblick –, das Heft erzieherischen Handelns wieder an sich zu nehmen. Angemessen mit Macht oder auch Ohnmacht umzugehen, ist nicht immer leicht und wirft in der Praxis vielerlei Fragen auf. Eine Frage ist allerdings um so bedeutungsloser, je länger man sich nur bei ihr aufhält, woher nämlich dieses Machtstreben im Menschen stammt: Ist es ein natürlicher Trieb? Wird es durch Frustration der Umwelt provoziert? Oder ist es von früher Kindheit und/oder an sozialen Modellen erlernt? Für unseren alltäglichen Umgang mit Aggressionen ist es jedenfalls wichtiger, sich den pragmatischen Aspekten zuzuwenden, wie man mit Macht und Ohnmacht umgeht, mit welchen Wertungen und Reaktionen wir diese versehen, vor allem aber, wie wir unser psychologisches und pädagogisches Verhalten angemessen auf das Ziel richten, dem aggressiven Kind/Jugendlichen zu dienen und dabei mit den Kollegen Konsens und Kooperation anzustreben.

(Hier wurde der 13minütige Kurzfilm „Das Spiel" gezeigt. Zwei Kinder sitzen malend beieinander. In ihrer Phantasie fangen die Figuren an zu leben. Dieses Spiel steigert sich vom harmlosen Geplänkel über Verfolgungsjagd und Kampf bis zur Vernichtung. – Die aggressive Phantasie der Kinder von Macht, Ohnmacht und Gegenmacht stößt immer härter in die Wirklichkeit vor und macht den Zuschauer äußerst nachdenklich und betroffen.)

Probleme des Standhaltens gegenüber Aggressionen im Heim

An einem Fallbeispiel möchten wir das Gefüge von ungewollten, aufrechterhaltenden Bedingungen für das aggressive Verhalten eines Kindes aufzeigen, die anderen das Standhalten und Verändern so schwer machen.

Vorab kurz die Biographie des Kindes: Peter ist jetzt 11 Jahre alt, mit 8 kam er ins Heim. Die Mutter war bei seiner Geburt minderjährig. Mit 2 Jahren Jaktationen, später im Kindergarten auffällig durch Schlagen und Treten anderer Kinder und verbale Aggressionen gegen Erwachsene. Er wirkt impulsiv und wenig gesteuert. – Der 5 Jahre jüngere Bruder sei lieb und brav, genau das Gegenteil von Peter. Inkonsequente Erziehungshaltung der Eltern. Der Vater neigt dazu, sich herauszuhalten; ist zeitweise arbeitslos. Die Mutter ist übernervös, nimmt Psychopharmaka. Eheliche Spannungen bleiben nicht aus.

Zum Verstehen aggressiven Verhaltens scheint uns das bedingungsanalytische Modell von Kaufmann besonders geeignet. Eine ausführliche Beschreibung findet sich bei Petermann und Petermann[4]. Das Modell berücksichtigt sowohl die auslösende Reizsituation als auch die Persönlichkeitsvariablen und deren Wechselwirkung als bahnende oder hemmende Determinanten für aggressives Verhalten. Es gliedert sich in 4 Wahl- und Entscheidungspunkte, an denen sich jeweils entscheidet, ob aggressives Verhalten in Gang gesetzt oder eine alternative Verhaltensweise bevorzugt wird.

1. Wahrnehmen einer Reizsituation als bedrohlich oder nicht bedrohlich.
2. Individuelle Gewohnheitsstärke für aggressives Verhalten.
3. Hemmungspotentiale.
4. Vorwegnahme der Konsequenzen für die beabsichtigten Verhaltensweisen.

Wenden wir dieses Modell auf die Vorgeschichte von Peter an. Nach unseren Beobachtungen hat der Junge eine übermäßige Erwartung hinsichtlich sozialer Anerkennung (Mittelpunktfixierung) und ist übersensibel bei der Bewertung von Situationen als bedrohlich oder schädigend. Er kann z. B. nicht einen versehentlich zugefügten Schmerz von einem gezielt herbeigeführten unmittelbar unterscheiden. Wie der Entscheidungspunkt 1 bei Peter ausgeht, ist ebenso klar wie auch Punkt 2: Er hat eine starke und schon in frühem Alter ausgeprägte Tendenz, aggressiv zu reagieren. Hemmungspotentiale – siehe 3. Wahlpunkt – wie z. B. Aggressions-Angst in den Entscheidungsprozeß miteinzubeziehen, sind in unserem Fallbeispiel nur schwach ausgeprägt. Aggression bewirkt langfristig eine Verhaltenseinschränkung i.S. eines nur einseitigen Repertoires zur Lösung von Konflikten. Bei Punkt 4 werden mögliche Konsequenzen durch entsprechende Vorerfahrungen antizipiert – sofern vorhanden. Die erzieherische Inkonsequenz und Inkompetenz der Eltern haben die Ausbildung ausreichender Hemmungspotentiale und aversiv wirkender Konsequenzen bei Peter nicht bewirken können. Soviel zu der aggressiv-dissozialen Symptomatik im Fallbeispiel Peter zum Zeitpunkt der Heimaufnahme.

Das Modell von Kaufmann ermöglicht einerseits Erklärungsansätze für individuelle Unterschiede im aggressiven Verhalten, andererseits bietet es auf den genannten vier Stufen jeweils pädagogische Ansatzpunkte zur Modifikation der gelernten Verhaltensweisen: In dem von Petermann entwickelten Trainingsprogramm wird anhand von Bildmaterial, Filmen und Rollenspielen das genaue Wahrnehmen von sozialen Situationen trainiert, neue, teilweise auch inkompatible Verhaltensweisen erlernt, die Selbststeuerungsfähigkeit gezielt aufgebaut, das rechtzeitige Antizipieren von Konsequenzen für aggressives Verhalten gefördert sowie die Einfühlung in andere Personen geübt.

Die hohe Persistenz von aggressiven, expansiven und dissozialen Störungen ist wissenschaftlich bekannt. Insofern sollte Heimerziehung als besonders intensive, d.h. umfassende und längerfristige Behandlungsform eher als ambulante Maßnahmen geeignet sein, aggressives Verhalten mit der Zeit zu verändern. Dennoch bzw. gerade deshalb gilt es, einmal selbstkritisch darüber nachzudenken, wieviele institutionelle Bedingungen im Heim symptomwirksam und / oder symptomerhaltend sein können, sofern sie nicht ständig reflektiert und ggf. durch rechtzeitiges Handeln der Mitarbeiter verändert werden.

1. Da ist zunächst einmal das enge Zusammenleben mit 9 bis 10 jüngeren und älteren Kindern in einer Wohngruppe zu nennen. Peter läßt seine Wut und seinen Ärger auf die Erzieher über erlittene Frustrationen allzu häufig auf die wesentlich jüngeren Kinder – in unserem Fall drei Jungen – wie durch ein Ventil ab. Sie werden nichtsahnend im Vorbeigehen geknufft, gestoßen, ihrer Spielsachen beraubt, verbal bedroht. Mit einem etwa gleichaltrigen, sehr ähnlich strukturierten Mädchen wechseln harmonische Spielphasen und sich aufschaukelnde Machtkämpfe ab. Ein älteres Mädchen, das zu Peter eine versteckte ambivalente Einstellung hat, die man am besten als eine Form von Angstlust beschreiben kann, bietet ihm ebenfalls eine breite Angriffsfläche, vor allem für seine verbalen Drohungen und Erpressungen. Sie kann sich ohne Hilfe eines Erziehers nicht dagegen wehren, regt ihn aber dennoch oft zu gemeinsa-

men Streichen an. Schließlich finden Peters aggressive Verhaltensweisen bei einem der jüngeren Jungen konkrete Nachahmung.
Aus dieser Darstellung werden die zahlreichen, minütlich sich bietenden Möglichkeiten zur positiven und negativen Verstärkung von Aggressionen deutlich, die sich allein durch das Zusammenleben vieler Kinder bieten. Selbst durch zwei gleichzeitig dienstführende Erzieher lassen sich aggressive Attacken, die z.T. auch noch versteckt ablaufen, nicht kontinuierlich genug vorhersehen und verhindern. Ein nahezu vollständiges Registrieren und nachfolgendes Aufarbeiten aller Vorfälle ist nicht möglich. Versetzt man sich in die Situation dieser Erzieher oder hat entsprechende eigene Erfahrung, so kommen Gefühle hilflosen Unvermögens und der Überforderung aufgrund dieser Arbeits- und Problemvielfalt auf.
2. Die Erziehungsaufgabe – insbesondere das Beheben der Auffälligkeiten – obliegt einem Team von Erziehern. Diese stehen besonders mit den dissozialen Kindern und Jugendlichen in einem ständigen Kampf um tägliche Anforderungen, woraus sich Interaktionen in Form eines Machtkampfes entwickeln können, ähnlich wie dies im Film beeindrukkend gezeigt wurde. Jeder versucht den anderen zu „übertrumpfen". Die dissozialen Kinder, so auch unser Peter, setzen alle Formen aggressiven Verhaltens ein, Tätlichkeiten gegen Personen, Zerstörungen, massives verbales Beschimpfen, Ausweichen und Entweichen.
Für die Kontinuität des gemeinsamen pädagogischen Handelns ist ein hoher Grad der Übereinstimmung innerhalb des Gruppenteams notwendig. Das erfordert: Männer und Frauen unterschiedlichen Alters, mit verschiedenen pädagogischen Ausbildungen, mehr oder weniger Berufserfahrung, differierender Berufsmotivation und -auffassung und jeweils eigener Biographie, Wertvorstellung und unterschiedlichem Konfliktverhalten müssen zu größtmöglicher Übereinstimmung ihrer pädagogischen Handlungsweisen zusammenfinden, um die vielfältigen Herausforderungen lösen zu können.
Unabhängig von organisatorischen und institutionellen Bedingungen und trotz des Bemühens um ein positives Arbeitsklima treten immer wieder Probleme auf durch Grenzerfahrungen bei der Arbeit mit dissozialen Kindern, die im Team zu Spannungen führen können. Hier einige Beispiele (die allerdings nicht generalisiert werden dürfen):
Voneinander abweichende Wahrnehmungen und unterschiedliches Erleben der Verhaltensprobleme eines Kindes können zu gravierenden Meinungsverschiedenheiten über anzuwendende pädagogische Methoden führen. Das kann u.U. dazu führen, daß ein Erzieher bewußt aus der Phalanx der gemeinsamen Haltung einem Kind gegenüber ausschei-

det und sich mit ihm verbündet. Zu hinterfragen wären in diesem Fall die Prozesse der Übertragung und Gegenübertragung.
Die oft überlegene Körperkraft der männlichen Erzieher verleiht ihnen ein Mehr an Respekt im Vergleich zu ihren Kolleginnen und – wie in unserem Falle – ein etwas „leichteres“ Arbeiten. Die Erzieherinnen können und müssen eine andere Form der Stärke beweisen, was ihnen meist auch gelingt. Dennoch bleibt oft eine Spur von Eifersucht mit im Spiel. Unreflektiert können sich dadurch für die pädagogische Arbeit ungute Solidarisierungen zwischen Männern und Frauen des Teams entwickeln. Zu beachten ist in diesem Zusammenhang auch, daß die zunehmende pädagogische Wirksamkeit einer Gruppierung gleichzeitig die Einflußmöglichkeiten der anderen schwächt.
Nicht selten kommt es vor, daß jemand aufgrund seiner Persönlichkeitsstruktur eine mehr oder weniger unbewußte Abwehrhaltung gegenüber Aggressionen und Konflikten mitbringt. Das kann ihn zum einen daran hindern, Ärger spontan auszudrücken, Konflikte wahrzunehmen, konsequent zu handeln und dies auch durchzutragen, zum anderen die Gefühle bei aggressiven Verhaltensweisen der Kinder nachfühlend überhaupt verstehen zu können. Hatte dieser Erzieher, diese Erzieherin als Kind die Erlaubnis wütend zu werden, Grenzen auszutesten usw.?
Ein ähnliches Erzieherverhalten kann aufgrund einer sich aufbauenden regelrechten Angst vor Aggressionen eines bestimmten Kindes Formen des Ausweichens, Sichentziehens annehmen. Die langandauernde Belastung und psychische Beeinträchtigung eines Pädagogen durch eine empfundene Demütigung in einer tätlichen Auseinandersetzung mit einem Kind wie Peter kann ein ganzes Team in der Arbeit beeinträchtigen, sofern nicht eine Bearbeitung mit einem neutralen Beobachter angeboten wird.

Diese keineswegs vollständigen Beispiele zeigen, wie anfällig für Störungen die Teaminteraktion bzw. -kooperation ist. Das Auseinanderfallen des Teams in Untergruppen oder die Belastung eines einzelnen Erziehers bei gleichzeitigem Überschwemmtwerden von Gefühlen bedeutet eine geschwächte Funktionsfähigkeit des Teams, die Kinder wie Peter unbewußt zu nutzen und auszuspielen wissen.
3. Als weiterer symptomwirksamer Punkt muß der Einfluß der Eltern angeführt werden. Die außerfamiliäre Unterbringung eines Kindes soll eine positive Veränderung bewirken. Die Eltern werden aufgefordert, daran konstruktiv mitzuarbeiten. Zu Beginn einer Maßnahme sind die Kriterien der Zusammenarbeit noch recht unscharf, sie kristallisieren sich erst im Laufe der Zeit heraus. Die erzieherische Verantwortung

überlassen die Eltern eindeutig der Institution. Aufgrund von Schuldgefühlen versuchen viele, nur die guten Anteile ihrer Beziehung aufrechtzuerhalten oder sogar noch zu verbessern. Bei schwierigen Behandlungsverläufen können sich daraus ambivalente Einstellungen zu der stationären Unterbringung entwickeln, die dem Kind nicht verborgen bleiben. So auch in unserem Fallbeispiel: Die Eltern verfolgen sehr genau, daß ihrem Kind trotz aller Eigenproblematik, die ihnen bekannt ist, nicht „Unrecht" getan wird, und auch nichts an erzieherischen Maßnahmen erfolgt, was ihrem Kind Einschränkungen oder Schwierigkeiten bringt. Sie neigen sehr schnell dazu, bei Beschwerden des Kindes dessen Partei zu ergreifen und sich – wenn auch nur nonverbal – zu solidarisieren. Ein derartiges Hineinwirken der Herkunftsfamilie erschwert das konsequente pädagogische Arbeiten. Ein dissoziales und/oder aggressives Kind findet so in seinen Eltern auf emotionaler Ebene Verbündete in seinem Machtkampf gegen die Erzieher und die Institution.

4. Es muß selbstverständlich sein, daß sich die Pädagogen bezüglich der Elternarbeit, aber auch ihrer gesamtpädagogischen Arbeit des festen Rückhaltes und der Unterstützung der Vorgesetzten und der Heimleitung sicher sein können. Sofern sich ihre praktische Arbeitsweise an der Leitidee des Heimes und an der ihnen im Rahmen der Jugendhilfe übertragenen Aufgabe orientiert und zudem ein gemeinsames Verständnis darüber vorliegt, werden ernsthafte Verwicklungen kaum auftreten. Allerdings gilt es, auf solche Gemeinsamkeit und einheitliche Zielsetzung beständig und aktiv von allen Seiten hinzuarbeiten.

Abschliessende Bemerkungen

Unser Hauptziel war das Anreißen von mehreren, sehr komplexen Schwierigkeiten im pädagogischen Umgang mit aggressiven Kindern im Heim. Wie im beschriebenen Falle kann eine bestimmte Symptomatik aufgrund der Persönlichkeitsstruktur des aggressiven Kindes, einer ungünstigen Gruppenkonstellation durch auftretende Probleme im Team und in der Elternarbeit lange aufrechterhalten bleiben. Sicherlich stellt sich nicht jeder Einzelfall, wie der im Beispiel angeführte, so problematisch dar; in vielen Fällen können wir vielmehr auf Erfolge blicken. Dieser und ähnliche Fälle sollen auch keinesfalls zur Resignation oder zum Aufgeben veranlassen, vielmehr zum Standhalten herausfordern. Jedoch nicht der einzelne allein kann den kindlichen Aggressionen Einhalt gebieten, sondern nur das intakte, solidarische Gruppenteam und die dahinter stehende Gemeinschaft der Gesamteinrichtung. Nicht die einzelne analytische oder heilpädagogische Behandlung, nicht die Arbeit nach Erziehungsplänen als solche bestimmen den Erfolg, sondern das konsequente gemeinschaftliche Standhalten, das sich gegenseitige Stützen und Stärken bewirken letztlich auch Veränderungen beim aggressiven Kind.

Trotz allem Streß und wachsender Schwierigkeit und Komplexität der Erziehungsarbeit – oder gerade deswegen – müssen den Pädagogen mehr Zeit eingeräumt und geeignete Fachberater zur Seite gestellt werden, um beispielsweise Teamkonflikte zu bearbeiten. An diesem Punkt kann sofort angesetzt und gehandelt werden. Ein Team muß die Chance bekommen, fachliches Vertrauen zueinander zu entwickeln, dann kann es auch standhalten und verändern – gemeinsam. Diese sichere Basis braucht jeder Erzieher, um sich selbst täglich neu mit Engagement in die Beziehung zu den Kindern einbringen zu können.

Anmerkungen

1 Cube, F. von / Alshuth, D.: Fordern statt Verwöhnen – Die Erkenntnisse der Verhaltensbiologie in Erziehung und Führung. München 1987, S. 9.

2 Watzlawick, P. u.a.: Menschliche Kommunikation. Bern / Stuttgart / Wien 1974, S. 22.

3 Eibl-Eibesfeldt, I.: Der vorprogrammierte Mensch. München 1983, S. 79ff.

4 Petermann, F. / Petermann, K.: Training mit aggressiven Kindern, Einzeltraining, Kindergruppen, Elternberatung. München [3]1988, S. 13.

Weitere Literatur

Bandura, A. / Walters, R. H.: Der Erwerb aggressiver Verhaltensweisen durch soziales Lernen. In: A. Schmidt-Mummendey / H.-D. Schmidt: Aggressives Verhalten. München 1971.

Dollard, J., u.a.: Frustration und Aggression. Weinheim 1971.

Kosubek, S.: Aggressionstheorien und aggressives Verhalten in der Erziehung. In: Jugendwohl 1/1988.

Petermann, F.: Aggressives Verhalten bei Kindern. In: Jugendwohl 8 – 9/1988.

Redl, F. / Wineman, D.: Steuerung des aggressiven Verhaltens beim Kind. München 1976.

Der Andrang zum Arbeitskreis (ca. 140 Teilnehmer) bewies ein hohes Interesse und thematische Bedürfnisse auf seiten der Teilnehmer. Um das Problembewußtsein zu aktualisieren, wurden zu Beginn und als Einstieg in die Gruppenarbeit 2 Fragebögen von den Teilnehmern ausgefüllt, aus denen die folgenden Aussagen resultieren. (Zum Verständnis der Prozentzahlen: Mehrfach-Antworten waren möglich.)

1. Fast ausnahmslos fällt der unmittelbare Umgang mit Aggression schwer, „erwartungsgemäß" am meisten der mit Tätlichkeiten gegen Sachen, vor allem aber gegen Personen (61 %). Verbaler Aggression zu begegnen, wurde von „nur" 23 % als schwierig bezeichnet, während schon wesentlich mehr Teilnehmer (34 %) in aggressiven Haltungen des Kindes/Jugendlichen (z. B. andauernde oder versteckte Aggressivität, Entweichen, Alles-Egal-Haltung) besondere Schwierigkeiten sehen.

2. Probleme mit ihrem Umfeld, die aus dem Zusammenhang mit Aggressionen resultieren, wurden von 70 % der Befragten genannt; die restlichen 30 % benannten keinerlei Schwierigkeiten. Im einzelnen hatten 25 % Probleme mit ihren Kollegen oder dem Team, 17 % mit der Institution Heim, ihrer Leitung oder Vorgesetzten, 29 % (!) mit den Eltern und immerhin 11 % (vielleicht hauptsächlich Erziehungsleiter und Elternberater?) mit dem Jugendamt.

3. Emotionale Auswirkungen aus dem belastenden Umgang mit Aggression sind hauptsächlich Schuldgefühle und Versagen (14 %), Ohnmacht, Hilflosigkeit, Verletztsein, Enttäuschung und Bestürztsein (43 %), Wut und Gegenaggression (16 %), Abstumpfung und Lähmung (nur 8 %). Keine emotionalen Auswirkungen benannten immerhin 25 %!

4. Hilfestellung bei der Aufarbeitung erlebter Aggression und für eine erweiterte Kompetenz wird in verschiedener Richtung gesehen. Konkret erhaltene oder gewünschte Hilfe verbinden fast die Hälfte aller mit dem Gespräch im Team oder mit bestimmten Kollegen (45 %). Sehr viele besinnen sich allein oder gemeinsam auf methodische Hilfen (36 %). Stark eingeschätzt werden Hilfen durch übergreifende Dienste innerhalb und außerhalb des Heimes, einschließlich Heimleitung (28 %), wobei nur weitere 14 % ausdrücklich Beratung oder Supervision benannten. Insbesondere die Supervision als Hilfe scheint daher so wenig in Betracht gezogen, weil es sie nicht gibt oder sie nicht verwirklicht werden kann. Weiterhin gibt in diesem Fragebereich der relativ hohe Anteil (25 %) von Teilnehmern zu denken, die keine Hilfeform benennen konnten / wollten, und nicht wenige, die beklagten, daß sie keinerlei Hilfe erfuhren.

Arbeitskreis 7

Sozialpädagogisch orientierte schulische und berufliche Förderung

Peter Greiner, Alois Hügle

Schulische und berufsrelevante Förderung durch handlungs- und projektorientiertes Tun – ein Unterrichtskonzept zur Hinführung verhaltensgestörter Jugendlicher zum Schulabschluss und zur Vorbereitung auf die Berufs- und Arbeitswelt

Das nachfolgend dargestellte Konzept wurde von einem Kollegenteam der Petrus-Damian-Schule in Warburg erarbeitet und bisher über einen Zeitraum von 4 Jahren in der Praxis erprobt.
Die Petrus-Damian-Schule ist eine Heimsonderschule für Erziehungshilfe. Neben den in diesem Heim der Jugendhilfe lebenden Mädchen und Jungen beschult sie auch externe Schüler/innen aus dem Heimatkreis Höxter (ca. 25 %) und fördert sie entsprechend ihrer Individuallage sowohl nach den Lehrplänen der Grund-/Hauptschule als auch nach den Plänen der Schule für Lernbehinderte. Bis auf eine erst im Aufbau begriffene Ausnahme (Werkerausbildung) bestehen im Heim keine Berufsausbildungsmöglichkeiten.

Ausgangsintention

Die Notwendigkeit zur Erarbeitung dieses Konzeptes ergab sich beinahe zwangsläufig aus einer gegenüber früheren Jahren veränderten Schüler- und Schulstruktur.
Durch die Zunahme besonders der älteren Neuzugänge (14 – 16 Jahre) war die Schule im Hinblick auf die Altersstruktur stark kopflastig geworden. Dieser vielfach schulmüden, durch sehr manifestierte Verhaltensauffälligkeiten gekennzeichneten „Null-Bock-Klientel“ galt es, im Schulbereich möglichst effektive Erziehungshilfe angedeihen zu lassen, und das in den noch verbleibenden wenigen Vollzeitpflichtschuljahren. Unsere Konzeption mit handlungs- und projektorientiertem Tun als Schwerpunkt bezog und bezieht sich daher auf die Abschlußklassen 9

und 10 und wendet sich sowohl an verhaltensgestörte Hauptschüler als auch an jene Mädchen und Jungen, die äußere Negativ-Faktoren in Schulen für Lernbehinderte geführt hatten, deren Intelligenzkapazität aber ausreicht, um bei entsprechender Motivation vollwertige Hauptschulabschlüsse zu erreichen.
Die notwendigen Voraussetzungen werden dadurch geschaffen, daß in unserer Schule in den Lernbehindertenklassen ab Klasse 7 das Fach Englisch angeboten wird.

Zielsetzung

Die Richtlinien der Schule für Erziehungshilfe nennen die Rückführung der Schüler in die Regelschule als Zielsetzung ihrer Arbeit. Aus den bereits erwähnten Gründen (s. Alter der Neuzugänge) ist diese Zielsetzung bei einem Großteil unserer Klientel nicht erreichbar.
Daher ist unsere handlungs- und projektorientierte Unterrichtskonzeption ausgerichtet auf

1. die Motivation zu schulischer Mitarbeit und Leistungsbereitschaft;
2. auf die Hinführung zu einem individuell erreichbaren Schulabschluß;
3. auf die gezielte und intensive Vorbereitung auf die nachschulische Berufs- und Arbeitswelt.

Vorbereitung auf die Berufs- und Arbeitswelt im Rahmen einer Pflichtschule heißt:
Berufswahlerleichterung durch praktische Konfrontation mit verschiedenen Berufsfeldern;
Vermittlung notwendiger berufs- und arbeitsrelevanter Fähigkeiten (Ordnung, Pünktlichkeit, Fleiß u. a. m.);
Bekannt- und Vertrautmachen mit verschiedenen Werkstoffen und Werkzeugen sowie einfachen manuell-technischen Fertigkeiten;
Hinführung zu den Pflichten eines zukünftigen Berufsschülers.

Klassenraum

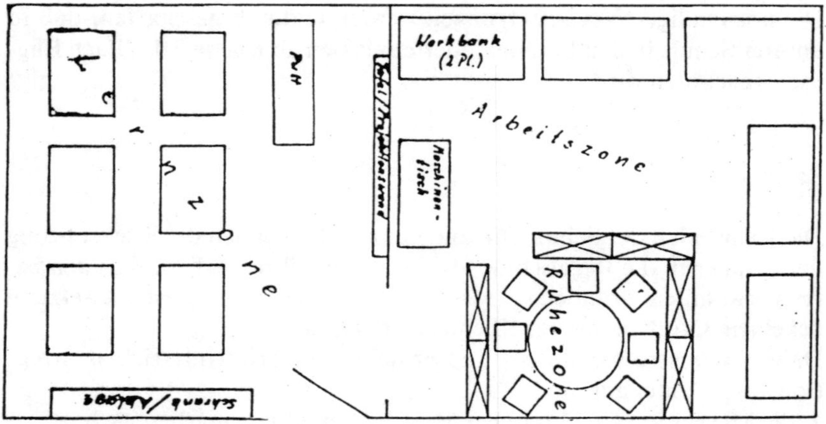

Der Klassenraum ist multifunktional und verfügt über
eine Lernzone mit Tafel, Bänken, Stühlen;
eine Arbeitszone mit Werkbank, Werkzeugschrank und Werkzeugen für jede(n) Schüler(in);
eine Ruhezone zur Aufarbeitung anfallender Probleme in vertrauter Runde.
Ein Maschinenraum mit dem notwendigen Maschinenpark für mehrere Klassen komplettiert diesen HpA-Bereich.

Unterrichtsorganisation

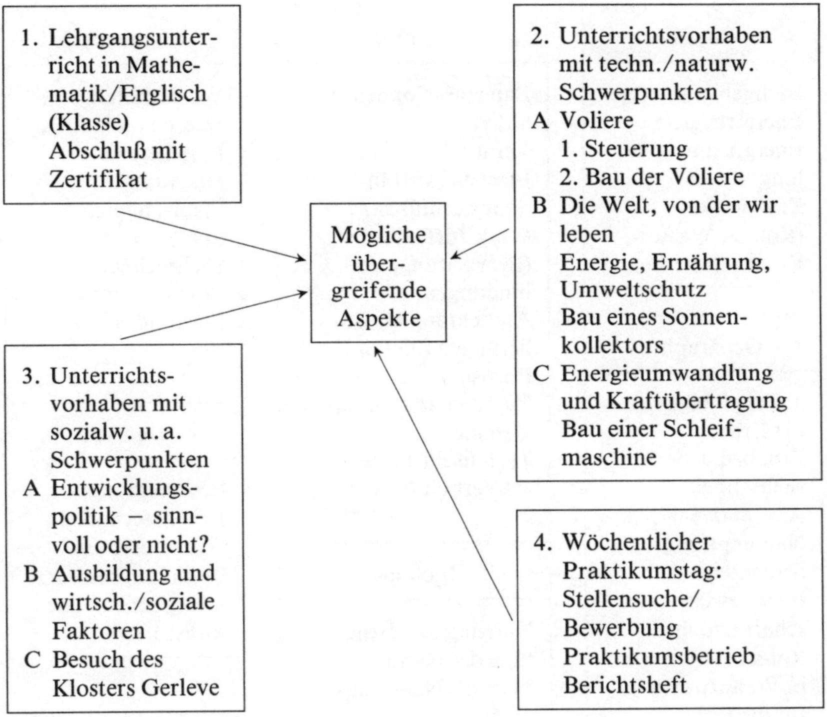

Der Unterricht in einer HpA-Klasse liegt fast ausschließlich in der Hand eines Lehrers und ist so strukturiert, daß ein streng nach Fächern gegliederter Stundenplan bis auf wenige Ausnahmen (Mathematik, Englisch, Sport) aufgelöst ist.
Statt dessen bestimmen Unterrichtsvorhaben mit verschiedenen fächerspezifischen Schwerpunkten die Unterrichtsarbeit. Auf den Begriff „Projekte“ wurde im übrigen verzichtet, da die im eigentlichen Projektunterricht geforderten Bedingungen hier nicht erfüllt werden können.
Ein festliegender Praktikumstag in Betrieben der Stadt Warburg das ganze Schuljahr hindurch ergänzt und komplettiert die Schulwoche.

Unterrichtsvorhaben (Projekt: Die Welt, von der wir leben)

Physik

Sachgebiet Energie:
Energiebegriff
Energieumwandlung
Kraftwerke
(Kohle-, Wasser-, Kernkraftwerke)

Geographie

a. Tragfähigkeit der Erde:
Ernährung der Menschheit
Alternative Nutzungsmöglichkeiten
Energiewirtschaft und ihre Rohstoffe
b. Verantwortung für die Erde:
Umweltschutz, sinnvolle Rohstoffnutzung
Alternative Energien

Technik

Bau eines Sonnenkollektors:
Verarbeitung von Blechen (Verbindungstechniken)
Werkstoff: Kupfer (Bearbeitung, Verbindungen)
Abdichtungen, Isolierungen (Silikon, Porosta usw.)
Pumpen und Pumpsysteme
Technische Einheit als Verbundsystem

Biologie

Nutzung und Erhaltung der Natur:
Meer als Nahrungsquelle
Nahrungspyramide des Meeres
Schädigung des Nahrungspotentials
Erhaltung der Meere

Mathematik

Wiederholung:
Deuten und Erstellen von Diagrammen (Kreis, Säulen usw.)
Sachrechnen:
Wirkungsgrad, Leistung etc.

Deutsch

Beschreibung:
Arbeitstechniken, Werkstoffe usw.
Besinnungsaufsatz:
z. B. „Leben ohne Rohstoffe“

Religion

Die Verantwortung des Christen für die Erde

Die Unterrichtsvorhaben gehen jeweils von einer Problem- bzw. Aufgabenstellung aus, die
1. nach Möglichkeit den Interessenbereich der Schüler/Schülerinnen anspricht, sie dadurch betroffen macht und Lernfreude und Motivation entstehen läßt und
2. Fragestellungen auslöst, die die unterrichtliche Abhandlung weiterer lehrplanrelevanter Inhalte aus anderen Lernbereichen erfordert, damit die Bedingungen der Richtlinien erfüllt sind.

Den zentralen Mittelpunkt eines Unterrichtsvorhabens bildet die Herstellung eines vorzeigbaren Produktes, z. B. der Bau eines Sonnenkollektors in „Die Welt, von der wir leben“.
Dabei ist gemeinsames Planen und Suchen nach gangbaren Wegen gefragt, werden Enttäuschungen erlebt und zu verkraften sein, wird Durchhaltevermögen verlangt, können individuelle Fähigkeiten eingesetzt werden, wird die soziale Komponente gefördert, da Zusammenarbeit notwendig ist und Arbeitsabläufe aufeinander abzustimmen sind.
Der Umgang mit verschiedenen Werkstoffen und Werkzeugen und „Hand-Arbeit“ mit unterschiedlichen Tätigkeiten schaffen zusätzlich Raum für zahlreiche technisch-praktische Erfahrungen.
Die Be- und Erarbeitung eines Unterrichtsvorhabens erfolgt schwerpunktmäßig über handlungs- und projektorientiertes Tun und damit über eine Unterrichtsform, die, wie in der Fachwelt bekannt,
dem Lernen an der Sache,
dem Lernen in Verbindung von Kopf und Hand,
dem Lernen an realen Lernorten,
dem originalen Lernen
absoluten Vorrang gibt, das Fach Arbeitslehre stark betont und manuellem Tun im Unterricht ein breites Betätigungsfeld bietet.

Praktikumstag

In Abänderung des sonst in Nordrhein-Westfalen üblichen dreiwöchigen Betriebspraktikums gehen die Schüler/innen der HpA-Klassen einmal in der Woche, das ganze Schuljahr hindurch, zum „Arbeiten“ in Betriebe der Stadt Warburg, die durch intensive Kontaktpflege und Aufklärungsarbeit für eine diesbezügliche Bereitschaft gewonnen werden konnten.
Jeder Schüler/ jede Schülerin wechselt trimestermäßig den Betrieb, so daß ihm/ ihr die Kenntnis von 3 verschiedenen Berufsfeldern die spätere Berufswahl erleichtert.
Die längere Praktikumsdauer ermöglicht ihm/ ihr nicht nur einen intensiven Einblick in ein Berufsfeld, sie eröffnet auch die Chance der Empfehlung bei der Vergabe eines Ausbildungsplatzes. Erfahrungwerte bestätigen dies.
Die täglichen Praktikumserfahrungen aus der realen Berufswelt fließen selbstverständlich in den Unterrichtsalltag ein und bieten Anlaß zu schulischer Auswertung.

Sach- und Erfahrungsberichte, wie später in der Berufsschule gefordert, werden angefertigt, in ein Berichtsheft eingetragen und dem Meister zur Kenntnisnahme vorgelegt.

Rückblick

Auf 4 Jahre praktische Arbeit in 3 HpA-Klassen können wir zurückblikken. Die gewonnenen Erfahrungen sind durchweg positiv. Regelmäßiger Schulbesuch, höhere Leistungsbereitschaft und Motivation und eine schul- und unterrichtsfreundliche Einstellung waren beim Gros der HpA-Schüler zu konstatieren. Ca. 90 % der Schüler erreichten die geforderten Schulabschlüsse. In Einzelfällen zeigten Schüler/innen gegenüber sonstigem Schulverhalten völlig veränderte Verhaltensmuster. Die Einrichtung einer vierten HpA-Klasse ist geplant.
(Referat: Peter Greiner)

Grundsätze einer sozialpädagogisch gestalteten Berufsausbildung

Das Jugendheim Johannesburg in Niedersachsen führte seit 1978 zwei vom Land Niedersachsen und vom Bund geförderte und von der Universität Münster wissenschaftlich begleitete Modellversuche durch, die sich u.a. mit der oben gestellten Frage auseinandersetzten. Aus den Ergebnissen lassen sich nachfolgende Grundsätze (in erheblich gekürzter und deshalb auch eingeschränkter Form) zu einer sozialpädagogisch gestalteten Berufsausbildung formulieren:
Eine berufliche Ausbildung ist vielfach die letzte und vielleicht entscheidendste systematische Einwirkungsmöglichkeit auf den lernschwierigen und verhaltensauffälligen jungen Menschen im Heim; in ihr wird weit mehr vermittelt als die Fähigkeiten und Fertigkeiten, die zu einer spezifischen Berufsausbildung notwendig sind.
Junge Menschen, deren psychosoziale Probleme zur Heimaufnahme führen, sind im besonderen Maße darauf angewiesen, daß die angezeigte berufliche Förderung in enger Verzahnung mit sozialpädagogisch-therapeutischen und schulischen Hilfen unter einem Dach ganzheitlich angeboten wird.
Die Verbindung von Berufsausbildung und Sozialpädagogik, das Zusammengehen von Ausbildern und Erziehern sind notwendig, damit die objektiv vorgegebenen Anforderungen eines Berufes mit den subjekti-

ven Bewältigungsmöglichkeiten eines Jugendlichen im Sinne einer individualisierten Unterweisung abgestimmt werden können. Dabei ist eine planvolle, gezielte Binnendifferenzierung notwendig, die eine individualisierte berufliche Ausbildung gewährleistet. Sie geschieht etwa über eine auf den einzelnen zugeschnittene Aufgabenstellung, durch ein auf ihn abgestimmtes Aufgabenniveau, durch die Variation von Unterweisungstechniken, Medieneinsatz und Sozialformen, durch ein unterschiedliches Ausmaß an gewährten Lernhilfen und durch individuell zugestandene Lern- und Arbeitszeiten. Das abgestufte Herantragen von Lern- und Leistungsanforderungen an den einzelnen Auszubildenden hat die allmähliche Zunahme der Leistung zum Ziel, respektiert und kalkuliert aber auch Stillstand und Rückschritt mit ein.

Die Verbindung von Berufsausbildung und Schule, das Zusammengehen von Ausbildern und Lehrern ist notwendig, damit theoretische und praktische Anforderungen für den jungen Menschen einen durchschaubaren Gesamtzusammenhang bilden. Dabei sollte praktisches Tun, die Fachpraxis zum didaktischen Zentrum der Ausbildung gemacht werden. Davon ausgehend müssen viele Verknüpfungen zwischen Fachtheorie und Fachpraxis geschaffen werden.

Eine sozialpädagogisch gestaltete Berufsausbildung muß die Förderung von selbständigem, praktischem Tun über projektorientierte lebensnahe und am Auftrag orientierte Ausbildung beinhalten. Die Schaffung von pädagogischen Bezügen zwischen Ausbildern und Auszubildenden sowie das gezielte Einsetzen gruppendynamischer Aspekte sind unverzichtbare Faktoren. Dazu gehört auch die Einbeziehung der Ausbilder in alle erziehungsplanerischen Überlegungen.

(Referat: Alois Hügle)

Arbeitskreis 8

Aufgaben und Methoden der Elternarbeit

Gerd Pfaff, Hans Scholten

Die Bandbreite von Elternarbeit in katholischer Heimerziehung wurde von dem Referenten angedeutet durch die Kurzdarstellung von zwei Heimen, in denen er Berufspraxis sammeln konnte: Das erste Heim, ein therapeutisches Kinderheim im Saarland, hatte schon 1975 die Elternarbeit zum obligaten Bestandteil der Arbeit mit Kind und Familie gemacht. Es wurden nur Kinder und Jugendliche aufgenommen, deren Eltern bzw. Elternteile zur regelmäßigen Mitarbeit bereit waren. Die Kleinheit des Bundeslandes machte einen regionalen Einzugsbereich selbstverständlich. Das andere Heim und aktuelle Berufsfeld ist ein Heim der öffentlichen Erziehung in Nordrhein-Westfalen. Mit über 100 Kindern mehr als doppelt so groß wie das erste Heim. Ein überregionales Einzugsgebiet manifestiert in den meisten Fällen einen weiten Weg zwischen Heim und Ursprungsfamilie des Kindes. Die über 50 Teilnehmer des Arbeitskreises fühlten sich selbst irgendwo zwischen diesen beiden genannten Polen beruflich beheimatet. Sie kamen aus der gesamten Bundesrepublik und aus allen Ebenen der Verantwortung innerhalb der Heimerziehung. Den Schwerpunkt bildete die Gruppe der Pädagogen im Gruppendienst.
Das Impulsreferat gliederte sich in drei Abschnitte.

Der Begriff Familie im Wandel

Eine kleine Entdeckungsreise durch alte und neue Literatur macht den Wandel begrifflich. Der Familienbegriff des Jahres 1952 wirkt heute eigentümlich mit seinen Ranken und Schnörkeln und unterscheidet sich in seinem philosophischen Sprachgebrauch von der wissenschaftlich-analytischen Definition zeitgenössischer Familientherapeuten. Deren Analyse gibt meistens wieder, daß es *die* Familie nicht gibt, daß sich Familie in unterschiedlichen Erscheinungsformen in unserer heutigen Gesellschaft wiederfindet: Familienstruktur mit Kindern und einem Elternteil, die sogenannte „Kleinfamilie“, d. h. Eltern und Kinder in einem Haushalt, das wieder alleinwohnende ältere Ehepaar, dessen Kinder in

selbständigen Lebensbereichen leben, und z. B. experimentelle Organisationsformen von Familie wie Wohngemeinschaften, unverheiratete Elternteile, die ihr Kind oder ihre Kinder allein erziehen usw.
Familien, die uns in der Heimerziehung begegnen, können aus allen Organisationsformen kommen. Der Schwerpunkt liegt erfahrungsgemäß bei den sogenannten „Stieffamilien" bzw. bei Familienstrukturen, welche durch Trennung oder Scheidung in Mitleidenschaft gezogen wurden. Damit sind Familien, welche Kinder in der Heimerziehung haben, ein Spiegelbild der Statistik. Die Scheidungsrate in Industrienationen hat sich in den letzten 20 Jahren verdoppelt! Damit ist die Institution Familie aber keineswegs tot. Viele geschiedene Männer und Frauen suchen eine neue Familienkonstellation nach der Trennung vom ersten Ehepartner. Auch in der Gedankenwelt der jungen Generation existieren Familien und die Auseinandersetzung mit der älteren Generation in einem großen Umfang. Unter 10 frei gewählten Themen für schriftliche Arbeiten der Shell-Studie von 1985 wählten Jugendliche an vierter Stelle ein Thema zum Begriff Familie. Kommen die Themen mit den vielfältigen Auseinandersetzungen mit der älteren Generation hinzu, so haben sich etwa 45 % der Jugendlichen im engeren oder weiteren Sinne mit der Thematik Familie befaßt. Dies ist ein Indiz für deren Stellenwert.
Die augenscheinlichste Definition von Familie präsentierte sich im Arbeitsraum des Arbeitskreises in Form eines Mobiles. Vater, Mutter und Kinder als ein System, welches sich in einer selbstgefundenen Balance hält. Die Bindungen zueinander sind ersichtlich, die Freiheit des einzelnen ist abhängig von seinen Bindungen zu den anderen, das Gleichgewicht des Systems ermöglicht die größte Bewegungsfreiheit des Systemeinzelnen.
Wurde nun vom Referenten ein Mitglied der Familie aus diesem Mobile herausgelöst, so verlor dies sein Gesamtgleichgewicht. Jede andere Figur war mitbeteiligt an dieser Veränderung und mitbetroffen. Dies spiegelt genau die Situation wider, wenn ein Kind aus seinem Familiensystem herausgelöst wird und in ein Heim kommt: Dann muß sich nämlich das Familiensystem, welches sich vorher mit all seinen Stärken und Schwächen in einem Zustand relativer Stabilität befunden hat, neu formieren und einen neuen Gleichgewichtszustand finden. Dieser Zustand von Instabilität und einer neuen Suche nach Gleichgewicht ist die große Chance der Elternarbeit in der Heimerziehung.

An zwei konkreten Beispielen aus der Heimerziehung wird verdeutlicht, daß die Erziehungsinstitution Heim in keinem Fall an der Institution Familie vorbeikommt. Familien, auch wenn sie scheinbar nicht existent sind, ziehen an unsichtbaren Fäden und beeinflussen die Arbeit des Heimes mit dem Kind. Selbst wenn im klassischen Fall des Waisenkindes niemand existent ist, so werden diese Fäden von Sehnsüchten, Träumen und Wunschvorstellungen des Kindes selbst gewoben und stellen eine Aufgabe für die Pädagogen dar. Im schlimmsten Fall ist es behutsame Trauerarbeit, um das Kind oder den Jugendlichen aus einer tragischen Verstrickung mit einem mythologisierten Familienbild zu befreien.
Familie hatte in der Heimerziehung oft eine gewisse Randposition. Die Arbeit mit dem Kind stand im zentralen Mittelpunkt der Arbeit, und Familie war eine gewisse „Störvariable" dieses Bemühens. Damit war die Konkurrenz und Rivalität grundgelegt, und das Kind befand sich in einem „kaukasischen Kreidekreis", in dem es immer wieder neu wählen mußte, welchem Bezugssystem (Familie oder Heimgruppe) es seine Loyalität bewies.

Heute hat Heimerziehung die Notwendigkeit von Familienarbeit erkannt, welche in einer Atmosphäre der Partnerschaft und des Vertrauens stattfindet.

Der Fachausschuß „Elternarbeit, Familienarbeit, familienergänzende Hilfen" des Verbandes katholischer Einrichtungen der Heim- und Heilpädagogik definiert in seinem bisher unveröffentlichten Arbeitspapier:

„Familienarbeit hat zum Ziel, die für das Kind und alle anderen Familienmitglieder negativen Entwicklungsbedingungen zu beseitigen und langfristig positive zu schaffen. Das kann im einzelnen bedeuten:
Beziehungen zu klären,
Rückführung in die Familie zu ermöglichen,
Erziehungskompetenz zu erweitern,
therapeutische Prozesse einzuleiten,
Trauerarbeit zu leisten,
Trennung zu verarbeiten,
Verselbständigung zu initiieren,
Ablösung einzuleiten,
Orientierung für das eigene Leben zu geben.
Für Familienarbeit stellt sich damit die Aufgabe, Änderungen im Familiensystem herbeizuführen oder im Verbund mit anderen Institutionen wie z. B. Jugendamt, Beratungsstellen, Schule, Träger von Sozialpädagogischen Familienhilfen usw. solche Änderungen herbeiführen zu hel-

fen. Von den Mitarbeitern im Heim erfordert Familienarbeit eine hohe fachliche und persönliche Kompetenz . . . !"
Mit dem Hinweis auf die fachliche und persönliche Kompetenz spannte sich der Bogen zur Vorbereitung der Heimpädagogen auf ihren beruflichen Auftrag: An den Fachschulen, die Erzieher bzw. speziell Heimerzieher ausbilden, ist die Vorbereitung auf diesen neuen Part unserer alltäglichen Arbeit noch in der Regel sehr in den Anfängen. Nach der persönlichen Meinung des Referenten werden Heimerzieher vorbereitet auf die Arbeit mit dem Kind und nur ungenügend vorbereitet auf den Dialog und die Arbeit mit der Familie des Kindes. Oft sind diesem Thema nur wenige Stunden innerhalb eines Curriculums vorbehalten. Oft wird Familienarbeit auch mehr im Sinne der Vorschulerziehung als eine Kollektivansprache der Eltern zu sogenannten Elternabenden verstanden.
Mit den veränderten Auffassungen über Familie und ihrer Rolle in der gesamten Erziehungsarbeit hat aber auch die Anforderung an die Zusammenarbeit mit der Familie grundlegende Veränderungen erfahren. Die traditionelle Rolle des Erziehers, nämlich die Elternersatzfunktion und vielleicht noch die Beraterfunktion, verwandelt sich mehr und mehr in den Auftrag, den Eltern ein „professioneller Erziehungspartner" zu sein. Der Erzieher sollte die Reststärken der Bezugsfamilie nutzen und sie mehr in seine Alltagsarbeit integrieren. Von seinem Selbstverständnis ist heute eher eine professionelle Dienstleistung für Kind und Familie gefragt als der personale Ersatz für Vater oder Mutter. Eine solche Umformulierung des Arbeitsauftrags verhindert in der Regel die alltäglichen und allwöchentlichen Eifersüchteleien und Konkurrenzen zwischen Heimgruppe und Familie.

Methoden der Familienarbeit

Wiederum lehnt sich hier das Referat an die Ergebnisse des oben erwähnten Fachausschusses an. Dieser gliederte Familienarbeit in drei wesentliche Aufgabenschwerpunkte:
1. Kontaktpflege.
2. Gezielte sozialpädagogische Hilfen vor, während und nach dem Heimaufenthalt.
3. Gezielte therapeutische Hilfen für die Familien durch das Heim.
Da die Mehrzahl der Kollegen im Arbeitskreis Pädagogen im Gruppendienst waren, wurde speziell auf das weite Feld der Kontaktpflege eingegangen. Diese ist eine originäre Aufgabe des Gruppenerziehers und wird

in ihrer Wichtigkeit oft unterschätzt. Je besser die Kontaktpflege zwischen Gruppenerzieher und Familie gelingt, um so günstiger ist die Disposition der Familie zur gezielten sozialpädagogischen Hilfe oder gar zur Therapie. Der Erzieher hat quasi die Schlüsselfunktion aller vertrauensbildenden, aber auch aller vertrauensstörenden Maßnahmen zwischen Heim und Familie. Die Kommunikationsmöglichkeiten, die sowohl positiv als auch negativ genutzt werden können, sind überaus vielfältig. Häufige Telefonate oder gelegentliche „Tür-und-Angelkontakte" nach den Wochenendbeurlaubungen, Briefe zwischen Gruppen und Eltern und die vielfältigen Feste und Feiern im Jahresverlauf, Tage der offenen Tür und Elternabende bzw. Elterntage usw. Hier überall ist der Gruppenerzieher als Kommunikationspartner, Gesprächsführer oder Zuhörer bzw. Gastgeber in seiner zentralen Position gefragt.
Was mit Blick auf die Zusammensetzung des Arbeitskreises besonders akzentuiert war – nämlich die Kontaktpflege –, bestätigte sich durch das lebhafte Interesse an kleinen Gesprächsgruppen zu diesem Thema. In ihren Rückmeldungen bedauerten viele Kollegen aus dem Gruppendienst, daß ihr Bemühen um positive Kontaktgestaltung zu den Familien oftmals etwas verblaßt gegenüber den speziellen sozialpädagogischen und therapeutischen Dienstleistungen des Heimes. Aber unbestritten wurde formuliert, daß auch diese Kontaktpflege einer beruflichen Grundhaltung bedarf, auf die der Erzieher vorbereitet werden sollte. Gruppenpädagogik mit Kindern und Jugendlichen sowie die Gestaltung einer pädagogischen Atmosphäre in der Heimgruppe sind Schwerpunkte in der Ausbildung und entsprechen einer Verhaltenssicherheit im beruflichen Alltag. Verhaltensunsichere Situationen für Heimpädagogen beginnen oftmals schon bei der einfachen Gastgeberfunktion, wenn die Eltern bzw. Familie des Kindes zu Gast kommt, oder bei Telefonaten mit konfliktträchtigem bzw. eskalierendem Inhalt. Die loyale Erwachsenenebene zu finden zwischen der Position des Gruppenerziehers und der Elternposition ist eine Aufgabenstellung, in welcher sich insbesondere junge Kolleginnen und Kollegen unsicher fühlen. Hier besteht der Bedarf nach Trainings- und Workshops in Sachen Eltern- bzw. Familienarbeit mit dem Schwerpunkt positiv gestalteter Kontakte.

Die Ergebnisse der zu kurzen, abschließenden Diskussion im Arbeitskreis lauteten:
1. Wenn Eltern-/Familienarbeit ein Bestandteil der Heimerziehung ist, dann muß sie auch Bestandteil der Ausbildung sein!
2. Für die Wahrnehmung seiner Aufgabe innerhalb des Bereichs Eltern-/Familienarbeit benötigt der Erzieher mehr Unterstützung des Ar-

beitgebers bzw. des Trägers durch spezifische Fort- und Weiterbildungsmaßnahmen.

3. Eine unterstützende Begleitung und kollegiale Reflexion ist für die Mitarbeiter deshalb unabdingbar, weil sie sonst dauernden Übertragungsmechanismen zur eigenen Familiengeschichte hilflos ausgeliefert sind.

4. Der derzeit vorwiegend vorhandene strukturelle Rahmen für Erziehung in Heimen müßte mehr auf die wichtige Möglichkeit der Eltern-/Familienarbeit hin modifiziert werden.

Arbeitskreis 9

Erziehung zur Selbständigkeit: personelle und organisatorische Anforderungen

Klemens Konermann, Gerhard Schöneborn

Mit einem Referat führte Herr Direktor Schöneborn in das Thema ein: Erziehung zur Selbständigkeit, meine Damen und Herren, ein Schlagwort, das heutzutage in aller Munde geführt wird. „Das kannst Du doch schon selbst!“, „Mach' es doch alleine!“ Aussagen, wie wir sie in der Familie und im Heim täglich hören. Auch von den Betroffenen kommen diese Ansprüche: „Laß' mich das alleine machen!“, „Du brauchst mir nicht zu helfen, das kann ich schon!“ In der Entwicklung des Menschen erleben wir immer wieder Phasen, in denen das „Ich“, das „Selbst“ im Vordergrund steht ...

Herr Schöneborn sprach in gesetzten und wohlüberlegten Worten durchaus Richtiges und Wichtiges zu diesem Thema. Er durfte es genau vier Minuten lang tun. Da stand ein Teilnehmer aus der ca. einhundertköpfigen Teilnehmerschar auf und machte seinem Herzen Luft: „Warum sollen wir uns hier schon wieder etwas vorsetzen lassen, uns anhören, was einer alles für kluge Gedanken hat. Lassen Sie uns doch hier wenigstens selbständig arbeiten. Wir alle hier haben uns untereinander viel mehr zu sagen.“

Als zweitverantwortlicher Arbeitskreisleiter versuchte ich die Situation zu retten – die Leitung durften wir uns ja nun nicht aus der Hand nehmen lassen – und wies den Heimerzieher bestimmt und deutlich in seine Grenzen, verwies ihn auf seine mangelnde Übersicht und Erfahrungen in der pädagogischen und politischen Praxis und gab ihm den Ratschlag, daß es besser für ihn sei ...

Ja, er fühlte sich geschlagen und protestierte heftig. Aber nicht nur er. Es meldeten sich noch andere Teilnehmer zu Wort und verwickelten mich in ein hitziges Wortgefecht über so verschiedene, ja, sogar persönliche und politische Fragen von Selbständigkeit, daß ich schwer ins Schwitzen kam. Der gesamte Saal schlug sich beifallklatschend immer wieder auf die Seite der „Aufsässigen“.

Diese übernahmen dann das Kommando, wandten sich an die Teilnehmer und luden sie zur Kleingruppenarbeit zu verschiedenen Themen ein.

Klar – die Sache war geplant –, die „Aufsässigen“ waren die Untergruppenleiter, Schwester Beningna sowie die Herren Klaas, Schwarzwald, Lohner, Meinert und Ramstetter – aber das Geschehen als solches sowie die Inhalte der Streitgespräche haben wahrscheinlich am eindringlichsten unser Thema „Erziehung zur Selbständigkeit“ beleuchtet.
Nach diesem Auftakt wurde dann in vier Untergruppen erfahrungsorientiert an speziellen Themen gearbeitet.

Untergruppe „Alles Geld in die Gruppe?“

Für uns überraschend wenige, nur neun Teilnehmer, kamen in diese Untergruppe.
Sind es die letzten Standhaften, die den Kampf für mehr finanzielle Selbständigkeit in den Gruppen noch nicht aufgegeben haben oder wird die Bedeutung des Geldes von den Pädagogen in den Gruppen so wenig gesehen? – Es wurde sehr intensiv in dieser Untergruppe gearbeitet, ohne Pause. Vor allem folgende Fragen interessierten:
Was ist ein Selbstkostenblatt, wie stellt es sich zusammen, wer beeinflußt es?
Wie kommen die Mitarbeiter zum Gruppengeld, wer berechnet es, wie wird es berechnet?
Welche Macht hat der Verwaltungsleiter, kann er allein über die einzelnen Positionen bestimmen, was ist seine eigentliche Aufgabe?
Welche Gelder für welche Sachen können überhaupt in die Gruppe gegeben werden?
Das Resümee der Gruppe war:
Keine Pädagogik ohne Geld, kein Geld ohne Pädagogik, das heißt, Erzieher/innen müssen über die Finanzen Bescheid wissen, Verwaltungsleiter müssen etwas von Pädagogik verstehen.
Um zur Selbständigkeit erziehen zu können, müssen Mitarbeiter/innen selbständig sein, auch in finanziellen Dingen, und handeln dürfen.
Darum ist es wichtig, daß zwischen den einzelnen Berufsfeldern – Erzieher/innen, Heimleiter, Verwaltungsleiter – klare Absprachen bestehen.

Untergruppe „Hilfe, ich will selbständig werden!“

Ausgangspunkt der Arbeit in dieser Untergruppe war die sehr anschauliche Schilderung einer konkreten Fallgeschichte.
Es ging um den Kampf eines jungen Menschen, um seinen Lebensweg,

wie er zurück ins Elternhaus will und doch nicht will/kann, eine Lehre anfängt und wieder abbricht, viele Schritte vorwärts macht und auch immer wieder zurück, jede auch mit ihm erarbeitete Möglichkeit für einen Lebens- und Arbeitsraum nach der Entlassung stets dann vereitelt, wenn er spürt, daß etwas konkret wird.
Unter dem Eindruck dieser Schilderung versuchten die Teilnehmer der Untergruppe, sich in den Jugendlichen hineinzuversetzen, seine Ängste, Hoffnungen und Wünsche, seine Gefühle nachzuvollziehen. Aus dieser Identifikation formulierte jeder Teilnehmer, was er brauchte, um selbständig zu werden.
Die Aussagen lösten große Betroffenheit aus. Nur einige seien stellvertretend genannt:
Ich will mit dir reden und kann es nicht sagen.
Ich brauche meine Ruhe und Zeit, wenn ich es allein versuche.
Verständnis dafür, daß ich auch gleichzeitig Angst davor habe.
Das Recht, auch einmal gegen eine Wand zu laufen.
Ich brauche eine Person, zu der ich Vertrauen habe, die mir zuhört.
Es entstand ein reger Austausch unter den Teilnehmern über ihre eigenen Erfahrungen.

Untergruppe „Den Schutzraum der Gruppe verlassen – und jetzt?“

Dieses Thema fand den größten Zuspruch, was die Arbeit nicht erleichterte. Gut 30 Kolleginnen und Kollegen aus der Leitung, dem gruppenergänzenden Dienst, vor allem aber der Gruppe und dem Spezialdienst „Betreuung von einzelnen Jugendlichen“ kamen zusammen.
Sehr viel Interesse fanden die ausführlichen Erfahrungsberichte der Kollegen/innen, die Jugendliche betreuen, die allein oder zu zweit entfernt entweder im Heimgelände oder in der Regel außerhalb des Heimes wohnen. Diese Form der Heimerziehung ist noch sehr neu und Erfahrungen sind Mangelware. Die Schilderungen und Diskussionen machten aber auch deutlich, daß noch sehr viel „Verständigungsarbeit“ auf allen Ebenen zu leisten ist, damit man sich untereinander versteht, wann man z.B. von „Nachbetreuung“ oder „Sozialpädagogisch betreutem Wohnen“ oder „mobilem Wohnen“ spricht. Dementsprechend groß sind auch fachliche, politische und letztlich finanzielle Anerkennungsschwierigkeiten dieser Betreuungsformen.
Die Untergruppe faßte ihre Diskussion in Form von Forderungen zusammen.

Forderungen an die „normalen Heimgruppen“:
Die Kinder und Jugendlichen weniger behüten und versorgen, ihnen mehr zutrauen und sie fordern, ihre Sachen zu regeln, für ihr Verhalten einzustehen im sozialen und praktischen Bereich.
Die Kinder groß werden lassen, die Jugendlichen loslassen.
Regelmäßige Beratung und Supervision.

Forderungen an Kollegen, Heimleiter, Arbeitsgemeinschaften der Heime, Fachverband:
Arbeitskreise installieren zur konzeptionellen Weiterentwicklung der individuellen Betreuungsformen.
Öffentlichkeitsarbeit, Darstellung der Arbeit durch Tagungen.
Kampf auf allen Ebenen um Anerkennung der individuellen Betreuungsformen als Form der Heimerziehung, die auch voll finanziert werden muß.

Untergruppe „Wie selbständig bin ich als Erzieher?“

Für die Teilnehmer dieser Untergruppe standen zwei Grundüberzeugungen quasi als Leitfaden über der Diskussion:
1. Erzieher wirken entscheidend durch ihr Vorbild. Kinder und Jugendliche beobachten ihre Erzieher genau und sehen nicht nur, was sie können und dürfen, sondern besonders auch, was sie nicht selbständig dürfen.
2. Erzieher können Jugendlichen den notwendigen Handlungsspielraum für selbständiges risikoreiches Verhalten nur gewähren, wenn sie selbst auch Risiko tragen dürfen.
Vor allem zwei Abhängigkeiten sah diese Untergruppe auf dem Weg zu mehr Selbständigkeit.

Die Abhängigkeit von der Gruppenstruktur:
Die Selbständigkeitserziehung beginnt mit dem Erwerb von Selbständigkeit des Erziehers bereits innerhalb seines Gruppenteams. In streng hierarchisch strukturierten Gruppen mit einer starken, vielleicht auch schon langjährig tätigen Gruppenleitung haben Erzieher wenig Selbständigkeit und erhalten nur schwer Verantwortung. Verantwortung abgeben fällt den Erziehern oft nicht leicht.
Es gibt auch Teams, die ohne Gruppenleiter funktionieren. Sind Gruppenleiter notwendig?

Die Abhängigkeit des Erziehers von sich selbst:
Selbständiges Handeln löst Ängste über dessen Folgen aus, erfordert Mut und Risiko und bedeutet, Verantwortung übernehmen müssen. Oft dürfen Erzieher auch viel selbständiger handeln, als sie es glauben, würden sie ihre Phantasien über Einschränkungen auf den Wirklichkeitsgehalt überprüfen. Die eingebildeten wie auch die tatsächlichen Einschränkungen der Selbständigkeit sind oft auch hilfreich, weil der Erzieher dahinter sich und seine Ängste vor der Übernahme von Verantwortung verstecken kann.
Die Abhängigkeit der Selbständigkeit der Erzieher von der Leitung wurde in diesem Arbeitskreis leider nicht näher diskutiert.

Arbeitskreis 10

Unterschiedliche Wohnformen und ihre pädagogischen Möglichkeiten

Gerhard Gräßle, Erich Kiehn

Nicht erst in neuerer Zeit werden durch die Träger der Erziehungshilfe unterschiedliche Wohnformen für Kinder und Jugendliche angeboten. Die Geschichte der Heimerziehung bietet für den Wechsel dieser Wohnformen zahlreiche Beispiele.
Mit jeder Wohnform ist die entsprechende Pädagogik mit dem Erziehungsstil der Erzieher verbunden. In den Großeinrichtungen vergangener Zeiten mußten zwangsläufig Ordnung, Disziplin, Gehorsam und Einordnung an erster Stelle der damaligen Erziehungsprinzipien stehen. Daran ist zu erkennen, daß eine konkrete Wohnform von sich aus eine entsprechende Pädagogik zur Folge hat. Daraus waren die Konsequenzen zu ziehen.
Nach 1945 entwickelte sich langsam aber stetig eine Wohnform für die Heimgruppen, die der Familienwohnung ähnlich war. Es ergab sich mit den Jahren, insbesondere nach der Heimkampagne 1969 und der zunehmend besseren Ausbildung der Erzieher, in den Heimgruppen eine Atmosphäre, die eine Pädagogik zuließ, die nicht mehr in erster Linie auf Gehorsam aufgebaut war, sondern demokratisches Verhalten der Erzieher und der Gruppenmitglieder herausforderte und zuließ.
Heute hat sich in den Heimgruppen aufgrund der höheren Wohnqualität und der Herabsetzung der Anzahl der Gruppenmitglieder eine Erziehung entwickelt, deren Ziel es ist, die jungen Menschen ein eigengestaltetes, selbständiges, legales Leben – mit gleichzeitiger Integration in die Gesellschaft und die Welt der Arbeit – führen zu lassen.
Die Weiterentwicklung der katholischen Heime führte zur vielfachen räumlichen Umgestaltung. Altbauten wurden in Gruppenwohnungen umgebaut, Neubauten nach der veränderten Zielsetzung erstellt. Das Ziel war, jeder Heimgruppe einen eigenen Wohnbereich – wie in den Kinderdörfern bereits vorhanden – zu schaffen, in dem die Erzieherinnen und Erzieher so selbständig wie möglich wirken und mit den jungen Menschen zusammenleben konnten. Die Erzieher sollten nicht mehr aufsichtsführende Autoritätspersonen sein, sie sollten sich nach christ-

lichem Verständnis durch das gemeinsame Leben mit den Kindern und Jugendlichen zu realitätsbezogenen Vorbildern entwickeln, denen die jungen Menschen nacheifern konnten.

Die Aussenwohngruppen und ihre Pädagogik

Die Kinder- und Jugendheime wurden durch die sozialpädagogisch betreuten Wohngemeinschaften, deren neue Zielsetzungen und Erfolge, dazu angeregt, selbst Träger ähnlicher Wohn- und Erziehungsformen zu werden. Sie richteten Außenwohngruppen ein, verlegten ganze Heimgruppen in das Umfeld, in die Stadt oder deren unmittelbare Nähe. Dadurch sollte erreicht werden, daß die Kinder und Jugendlichen realitätsnäher leben und erzogen werden konnten. Für die Schulentlassenen wurde ein größeres Spektrum an Ausbildungsmöglichkeiten erreicht. Die völlige Selbstversorgung unter Mithilfe der Bewohner sollte dazu führen, daß diese sich später privat selbst versorgen konnten. Auch die Kinderdörfer richteten Außenwohngruppen ein, weil sich die Unterbringung für die heranwachsenden älteren Jugendlichen nicht als realitätsnah genug herausstellte.

Die neue pädagogische Betreuung wurde in vielfältiger Form durchgeführt.

Es gibt heute die Tag- und Nachtbetreuung, die Lebensgemeinschaft auf Zeit, die Betreuung im Schichtdienst, die Betreuung und Beratung von außen.

Jede Betreuungsform entwickelte eine ihr gemäße pädagogische Leitidee. Diese prägte das Verhalten der Erzieher, Betreuer und Berater. Nur die Abhängigkeit von ihrem Heim unterscheidet die Außenwohngruppen heute von den übrigen Formen des Jugendwohnens. Diese Abhängigkeit muß aber auf ein so geringes Maß wie nur möglich herabgesetzt werden, um die besondere Pädagogik dieser Wohnform zu erhalten. Das selbständige Leben, die Selbstverwaltung, die Unabhängigkeit in finanziellen Fragen müssen durch einen eigenen Außenwohngruppenetat durch den Träger bestätigt und sichergestellt werden. In die Erziehung sollte sich niemand vom übrigen Heim ungefragt einmischen. Etwa erforderliche aktuelle Veränderungen sollten nur gemeinsam vom Erzieherteam, dem Heimleiter und dem Träger geplant und durchgeführt werden.

Leben in Jugendwohngemeinschaften und Jugendwohngruppen

Die Heimkampagne 1969 führte – wie festgestellt – zur Einrichtung von selbständigen Jugendwohnkollektiven. Sie entwickelten sich zu Jugendwohngemeinschaften und Jugendwohngruppen in der ganzen Bundesrepublik.
Diese Form des Sozialpädagogisch betreuten Jugendwohnens bot die Möglichkeit einer totalen Verselbständigung der jungen Bewohner. Es entwickelte sich eine Methodik, deren Ziel es war, die Selbstentfaltung der jungen Menschen durch Erziehungshilfe zu erreichen. Der Weg dorthin ist geprägt von einer Umstellung der Erzieher zu Teilhabern der Gruppe.
Vielfach wurden die neuen Gruppen der 16- bis 18jährigen koedukativ zusammengesetzt mit der pädagogischen Zielsetzung, die jungen Bewohner durch das Zusammenleben der Geschlechter im Alltag frühzeitig auf das spätere Leben vorzubereiten.

Vom Grossheim zum dezentralisierten Wohngruppenverbund

Die Erfolge der beschriebenen Wohnmöglichkeiten für junge Menschen führten dazu, daß sich auch Großheime auf eine neue Struktur und Organisation einließen. Einige Heime wurden zu einem dezentralisierten Wohngruppenverbund umorganisiert. Als Beispiel nenne ich das Christophorushaus in Wallerfangen/Saar, dessen neue Organisation sich inzwischen bewährt hat. Die Mängel, die einer Großeinrichtung zwangsläufig anhängen, konnten dadurch von den Kindern und Jugendlichen ferngehalten werden. Die Erziehung und der Erziehungsstil orientieren sich bei einer solchen Umorganisation an der Wohngruppenpädagogik.

Das Sozialpädagogisch betreute Einzelwohnen

Bei den bisher genannten Jugendwohnformen stellte sich in der Praxis heraus, daß es in der Jugendhilfe junge Menschen gibt, die über die Gruppenerziehung bereits hinausgewachsen sind, ihrer nicht mehr bedürfen oder für sie nicht geeignet sind. Für diese wurde das Sozialpädagogisch betreute Einzelwohnen eingerichtet.
Die pädagogischen Ansätze sind bei dieser Jugendwohnform nicht mehr gruppenpädagogisch geprägt, sondern können individuell auf die unterschiedlichen Persönlichkeiten und deren Entwicklungsauffälligkeiten

ausgerichtet werden. Vier bis fünf junge Menschen werden in je einer Einzelwohnung von einer Fachkraft entsprechend der vorhandenen Probleme betreut. Basis ist das gegenseitige Vertrauen. Auf ihm baut sich das Zusammenspiel zwischen dem Berater und dem jungen Bewohner auf. Es handelt sich um eine „Pädagogik an der langen Leine“, die davon ausgeht, daß zwar die Aufsichtspflicht bis zur Beendigung der Jugendhilfe besteht, aber entsprechend dem jeweiligen Alter modifiziert werden muß. Diese Form des Jugendwohnens wird von Mädchen und Jungen in Anspruch genommen. So betreut z. B. der Caritasverband Wiesbaden zur Zeit ca. 40 Mädchen und Jungen in einem Einzelwohnbereich.

Spezielle therapeutische Jugendwohnformen

Zu den besonderen, zeitlich begrenzten Jugendwohnformen, die gezielt therapeutisch eingesetzt und genutzt werden, kann man das Leben, Wohnen und Arbeiten auf einem Segelschiff im Rahmen der Erlebnispädagogik für etwa 3 bis 6 Monate zählen. Dazu gehören auch die therapeutisch genutzten Aufenthalte in der Einsamkeit Kanadas, der Toskana und in Schweden oder die Segeltörns und Aufenthalte in Lappland von Heimen der Jugendhilfe.
Alle diese Wohnformen bieten sozialpädagogische und therapeutische Möglichkeiten, die sich in keiner anderen verwirklichen lassen. Sie werden eingesetzt für Mädchen und Jungen etwa ab dem 17. Lebensjahr, wenn alle anderen sozialpädagogischen Hilfen gescheitert sind.
Trotz aller positiven Beeinflussung durch die besondere Wohnform darf nicht übersehen werden, daß auch hier die entscheidende Rolle für die positive Entwicklung der jungen Bewohner die Persönlichkeit der Erzieherin, des Erziehers und Beraters, ihr aufbauender, partnerschaftlich-demokratischer Erziehungsstil bleibt.

Perspektiven

Die Weiterentwicklung der Formen des Jugendwohnens geschieht prozeßhaft und wird solange nicht beendet sein, wie Familien, Kinder und junge Menschen in Not geraten und der Hilfe bedürfen.
Insgesamt muß es darum gehen, bei der Auswahl der Unterbringung die Form zu wählen, die aufgrund der Indikation angezeigt ist. Fiskalische Gründe dürfen dabei nicht im Vordergrund stehen.

Eingehende Überlegungen sind aber auch in Zukunft notwendig, wenn gerade die Beziehung und Kontinuität eine wichtige Grundlage katholischer Heimerziehung bleiben soll. So stellt z. B. die Verkürzung der Arbeitszeit die Einrichtungen vor neue Fragen.
Gedanken wie Sabbatjahr, Verkürzung der Lebensarbeitszeit oder Ausgleiche finanzieller Art müssen neu aufgegriffen werden; ebenso wie Lösungen bei der Arbeit mit veränderten Indikationen bei Kindern und Jugendlichen.
(Referat: Erich Kiehn)

Arbeitskreis 11

Die Tagesheimgruppe: eine spezielle Form der Heimerziehung

Anton Bittler, Hans-Otto Schlotmann

Die Tagesheimgruppen wurden aus der Praxis der Heimerziehung entwickelt. Zugrunde lag zunächst die praktische Frage, ob nicht durch Entlastung, qualifizierte Beratung und Hilfestellung für junge Menschen und ihre Familienangehörigen einige der bisher im Heim lebenden Kinder und Jugendlichen in ihrer Familie bleiben könnten bzw. eine Herausnahme aus der Familie nicht notwendig wäre.
Im Zusammenhang mit dieser praktischen Frage gab es eine Reihe von weiteren Gründen, die dann konkret zur Einrichtung und inhaltlichen Ausgestaltung von Tagesheimgruppen geführt haben, z. B.:
Gesellschaftliche Bedingungen erschwerten die Lebenssituation von Familien und machten deshalb verstärkte Hilfen für Familien notwendig.
Die Praxis wollte nicht nur Hilfe in Notsituationen leisten, sondern verstärkt helfen, Notsituationen zu vermeiden.
Notlagen wurden nicht mehr als Produkt eines einzelnen angesehen, sondern aus den Lebenszusammenhängen des einzelnen, seiner Mitmenschen und seiner Umwelt erklärt.
Man wollte nicht mehr außerhalb der Lebenszusammenhänge der in Not geratenen Menschen helfen, sondern genau da, wo diese leben.
Die Helfer verstärkten ihre Zusammenarbeit untereinander, um sich gegenseitig zu ergänzen und zu unterstützen.
Die unterschiedlichen ambulanten und stationären Hilfeformen wurden nicht mehr in Abgrenzung oder in einer Rangfolge angewendet, sondern der Notlage angemessen, in Ergänzung und miteinander verknüpft.
Einzelne Heime entwickelten ein anderes Selbstverständnis, indem sie sich nicht nur auf tradierte Hilfeangebote zurückzogen, sondern mit den vorhandenen Ressourcen, z. B. dem fachlichen Angebot, den Mitarbeitern und den Räumen bereit waren, neue Aufgaben zu übernehmen.
Es gab sofort einige Kritiker und gibt sie auch heute noch, die weniger die bisher genannten fachlichen Aspekte akzeptieren, sondern der Heimerziehung vorwerfen, mit den Tagesheimgruppen nur freigewordene Plätze zu füllen.

Dieser Vorwurf ist unberechtigt, denn es ist legitim, freie Plätze und gute Mitarbeiter wieder für eine gute fachliche neue Arbeit zu nutzen.
Dieser Vorwurf ist aber berechtigt, wenn die konzeptionelle Ausrichtung nur halbherzig stattfindet, die fachliche Arbeit nicht richtig ausgestattet ist und Mitarbeiterinnen und Mitarbeiter sich behelfen müssen.
In der Praxis wurden die Tagesheimgruppen angenommen. Die Planungsgruppe Petra e. V. schätzt in ihrem Bericht über das erste Teilprojekt der Untersuchung zu Bestand, Entwicklung und Leistungsmöglichkeiten von Tagesheimgruppen, daß Anfang 1988 in etwa 200 Einrichtungen mit etwa 4000 Plätzen Tagesheimgruppenarbeit betrieben wird.
Der Schwerpunkt der Einrichtungen liegt in Nordrhein-Westfalen und Baden-Württemberg.
Hinter diesen Zahlen findet sich eine bunte Palette von Tagesheimgruppen. Es gibt sie in der Einrichtung oder außerhalb, es gibt sie in Anbindung an ein Heim oder als eigenständige Einrichtung, es gibt sie in enger Verknüpfung mit einer heimeigenen Schule, es gibt sie mit einem sehr engen heilpädagogischen Behandlungskonzept, es gibt sie mit einem milieuorientierten Ansatz usw.
Zum einen lebt die Tagesheimgruppenarbeit von dieser Unterschiedlichkeit, zum anderen ist es aber für ihre fachliche Entwicklung notwendig, einen gemeinsamen konzeptionellen Rahmen zu definieren.
Der Verband der katholischen Einrichtungen der Heim- und Heilpädagogik hat dazu einen Fachausschuß eingesetzt. Im Fachausschuß wurde ein Konzeptrahmen erarbeitet, der zunächst auf breiter Basis mit der Praxis diskutiert werden soll. Die folgenden grundsätzlichen Aussagen zur Tagesheimgruppenarbeit sowie die Stichworte zur Familienarbeit in der Tagesheimgruppe und der Hinweis auf notwendige Rahmenbedingungen für die Tagesheimgruppenarbeit sind diesem Konzeptrahmen entnommen.

Konzeptionelle Schwerpunkte

Die Tagesheimgruppe ist ein Angebot für Kinder und Familien. Neben der Arbeit mit dem Kind werden gleichzeitig die Eltern und Familien mit ihren gesamten Lebenszusammenhängen in die Arbeit einbezogen. Die Familien erhalten entlastende und unterstützende Hilfen, um ihre Erziehungskompetenz wieder zu stärken.
Die Tagesheimgruppe bündelt verschiedene ambulante Hilfeformen und verzahnt und verankert sie mit Elementen stationärer Erziehungshilfe zu

einem ganzheitlichen Betreuungsansatz. Sie leistet unterschiedliche Hilfen in einem zusammenhängenden Rahmen selber, erschließt der Familie Hilfeangebote anderer Institutionen und koordiniert die von verschiedenen Institutionen oft nebeneinander geleisteten Hilfen.
Die Tagesheimgruppe ist lebensfeldorientiert. Das Kind bleibt in seinem Milieu und sein Lebensfeld wird mit in die Arbeit einbezogen. Ein solches Bemühen um lebenswerte Bedingungen oder die Aktivierung von Selbsthilfe hat auch Auswirkungen auf die anderen Menschen, die dort leben.
Die Tagesheimgruppenarbeit lebt von der Zusammenarbeit mit dem Jugendamt, der Schule, der Gemeinde, anderen Institutionen und Trägern. Sie muß u. U. diese Zusammenarbeit zunächst selbst initiieren und eine Vernetzung herbeiführen.

Ziel

Die Tagesheimgruppe will strukturelle Veränderungen im Zusammenleben von Kindern und Eltern herbeiführen, um ein vertretbares Weiterbestehen des Familienverbandes zu ermöglichen oder dafür gemeinsame andere Formen zu entwickeln.

Aufgaben

Neuer Erfahrungsraum, in dem sich Familien neu orientieren und gemeinsame Perspektiven für das Zusammenleben entwickeln und realisieren können.
Entscheidungshilfe bei der Frage nach der richtigen Art der Jugendhilfemaßnahme.
Hilfeangebot, das von Kindern und Eltern eher akzeptiert wird als eine stationäre Unterbringung.
Angebot für Kinder und Familien, sehr unterschiedliche Beratungs- und Therapiemaßnahmen kontinuierlich und aufeinander abgestimmt in Anspruch zu nehmen.
Fließende Überleitungen in andere ambulante und stationäre Hilfen.
Übergangsphase nach einem langen Aufenthalt im Heim, damit Familien ein schrittweises Zusammenleben wieder erproben können.

Indikation

Die Tagesheimgruppe kann überall dort u.U. die richtige Hilfeform sein, wo komplexe verfestigte Problemlagen in Familien eine gesunde Entwicklung des Kindes verhindern, gefährden oder bereits geschädigt haben und zur Lösung dieser Probleme ambulante Hilfen oder stärker familienorientierte Hilfen nicht ausreichen, sondern eine zeitweise räumliche Trennung der Beteiligten einen Rahmen für Entlastung und Neuorientierung bieten kann,
aber
in der Familie und im Umfeld genügend Ressourcen vorhanden sind, die eine ausreichende Versorgung des Kindes außerhalb des Tagesheimgruppenaufenthaltes sichern, zwischen Kindern und Eltern Bindungsstrukturen vorhanden sind, die ein Zusammenleben ermöglichen, und die Eltern sich grundsätzlich zu einer intensiven Einbeziehung in die Hilfemaßnahmen bereiterklären.

Leistungsangebot

Hier bietet die Tagesheimgruppe folgendes an:
die Gruppe,
das therapeutische Milieu,
Einzelförderung im Lebens- und Leistungsbereich,
heilpädagogische und therapeutische Angebote,
freizeitpädagogische Angebote,
Familienarbeit.

Die Tagesheimgruppe muß die Familien in ihren gesamten Lebenszusammenhängen wahrnehmen und verstehen. Die Familien sollen zu Partnern in einem gezielten, reflektierten Veränderungsprozeß werden. Dafür ist eine offene und vertrauensvolle Beziehung notwendig.
Formen und Methoden der Familienarbeit in einer Tagesheimgruppe sollen sehr verschiedenartig und flexibel sein, damit sie der jeweiligen Situation der Familie entsprechen, z.B.:
Beratung, Gruppenarbeit, Therapie, Krisenintervention, Teilnahme der Eltern am Gruppenalltag, Hospitationen der Mitarbeiter in der Familie, Elternnachmittage / Elternabende, Familienwochenenden, Familienfeiern.
Die Kinder und Jugendlichen sind in die Familienarbeit mit einbezogen. Grundprinzip der Familienarbeit ist die Bereitschaft der Eltern zur Zu-

sammenarbeit. Je nach Notwendigkeit können verbindliche Abmachungen über die Teilnahme getroffen werden.
Ein weiteres Ziel der Familienarbeit ist die Förderung der Solidarität der betroffenen Familien untereinander, damit diese voneinander lernen und sich gegenseitig stützen und helfen. Für die Tagesheimgruppe ist es sinnvoll und notwendig, mit anderen Institutionen zusammenzuarbeiten, um den Familien auch für die Situation nach Beendigung der Jugendhilfemaßnahme „Tagesheimgruppe" den Zugang zu solchen Institutionen zu erschließen.

Hinweise auf die notwendigen Rahmenbedingungen für die Tagesheimgruppenarbeit

Ein wesentliches Kriterium der Tagesheimgruppe ist die sozialpädagogische Gruppenarbeit. Deshalb soll die Platzzahl nicht weniger als sechs, aber auch nicht mehr als neun Plätze betragen.
Das Konzept der Tagesheimgruppe wird von einem Team von Mitarbeiterinnen und Mitarbeitern in die Praxis umgesetzt. Als Basis für die personelle Besetzung ist ein Verhältnis von einer sozialpädagogischen Fachkraft zu drei Kindern notwendig.
Notwendige methodische, heilpädagogische und therapeutische Zusatzqualifikationen der sozialpädagogischen Fachkräfte ergeben sich aus dem jeweiligen Konzept einer Tagesheimgruppe, dazu gehören der Rahmen und die Möglichkeiten, die die Institution Heim oder andere Fachdienste der Region ergänzend anbieten können.
Das jeweilige Konzept und die Rahmenbedingungen entscheiden auch über die Notwendigkeit weiterer personeller Besetzung, z. B.:
von hauswirtschaftlichen Fachkräften, wenn sich die Gruppe selbst versorgt;
von Jahrespraktikanten oder anderen pädagogischen Hilfskräften als Ergänzung und Unterstützung der sozialpädagogischen Mitarbeiter;
einer Fachbereichsleitung bei mehreren Tagesheimgruppen in einem Heim.
Zur Unterstützung und Absicherung der täglichen fachlichen Arbeit im Team gehören regelmäßige Teamberatung und Supervision sowie Fort- und Weiterbildung.
Die Organisationsstruktur eines Heimes muß die notwendige autonome Arbeitsweise der Tagesheimgruppe ermöglichen und fördern. Notwendig sind deshalb:

ein Organisationskonzept mit klaren Konzeptionen und einer eindeutigen Aufgaben- und Kompetenzverteilung;
Kommunikationsstrukturen, die ein Zusammengehörigkeitsgefühl ermöglichen;
eine Beteiligung der Mitarbeiter an der Weiterentwicklung von Konzepten.
Die Tagesheimgruppe arbeitet weitgehend autonom. Sie muß dafür auch mit dem notwendigen Raum- und Sachbedarf ausgestattet sein. Dabei kann die Tagesheimgruppe auf dem Heimgelände auf die Möglichkeiten des Heimes zurückgreifen. In einer Tagesheimgruppe außerhalb sind solche erweiterten Möglichkeiten manchmal nicht zu realisieren. Sie können dann aber im Sinne eines milieunahen Konzeptes durch die Nutzung der Bedingungen vor Ort ausgeglichen werden.
Zum notwendigen weiteren Bedarf gehören finanzielle Mittel für den hauswirtschaftlichen Bedarf, Ausflüge und Veranstaltungen, Ferienmaßnahmen, Familienunternehmungen, Dienstfahrten, Fachliteratur, Material für die Förderung von Interessen und Fertigkeiten der Kinder und Jugendlichen, Diagnostik und Therapie sowie gruppeninterne Verwaltung. Die finanziellen Mittel sollen der Gruppe im Rahmen des mit den Mitarbeitern gemeinsam erarbeiteten Haushalts zur eigenständigen Verwendung zur Verfügung gestellt werden.

Zusammenarbeit der Helfer

Dieses Thema kristallisierte sich aus der Diskussion im Arbeitskreis als ein weiterer wesentlicher Aspekt der Tagesheimgruppenarbeit heraus. Die Zukunft der Tagesgruppenarbeit hängt entscheidend von der Verbesserung dieser durchgehend als unbefriedigend erlebten Kooperation ab. Denn Tagesgruppenarbeit geschieht ständig in enger Vernetzung mit den anderen am „Fall“ Beteiligten (Jugendamt, Beratungsstellen, Sozialdienste etc.) und ist deshalb auf „Gedeih und Verderb“ mit ihnen verbunden. So zog sich wie ein roter Faden die Erkenntnis durch die breit gefächerte Diskussion, daß ein Helfer und seine Hilfeform immer nur so gut und erfolgreich sein können, wie es die anderen beteiligten Helfer ihrerseits sind bzw. zulassen.
In dieser Einsicht liegt – hinreichend bedacht – eine enorme Sprengkraft für die Jugendhilfe und darüber hinaus für die sozialen Hilfesysteme insgesamt. Denn es kann nicht mehr Ziel sein, immer neue und differenziertere Hilfeformen zu entwickeln, deren Wirkung in der Konkurrenz des Neben- und Gegeneinanders eines kaum mehr überschaubaren

Hilfe-Marktes verpufft. Ein solches System erweist sich auch – wie die Entwicklung im Gesundheitswesen lehrt – als nicht mehr finanzierbar.
In dieser Situation könnte der Tagesgruppenarbeit eine wichtige integrative Funktion für die künftige Jugendhilfe-Entwicklung zufallen. Sie sollte – auch im wohlverstandenen Eigeninteresse – zu einer verstärkten Kooperation der Hilfen und Helfer beitragen und diese Aufgabe in den Vordergrund ihres Selbstverständnisses rücken. Sie erscheint dafür in besonderer Weise qualifiziert, weil sie – angesiedelt am Kreuzpunkt mehrerer Hilfeformen – verschiedene Disziplinen und Sichtweisen in sich vereinigt und im Alltag verwirklicht.
Daß sie über die notwendige innovative Kraft für diese Aufgabe verfügt, hat sie längst unter Beweis gestellt. Keine andere Hilfeform innerhalb der traditionellen Jugendhilfe hat im letzten Jahrzehnt eine solche wegweisende Neuorientierung zustande gebracht wie die Tagesgruppe. Diese ihr innewohnende Dynamik könnte sie zum Transmissionsriemen werden lassen, der Konfrontation und Stagnation überwindet zugunsten eines Mehr an Kooperation und Vernetzung der beteiligten Institutionen und Helfer.

Arbeitskreis 12

Das Heim als Institution: die Bearbeitung struktureller Bedingungen unter pädagogischen Gesichtspunkten

Claudia Bub, Herbert Duffner

Das Heim als Organisationsform muß sich am Kind/Jugendlichen orientieren. „Es muß als ‚therapeutisches Mittel‘ so flexibel sein, daß es sich ständig mit den Bedingungen der Umwelt und den Merkmalen der Klienten und Mitarbeiter auseinandersetzen kann“ (Wippich 1980, S. 1070).

Heimerziehung ist seit Jahren in einem Prozeß der Differenzierung ihres erzieherischen Angebotes in Richtung auf Bildung dezentraler, teilautonomer Erziehungseinheiten begriffen. Dieser Prozeß wird weitgehend von den Mitarbeitern im Gruppendienst umgesetzt und hat gefordert und fordert weiterhin Strukturanpassungen, da organisatorische Strukturen weitgehend den Rahmen für die Umsetzungsmöglichkeiten konzeptioneller Vorgaben setzen.

Das Thema „Die Bearbeitung struktureller Bedingungen unter pädagogischen Gesichtspunkten“ fordert die umfassende Darstellung und Anwendung eines organisationspsychologischen Ansatzes, der davon ausgeht, daß alle Teile einer Organisation in Wechselwirkung stehen und daß die Ziele einer Organisation wirksamer erreicht werden, wenn Veränderungsmaßnahmen bei allen Teilen der Organisation ansetzen. Die Organisation als Ganzes wird sozusagen zum Klienten von außenstehenden Beratern.

Auf die Darstellung dieses Ansatzes wird hier verzichtet, da 1. diese Darstellung eines alle Sozialwissenschaften umfassenden Gebietes sehr umfangreich und zunächst theoretisch ist, 2. dieser Ansatz im sozialen Bereich nur zögerlich Fuß faßt, und da 3. die Entscheidung, ob und inwieweit ein solches systemisches Vorgehen im Heim zugelassen wird, bei Trägern und Heimleitungen liegt.

Unter der Voraussetzung, daß die Mehrheit der Teilnehmer hier Mitarbeiter im Gruppendienst sind, liegt der Hauptakzent im folgenden auf den strukturellen Bedingungen, die, wie Erfahrungen gezeigt haben, von Mitarbeitern im Gruppendienst mitbeeinflußbar sind und unmittelbare praktische Relevanz haben.

DIE BEARBEITUNG VON STRUKTUREN IM HEIM

Das Heim als Organisation

Es gibt zahlreiche Definitionen des Begriffs Organisation. Als Minimaldefinition ist allen gemeinsam, daß eine Organisation aus Menschen bzw. Mitgliedern besteht, die Ziele haben und zwischen denen sich Hierarchien bilden, d.h. formale Strukturen, „mit deren Hilfe Aktivitäten der Mitglieder auf das verfolgte Ziel ausgerichtet werden sollen" (Kieser/ Kubicek 1976, S. 4).
Einrichtungen der Jugendhilfe sind nach einer hierarchischen Struktur organisiert und weisen meistens eine Stab/Linien-Organisation auf. Intern sind sie in aller Regel etwa wie folgt strukturiert:

Schaubild 1: *Binnenstruktur*

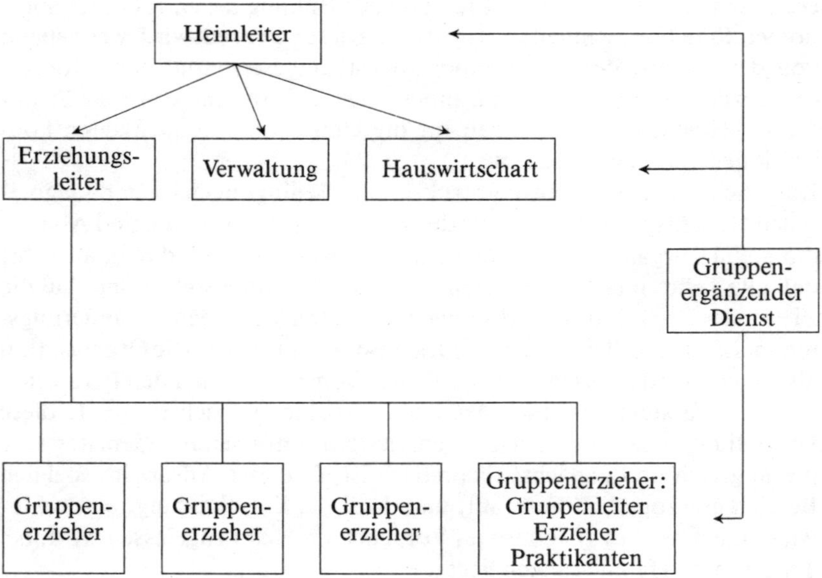

An der Spitze steht die Heimleitung. Sie „ist für die Wahrung der Grundsatzziele der Einrichtung verantwortlich ... Ihre Aufgabe besteht im Zielfinden, Entscheiden, Planen, Organisieren, Führen und Kontrollieren" (Müller-Schöll/ Priepke 1982, S. 64).

Der Heimleitung zugeordnet ist der gruppenergänzende Dienst (Psychologen, Sozialpädagogen, Heilpädagogen), die im Bereich der Diagnostik/Therapie arbeiten „oder beratend für Mitarbeiter und Mitarbeitergruppen tätig werden. In die Hierarchie eingeordnet und dem Heimleiter verantwortlich für die Erreichung strategischer Ziele (auf dem Weg zu Grundsatzzielen) sind auf der zweiten Führungsebene (oft) die Erziehungsleiter etabliert ... An sie delegiert der Heimleiter einen erheblichen Teil seiner Verantwortung für das Erziehungskonzept. Dem Erziehungsleiter gleichgestellt ist der Verwaltungsleiter bzw. -angestellte (dessen Aufgabe oft vom Heimleiter mit wahrgenommen wird)" sowie die Hauswirtschaftsleitung. „Auf der Durchführungsebene endlich arbeiten die Erzieher, jene Fachleute, die es direkt mit den Adressaten der Erziehungshilfe, den Jungen oder Mädchen zu tun haben. Sie engagieren sich an der Bewältigung der Aufgaben, die im Rahmen mittelfristig erreichbarer Zielsetzungen zur Erfüllung der Grundsatzziele gelöst und bewältigt werden müssen" (Müller-Schöll/ Priepke 1982, S. 65).
Typischerweise haben die 3 bis 4 Mitarbeiter im Gruppendienst nochmals unterschiedliche Funktionen und Qualifikationen. Viele Heime arbeiten mit einem Gruppenleitersystem, die Ausbildung der Mitarbeiter im Gruppendienst reicht vom Sozialpädagogen bis zum Vorpraktikanten. Grundsätzlich wird, wie in kaum einer anderen Organisation, Teamarbeit angestrebt. Die Gruppenerzieher werden hierbei vom „Stab", dem gruppenergänzenden Dienst, unterstützt.

Zusammenarbeit im Heim

Strukturen und Heimklima:

Nach Lumma (1982) wird eine Organisation in ihren Funktionen hauptsächlich durch zwei Problembereiche gestört:
„Aufgabenbezogene Probleme, welche die Qualität der Aufgabenerfüllung beeinflussen (Strukturprobleme).
Personenbezogene Probleme, die immer auftreten, wenn Menschen mit Menschen zu tun haben (Persönliche Probleme).
Wenn es also bei der Heim-Entwicklung um das Thema der Zusammenarbeit geht, so kann dies nur bedeuten, sich mit beiden Problemfeldern zu beschäftigen; dies nach Möglichkeit so, daß die Abhängigkeit zwischen beiden Feldern auch deutlich und kein Teil losgelöst vom anderen betrachtet wird" (Lumma 1982, S. 158).
Zur Verdeutlichung zieht Lumma eine Vorstellung von French und Bell (1973) heran.

Schaubild 2:

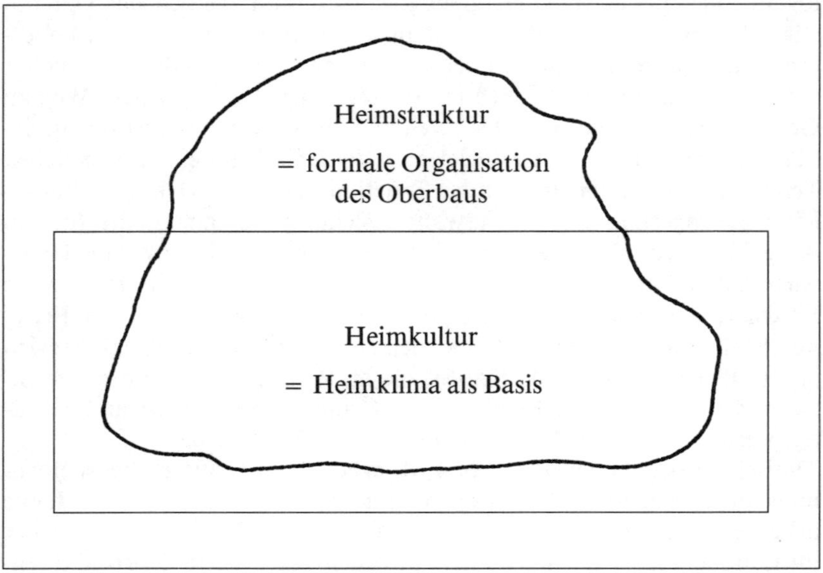

Die formale Organisation kann man sich als Spitze eines Eisberges vorstellen, die nur so lange funktioniert, wie die Heimkultur, das Heimklima, sie trägt.
Zur Verdeutlichung: Viele Mitarbeiter erleben täglich, daß Unklarheiten über Entscheidungskompetenzen und Informationswege, die strukturell geregelt sein müssen, sich unmittelbar auf den Arbeitsalltag auswirken. Aufgrund solcher Unklarheiten wird oft nicht entschieden bzw. es dauert lange, bis entschieden wird, und es bestehen Informationsdefizite. Auf Dauer wird die Arbeitszufriedenheit und -motivation der Mitarbeiter negativ beeinflußt und somit auch das Heimklima. Ferner, je nach individueller Stabilität und weiterer Belastungsfaktoren, wirken „Unklarheiten" als Stressoren und können zur Entstehung psychosomatischer Krankheiten beitragen (Moser 1980). Die Bearbeitung von Strukturen heißt also zwangsläufig auch Entwicklung von Heimkultur und umgekehrt. Um ein günstiges Heimklima zu entwickeln, müssen die entsprechenden strukturellen Bedingungen mit reflektiert werden.

Strukturdefizite im Heim:
Die Planungsgruppe Petra (1988) hat in ihrer Untersuchung festgestellt, daß besonders größere Einrichtungen keine rigiden hierarchischen Ge-

bilde sind und eher unter einem Führungsdefizit leiden. Je größer und differenzierter eine Einrichtung ist, desto autonomer sind die Gruppen. Integration durch Führung und Struktur ist notwendig, um dem Ziel einer geplanten und gezielten Erziehung gerecht zu werden. Beides trifft für viele Jugendhilfeeinrichtungen zu.
Als Beispiel sei hier die Notwendigkeit von Stellenbeschreibungen erwähnt. „Die Stellenbeschreibung charakterisiert die Funktion bzw. Rolle und den Arbeitsbereich des Mitarbeiters in einer Einrichtung. Sie regelt zielbezogen die Aufgaben und Kompetenzen des Stelleninhabers. Mit ihr werden der Organisationsrahmen und die Funktion des Mitarbeiters sowie zweckorientierte Kontrolle festgelegt. Gleichzeitig bestimmt sie auch jene Personen, die eine ihrer Tätigkeit entsprechende Kontroll- und Aufsichtsfunktion ausüben“ (Flosdorf / Schuler / Weinschenk 1987, S. 23).
In den meisten Einrichtungen liegen keine konkret abgefaßten Stellenbeschreibungen vor. Kontroll- und Aufsichtsfunktionen werden oft nur unzureichend aus der verständlichen Überlegung heraus wahrgenommen, daß im pädagogischen Vollzug die Eigenmotivation im Vordergrund stehen muß. Das Ausüben positiver Kontrolle, das die Eigenmotivation stärkt und die nötige Sicherheit vermittelt, zählt zu den Aufgaben der Heim- bzw. Erziehungsleitung.

Zusammenarbeit im Gruppenteam

An das Erzieherteam im Gruppendienst wird, wie in keinem anderen Teilbereich, der Anspruch an Zusammenarbeit gestellt aus der unbestrittenen Notwendigkeit heraus, daß konsistentes Verhalten unterschiedlicher Personen zur Erreichung von Erziehungszielen von elementarer Bedeutung ist. Diese Zusammenarbeit soll stattfinden vor dem Hintergrund unterschiedlicher Qualifikationen, Lerngeschichten und Wertvorstellungen mit einem Minimum an strukturellen Vorgaben.
Ein Erzieherteam kann es zum Teil selbst in die Hand nehmen, organisatorische Vorgaben bzw. deren Nichtvorhandensein zu hinterfragen und als Ausdruck eigener sozialer und fachlicher Kompetenz Bedingungen und Strukturen innerhalb des Teams zu schaffen, die die Zusammenarbeit fördern.
Die folgenden Vorschläge sind ein Plädoyer für mehr Struktur und strukturiertes Handeln, die für die Gesamteinrichtung gelten sollten. Sie sind umsetzbar auf Erzieherebene und sind einem Fortbildungskonzept für Gruppenleiter entnommen, das von der Arbeitsgemeinschaft Heim-

und Heilpädagogik der Diözese Rottenburg-Stuttgart entwickelt wurde. Die Fortbildungsmaßnahme wurde dort zweimal durchgeführt und wird zur Zeit in der Erzdiözese Freiburg angeboten.
Ziel der Fortbildungsmaßnahme ist die Befähigung des Gruppenleiters zur Wahrnehmung dieser Funktion. Hierbei sind Elemente der Selbsterfahrung und der Persönlichkeitsbildung ebenso wichtig wie die Vermittlung fachlicher Kompetenz (vgl. Lumma 1982).
Zwei Themenbereiche aus dieser Fortbildung, die mit Struktur und strukturiertem Handeln zu tun haben, sind im folgenden aufgegriffen. Beide Themenbereiche scheinen vielleicht zunächst banal, stehen aber in Beziehung zu Arbeitszufriedenheit und Arbeitseffizienz.

Teamgespräche:
Ein Team, das arbeitsteilig im Dienst ist, braucht formale Besprechungen, um Informationen auszutauschen und Entscheidungen zu fällen. Ein Erfahrungswert ist, daß es an Anzahl und Umfang der Besprechungen nicht mangelt, wohl aber an Strukturiertheit und Zielorientiertheit, also Effizienz. Empirisch hat dies die Planungsgruppe Petra (1988) bestätigt.
Der Gruppenleiter muß Sorge tragen, daß er selbst oder ein Mitglied des Teams die Gesprächsführung wahrnimmt.
Die Schwierigkeiten, mit denen ein Gesprächsleiter rechnen und umgehen muß, werden in der Fortbildung zusammengetragen und Interventionsmöglichkeiten überlegt.
Zur Veranschaulichung hier eine kurze Sammlung:
undisziplinierte Teilnehmer (fallen sich gegenseitig ins Wort);
nicht beim Thema bleiben;
schweigende Gruppenmitglieder/„Mauern“;
Vielredner;
persönlich werden;
mangelnde Distanz;
sich selbst in den Mittelpunkt stellen;
gekränkter Rückzug;
mangelnde Flexibilität;
Inanspruchnahme durch andere Dinge;
Lösungsvermeidung durch Grundsatzdebatten;
sich zu schnell auf unsachgemäße Lösungen einigen.
Die wichtigsten Punkte, auf die der Gesprächsleiter mindestens achten muß, sind:
Eine Tagesordnung muß vorliegen.
Eine Zeit muß festgelegt sein.
Es muß zum Thema gesprochen werden.

Entscheidungen müssen getroffen werden, evtl. auch bei mangelndem Konsens.

Bei den möglichen Schwierigkeiten kann dies eine hohe Anforderung sein.

Die Planungsgruppe Petra (1988) weist mit Nachdruck auf die weithin vernachlässigte Notwendigkeit von Besprechungsprotokollen hin, die zunächst dazu dienen, „Informationen einfach festzuhalten und zeitpunkt-unabhängig verfügbar zu machen“ (S. 37).

Zur Reflexion von Teamgesprächen hat sich eine Checkliste (Becker/Langosch 1984) bewährt und kann dem Gesprächsleiter ermöglichen, sein Verhalten besser auf die Gruppe einzustellen (siehe S. 138).

Aufgabenverteilung im Team:

Die Erfahrung zeigt, daß die Mitarbeiter im Gruppendienst meist feste Zuständigkeiten haben, die mit dem Dienstplan gekoppelt sind, während die Zuständigkeiten für andere Aufgaben nicht so klar zugeordnet sind.

Der Gruppenleiter hat die Möglichkeit, die Aufgaben, die klar definierbar und von der Verantwortung her klar abgrenzbar sind, zu delegieren bzw. können diese Aufgaben im Team verteilt werden.

In den Fortbildungen haben die Teilnehmer Listen von klar abgrenzbaren Aufgaben des Erzieheralltags zusammengetragen. Zu diesen gehören z. B.:

Führen verschiedener Kassen und deren Abrechnung;

Festgestaltung;

Blumenpflege;

Gartenarbeit;

Freizeitgestaltung je nach Fähigkeiten der Mitarbeiter;

handwerkliche Reparaturarbeiten je nach Fähigkeiten der Mitarbeiter;

Verwaltung der Werk- und Bastelmaterialien;

Zuständigkeit für einzelne Jugendliche (Schule, Betrieb, Ämter, Eltern, Hausaufgaben, Arztbesuch, Entwicklungsberichte, Anträge).

Aufgrund dieser Listen erstellten die Teilnehmer für bzw. mit ihren Teams „Aufgabenverteilungspläne“, die auch die besonderen Begabungen einzelner berücksichtigten, und berichteten über positive Erfahrungen. Der Alltag wurde als lückenloser und reibungsloser erlebt, sofern sich ein Team darauf einließ.

Widerstände gegen Struktur:

Daß beides, die Verbindlichkeit in Teamgesprächen und eine genaue Aufgabenverteilung, nur scheinbar banal ist, zeigt sich, wenn es darum geht, Änderungen herbeizuführen. Es wird oft Unmut geäußert über ineffektive Besprechungen und ungeklärte Zuständigkeiten, und zwar auf allen

Ebenen des Heimes, aber gegen die Einführung von mehr Struktur werden mannigfache Einwände erhoben oder subtile Verweigerungen gezeigt.
Hier wird die Verbindung zwischen personen- und aufgabenbezogenen Problemen nochmals sehr deutlich (vgl. Lumma 1982). So sind Verbindlichkeit, Nachvollziehbarkeit und Kontrollierbarkeit eigenen Handelns wie auch die dadurch gegebene Möglichkeit der Bewertung durch andere angstbesetzt. Solange z.B. Verantwortlichkeiten nicht klar abgegrenzt sind, kann auch niemand allein zur Verantwortung gezogen werden.
Eine klare Aufgabenverteilung kann für den einzelnen ferner eine narzißtische Kränkung bedeuten in dem Sinn, daß dem einzelnen etwas weggenommen wird, und er sich nicht mehr für alles kompetent und zuständig fühlen kann.
Diese Widerstände können nicht intern bearbeitet werden. Der gruppenergänzende Dienst oder Berater von außen sind hier angefragt.

Konsequenzen und Ausblick

Ausgangspunkt der Überlegungen war, daß Heimerziehung heute ein differenziertes erzieherisches Angebot macht, was bedeutet, daß in einer Einrichtung verschiedene Teilbereiche, Berufsgruppen und Arbeitsfelder und differenzierte Gruppen integriert arbeiten müssen.
Die elementare Frage in diesem Zusammenhang ist, wie Zusammenarbeit gelingen kann zum Wohle der Kinder und Jugendlichen. Ein Aspekt ist die Schaffung der strukturellen Voraussetzungen. Exemplarisch wurden zwei Themenbereiche aufgegriffen, nämlich die Gesprächsführung im Teamgespräch und die Kompetenzabklärung innerhalb des Gruppenteams. Beide sind ebenso relevant für andere Teilbereiche des Heimes und für die Zusammenarbeit verschiedener Bereiche. Beide stehen für Klarheit, Strukturiertheit und Effizienz und gegen unnötige Zeitverschwendung und Unsicherheit. Die Absicht der Gruppenleiterfortbildung war unter anderem auch die, daß einzelne Teams besser zusammenarbeiten mit der Hoffnung auf Auswirkungen auf die Gesamteinrichtung. Der gewählte Ansatz hier war bei den Gruppenerziehern. Aber trotz des Appells an eigene soziale Kompetenz und Verantwortung brauchen die Gruppenerzieher, die den wichtigsten Teil darstellen, da sie Erziehung umsetzen, Unterstützung z.B. durch Supervision (u.a. zur Befähigung konstruktiver Kontrolle untereinander), Fortbildung und Beratung durch den gruppenergänzenden Dienst und die Heimleitung.
Der gruppenergänzende Dienst sollte verstärkt seine Aufgaben im Bereich der Organisationsentwicklung sehen bzw. erteilt bekommen, um

beraterisch Einfluß zu nehmen auf strukturelle Veränderungen und Klimawerte in Gremien, Teams und der Gesamtorganisation. Personalentwicklung, Weiterbildung, Beratung aller Mitarbeiter und der Leitung und Konzeptionsentwicklung können das Ziel verfolgen, persönliche und strukturelle Voraussetzungen zu schaffen, so daß Mitarbeiter fachlichen, strukturellen und emotionalen Rückhalt bei den alltäglichen Arbeitsbelastungen erfahren können (Bertsch/ Bub 1987). Dies stellt im nächsten Schritt allerdings die Frage nach der Form der strukturellen Einbindung des gruppenergänzenden Dienstes.
Die Heimleitung ist letztlich verantwortlich dafür, daß strukturelle und konzeptionelle Bedingungen entwickelt werden in Zusammenarbeit mit den Mitarbeitern, die eine zielgerichtete Pädagogik ermöglichen. Mitarbeiter können dies gerechtfertigterweise fordern, und Heimleitungen können sich Unterstützung durch externe Berater holen.

Literatur

Becker, H. / Langosch, J. (1984): Produktivität und Menschlichkeit. Stuttgart.

Bertsch, H. / Bub, C. (1987): Arbeitsschwerpunkte von Diplom-Psychologen im Personalwesen, der Organisationsentwicklung und der betrieblichen Weiterbildung in Heimen der Jugendhilfe. Manuskript des Kongreßberichts des Berufsverbandes Deutscher Psychologen.

Flosdorf, P. / Schuler, A. / Weinschenk, R. (1987): Anleiten, Befähigen, Beraten im Praxisfeld Heimerziehung. Freiburg.

French, W. L. / Bell, C. H. (1973): Organizational Development. Englewood Cliffs N. J.: Prentice Hall.

Kieser, A. / Kubicek, H. (1976): Organisation. Berlin / New York: de Gruyter.

Lumma, K. (1982): Zusammenarbeit im Heim. In: Jugendwohl 63, S. 158 – 161.

Lumma, K. / Thobe, H. / Wilms, D. (1980): Kompetenzschwierigkeiten im Kinderheim? Wir haben daran gearbeitet. In: Jugendwohl 61, S. 77 – 80.

Moser, R. (1980): Psychohygiene und Streß am Arbeitsplatz. Berufsverband Deutscher Psychologen (Hrsg.): Handbuch der angewandten Psychologie, 1, S. 720 – 745. München.

Müller-Schöll, A. / Priepke, M. (1982): Handlungsfeld Heimerziehung. Tübingen.

Planungsgruppe Petra (1988): Was leistet Heimerziehung? Internationale Gesellschaft für Heimerziehung (Hrsg.). Frankfurt.

Wippich, J. (1980): Psychologie im Heim. Berufsverband Deutscher Psychologen (Hrsg.): Handbuch der angewandten Psychologie, 1, S. 1067 – 1081. München.

Zur Vorbereitung der Sitzung/Tagung
- Ist unser Team richtig zusammengesetzt?
- Sind alle Teammitglieder anwesend?
- Waren die Ziele für heute allen klar?
- Sind alle gut vorbereitet?
- Gibt es „Unverdautes“ aus dem letzten Treffen?
- Sind in der Zwischenzeit wichtige Veränderungen eingetreten?

Zum Verlauf der Sitzung/Tagung
- Haben wir uns mit dem „Wichtigen“ befaßt?
- Sind wir beim Thema geblieben oder „gesprungen“?
- Haben wir Info/Meinungs-/Entscheidungsbildung sauber getrennt?
- Haben wir Tagesgeschäft und Strategiefragen sauber getrennt?
- Wie war die individuelle Beteiligung, das persönliche Engagement?
- Haben wir wirklich diskutiert – oder nur „Statements“ abgegeben?
- Haben wir einander zugehört? Wurde nachgefragt? Wurde geklärt?
- Waren wir „offen“ und „hart“ genug in der Auseinandersetzung?
- Sind alle zum Zuge gekommen? Sind alle Meinungen und Argumente klar?
- Sind die vorhandenen Interessen- und Meinungsunterschiede offengelegt worden?
- Haben wir die Zeit gut genutzt? Bin ich mit dem Resultat zufrieden?
- Wie beurteile ich meine eigenen Beiträge zur gemeinsamen Arbeit?
- Was hat mir das Mitdenken/Mitarbeiten erleichtert?
- Was hat mich gestört, evtl. behindert oder gar innerlich „blockiert“?
- Wie beurteile ich die Beiträge der anderen?
- Was fand ich bei den einzelnen Teamkollegen gut, was weniger?
- Wie war das Gesprächsklima? Wurde auch mal gelacht?
- Wie ist mir zumute? Bin ich entspannt? Bin ich „gestreßt“?
- Freue ich mich auf das nächste Treffen?

Zum weiteren Vorgehen
- Wie steht es um die „Entscheidungsreife“ in den einzelnen Fragen?
- Was haben wir erreicht? Was bleibt offen?
- Wo stehen wir im Prozeß? Welches sind die nächsten Prioritäten?
- Ist allen klar, wie es weitergeht? Welches sind die nächsten Schritte?
- Wer tut was bis wann?

aus: Becker, H. / Langosch, J. (1984): Produktivität und Menschlichkeit. Stuttgart.

Diskussion in den Arbeitskreisen

Eucharistiefeier in der Münsterkirche Essen

Predigt bei der Eucharistiefeier in der Essener Münsterkirche am 8. Juni 1988

Wolfgang Große

Zu Ihrer Bundestagung in Essen konnte ich Sie gestern im Saalbau willkommen heißen. An dieser Stelle, in der altehrwürdigen Münsterkirche, die eine über 1200jährige Geschichte hat, darf ich es im Namen unseres Bischofs, des ernannten Kardinals Franz Hengsbach, noch einmal tun. Aber hier sind Sie nicht Gäste. In unseren Kirchen sind wir überall zu Hause. Hier wird nicht Ihre Tagung fortgesetzt, sondern, ob Tagung oder Alltagsarbeit, ob in großer Gemeinschaft oder auf einsamem Posten, überall können wir zu den Quellen gehen, aus denen wir leben, aus Gottes Wort und aus dem Opfer unseres Herrn Jesus Christus.

Die vorletzte Äbtissin des Stiftes Essen, Franziska Christina, die über 50 Jahre hier regiert hat, ist begraben in der Kirche des Waisenhauses Essen-Steele, ihrer Lieblingsstiftung. Man hat es ein „kulturgeschichtlich beachtenswertes Musterbeispiel" genannt „für das, was überragende Persönlichkeiten damals schon für die Anstaltspädagogik forderten und durchführten".

Lassen Sie mich anhand des Evangeliums, das wir eben gehört haben, vier Grundzüge solcher Pädagogik unterstreichen (Joh. 15,9 – 17).

1. „Wie mich der Vater geliebt hat, so habe ich euch geliebt. Bleibt in meiner Liebe." Mit dem abgegriffensten aller Worte fängt die Botschaft an. Manchmal kann man sich besser verständigen, wenn man statt abgegriffener Worte neue prägt, wie abgegriffene Münzen durch neue ersetzt werden. Aber Urworte sind unersetzlich, sie müssen immer wieder gereinigt und zum Leuchten gebracht werden. Die Sprache kann ohne das Wort Liebe nicht auskommen, wie die Welt nicht ohne Liebe leben kann. Aber nicht alles, was glänzt, ist Gold. Vor Fälschungen müssen wir uns hüten. Der hl. Augustinus macht uns aufmerksam: Es gibt zweierlei Liebe, die Liebe zu Gott bis zur Verachtung seiner selbst und die Liebe zu sich selbst bis zur Verachtung Gottes. Nur eine ist der Weg zur Freiheit. „Wenn ihr meine Gebote haltet, werdet ihr in meiner Liebe bleiben." Jesu Wort von der Liebe ist ganz unsentimental. Liebe bewährt und bewahrheitet sich in der Treue. „Wenn ihr meine Gebote haltet." Wie die Gebote auf dem Sinai unter der Überschrift standen „Ich bin Jahwe, dein Gott, der dich aus der Knechtschaft Ägyptens befreit

hat“, so ist das Gebot Jesu Wegweisung zur Freiheit, in der allein Liebe gedeihen kann. So wird sie zum Raum, in dem man wohnen, bleiben, geborgen sein kann. „Bleibt in meiner Liebe.“ Unsere Zeit ist voller Unruhe, voller Angst, voller Hektik. Nichts fehlt uns mehr, als das Bleiben, statt des Umgetriebenwerdens. „Glaubt ihr nicht, so bleibt ihr nicht“, heißt ein verwandtes Wort des Propheten Jesaja, das uns gleichzeitig zeigt, daß die hier gemeinte Liebe, die bleibende Geborgenheit schenkt, auch Glaube genannt werden kann. Damit wird auch klar, daß Caritasarbeit die Mitte des Glaubens ausmacht und Glaube nicht ohne Caritas glaubhaft werden kann.
In den Versen des Johannesevangeliums, die uns beschäftigen, kommt die Ermutigung zur Liebe noch zweimal vor. Der Ausdruck wird immer kürzer, immer konzentrierter. Zuerst: „Das ist mein Gebot: Liebt einander, so wie ich euch geliebt habe.“ Aus Geboten ist ein Gebot geworden. Und es ist mit der Liebe identisch. Der Vater muß nicht mehr eigens genannt werden, er ist gegenwärtig im Sohn. Und am Ende: „Dies trage ich euch auf: liebt einander.“ Auch der Sohn muß nicht mehr genannt werden. Der Liebesaustausch zwischen Vater und Sohn ist in der Bruderliebe gegenwärtig. Wenn man nur zwei Worte zur Verfügung hat, heißt die kürzeste Formel für das Christsein: liebet einander!

2. „Dies habe ich euch gesagt, damit meine Freude in euch ist und damit eure Freude vollkommen wird.“
Man spricht heute von der skeptischen Generation. „Kein Bock“ ist die letzte Station vor der Sprachlosigkeit. Die Freudlosigkeit der Christen hat schon Nietzsche irritiert. Kein Mensch kann ohne Freude leben. „Leben, was ich dich schon immer fragen wollte, du bist mir gegeben, was fang’ ich nur mit dir an?“ Evangelium heißt frohe Botschaft. Die Menschen müßten nicht griechisch lernen, um das zu wissen, sie müßten es ablesen können an denen, die sich zum Evangelium bekennen. Aber kann man ernsthaft von Freude reden in einer Welt der Wirtschaftskrise, der Arbeitslosigkeit, der Waffendrohungen, der Angst? „Meine Freude gebe ich euch“ haben wir gehört von Ihm, dessen Leben erfüllt war von Flucht, Verfolgung, Verrat, Angst am Ölberg und am Ende ganz verdunkelt am Kreuz. Es muß eine andere Freude sein. Wer sie erzwingen will, dem wird sie sich immer mehr entziehen. „Es gibt keine größere Liebe, als wenn jemand sein Leben für seine Freunde hingibt.“ „Wer sein Leben verliert, der wird es gewinnen“ und mit ihm die Freude, die nur als Geschenk erhältlich ist: Meine Freude gebe ich euch. Caritas und Freude ist untrennbar. Freude ist die beste Pädagogik.

3. „Ich nenne euch nicht mehr Knechte ...; ich habe euch Freunde genannt.“ Heute gibt es viel Einsamkeit, Isolierung, Mißtrauen, nicht nur in der großen Politik. „Ich habe keinen Menschen“ ist nicht nur am Teich Bethesda, sondern tausendfach am Meeresufer unserer Zeit die erschütterndste aller Klagen. Freundschaft entsteht durch Mitteilung. „Ich habe euch Freunde genannt; denn ich habe euch alles mitgeteilt, was ich von meinem Vater gehört habe“ (andere Übersetzungen: kundgetan, geoffenbart). Aus seinem Innersten etwas geben, etwas teilen, alles geben – „ich habe euch alles mitgeteilt, was ich von meinem Vater gehört habe“ – sich geben, das ist Weg und Ausweis der Freundschaft. Das Wort vom Knecht und vom Freund ruft noch einmal den Gedanken der Freiheit hervor, zu dem schon das biblisch verstandene Gebot hinführte. Nur der Freund ist frei, nur der Freund kann bleiben. Vorrecht des Freien und des Freundes ist die Freimütigkeit. In dem Maße, in dem wir Christen sie gewinnen, werden wir die Welt überzeugen von der Zuverlässigkeit unserer Grundlagen, unseres Glaubens.

4. „Ich habe euch dazu bestimmt, daß ihr hingeht und Frucht bringt.“ Bei der Charakterisierung unserer Zeit kann ein eigens für unsere Situation erfundenes Wort nicht fehlen, das Wort von der Frustration, von der Vergeblichkeit. Oder einfacher: Was soll’s? Was bringt’s? Der Mensch kann nicht ohne Frucht leben, er ist nicht geschaffen, taub, steril, nichtsnutzig zu sein. Das erzeugt fruchtlose Aggressionen. Die Worte, die wir hier bedenken, schließen sich unmittelbar an das Gleichnis vom Weinstock an. „Jede Rebe, die keine Frucht bringt, schneidet der Winzer ab ... Wer nicht in mir (dem Weinstock) bleibt, wird wie die Rebe weggeworfen und er verdorrt.“ Bei der Auslegung des Evangeliums dürfen wir nicht eigenmächtig den Ernst dieser Warnung unterschlagen. Wenn wir Knechte wären, könnte es diesen tiefen Absturz nicht geben, da wir aber Freunde sind ... Ich habe zweimal von der Freiheit gesprochen, die im Wortlaut unseres Textes zwar nicht genannt wird, aber dem Anspruch nach ganz gegenwärtig ist. Freiheit vollendet sich im Fruchtbringen oder verdirbt in der Verweigerung.

Liebe Brüder und Schwestern! Von vier Elementen des Reiches Gottes, von vier elementaren Haltungen war die Rede. Machen wir noch kurz die Gegenprobe. Die Gegenbegriffe zu Liebe, Freude, Freundschaft und Fruchtbarkeit wären: Berechnung, Freudlosigkeit, Isolierung, Frustration. Was wäre das für eine Welt! Sie kommt uns aber gar nicht so unbekannt vor. Es wäre die Hölle. Vier Himmelsrichtungen hat uns Jesus gezeigt. Vier Paradiesströme bewässern die Erde. Vier Flammen enthält das Caritaskreuz auf Ihrem Tagungsprospekt. Liebe, Freude, Freundschaft, Fruchtbarkeit. Nur in diesem Koordinatensystem gibt es Halt und Zukunft. Ich danke Ihnen, daß Sie unbeirrt aus den Quellen des Glaubens an Ihre Aufgabe gehen, daß Sie sich in diesem Licht immer neu den Anforderungen der Zeit stellen und darin den Anforderungen Gottes. Er segne Ihre Beratungen, Ihren Erfahrungsaustausch und Ihre Beschlüsse in Essen.

Heimerziehung im System der Erziehungshilfen

Franz Jürgen Blumenberg

Verständigung – Zusammenarbeit – Kooperation scheinen die Tagungsstichworte des Jahres 1988 zu sein: So wurde auf dem 8. Deutschen Jugendhilfetag in Saarbrücken im Vergleich zu früheren Auseinandersetzungen von einer neuen „Streitkultur" gesprochen, in der man sich hier geübt habe. Bei der diesjährigen Fachtagung des AFET in Bochum haben sich die Teilnehmer um neue Formen der Verständigung bemüht, und es wurde auch von einer neuen „Verständigungskultur" gesprochen. Wenn sich nun die 18. Bundestagung Heim- und Heilpädagogik um Grundlagen einer neuen Kultur der Zusammenarbeit im Bereich der Erziehungshilfen in und mit angrenzenden Arbeitsfeldern bemüht, dann empfinde ich das als eine sehr gelungene Fortsetzung dieser Serie, der man nur möglichst durchschlagenden Erfolg wünschen kann!
Zwei Vorbemerkungen mögen die Aufgabenstellung meines Beitrages im Rahmen dieser Fachtagung erläutern:
Ich bin Ihnen als AFET-Vorsitzender angekündigt in Übereinstimmung mit meiner Funktion in diesem Verband – meine Ausführungen werden aber nicht den Charakter von AFET-Verlautbarungen haben, sondern fassen eher Eindrücke und Schlußfolgerungen aus meinem hauptberuflichen Arbeitsfeld zusammen: meine Arbeit im Jugendhilfswerk Freiburg, das dort seit 40 Jahren besteht und seit knapp 20 Jahren ein regionales Verbundmodell verschiedener Einrichtungen zur Betreuung gefährdeter und straffälliger junger Menschen unterhält.
Eine zweite Vorbemerkung zur Aufgabenstellung meines Beitrages „Heimerziehung im System der Erziehungshilfen".
Diese Themenformulierung suggeriert, daß Aufbau und Funktionsweise der Erziehungshilfen von klaren und für jedermann transparenten Prinzipien bestimmt seien; meine Einschätzung geht dahin, daß das nun beileibe nicht der Fall ist, und ich bin mir auch gar nicht so sicher, ob das die Zielperspektive sein muß, wenn es um die sicher unbestrittene Zielvorstellung geht, für möglichst jedes Kind in erzieherischer Not eine rasche und angemessene erzieherische Hilfe zu finden und anzubieten.
Primär hilft da ja nicht das System, sondern der „richtige Mensch im richtigen Augenblick". Dagegen läßt sich natürlich einwenden, daß Systeme gerade dafür sorgen sollten, daß dieser richtige Mensch im richtigen Augenblick als Zuwendungs-, als Ansprechpartner zur Stelle ist.

Wenn ich mir den Alltag unserer Erziehungshilfe ansehe, dann habe ich Zweifel, ob wir mit dem Ausbau, der Ausdifferenzierung und Spezialisierung, also der Systematisierung, wirklich so viel weitergekommen sind. Ich werde darauf am Ende meines Beitrags noch einmal zurückkommen. Insofern würde ich mich freuen, wenn Sie meine Äußerungen als Aussagen eines ungeduldigen Kollegen verstehen würden und wenn sich aus diesem Beitrag die eine oder andere Anregung für die folgenden Arbeitskreise ergeben könnte.

Aktuelle Herausforderungen an die Erziehungshilfen

Ich benenne im folgenden die eher mittelfristigen Herausforderungen und weniger die ganz konkret auf den Nägeln brennenden Themen, wie das Problem aggressiver Jugendlicher, die Tatsache der immer kürzeren Verweildauer in den Einrichtungen, Probleme der Unterbelegung oder der Arbeitszeitordnung und Schichtdienste in den Einrichtungen. Auch auf die Herausforderungen einer möglicherweise kommenden – oder auch wieder nicht kommenden – JWG-Novellierung werde ich hier nicht näher eingehen.

Auswirkungen/Folgen demographischer Entwicklungen

Als ein erster Herausforderungsaspekt an das System der Erziehungshilfen werden hier die Auswirkungen und Folgen demographischer Entwicklungen angesprochen: das Phänomen der Umschichtung in der Bevölkerungspyramide, ausgelöst durch rückläufige Geburtenziffern und höhere Lebenserwartung, ist seit einiger Zeit im Gespräch. Problematisiert werden in diesem Zusammenhang insbesondere Rentenfinanzierung und Versicherungslasten, im Bereich der Jugendhilfe die möglicherweise rückläufigen Belegungszahlen und Auslastungen.
Für den Bereich der Erziehungshilfen gibt es auch andere Herausforderungen dieser Entwicklungen, auf die unlängst Gottfried Schmidt von der Evangelischen Fachhochschule Bochum aufmerksam gemacht hat: So wachsen immer mehr Kinder in Ein-Kind-Familien auf, denen die soziale Grunderfahrung der Gegenseitigkeit in der Geschwisterreihe fehlt. Bisher ist völlig unklar, was dieser Ausfall von sozialem Lernen für das Miteinander-Umgehen in einer Gesellschaft, die künftig verstärkt auf gegenseitige Rücksichtnahme und Fürsorge angewiesen sein wird, bedeutet.

Weitgehend unbeachtet ist auch, wie die junge Generation auf die rapide ansteigenden Pflegeleistungen für ältere Menschen eigentlich vorbereitet sein wird.
Die bisher eher mit hoffnungsvollen Erwartungen assoziierte Tatsache, daß die junge einheimische Generation zur Mangelware auf dem Arbeitsmarkt wird, wird auch soziale Belastung nach sich ziehen, wie einen verstärkten Einwanderungssog und -druck mit den bekannten interkulturellen Folgeproblemen.
Diese sozialen Entwicklungen bedeuten für die Jugendhilfe:
sie muß kompensatorisch Sozialisationsaufgaben wahrnehmen, die die Ein-Kind-Familie nicht erbringen kann;
sie muß zu einer bestmöglichen Entfaltung der Entwicklungspotentiale jedes einzelnen Kindes beitragen, damit dieses den rapide steigenden sozialen Verpflichtungen gerecht werden kann und
sie muß zur Überwindung von neu zu erwartenden interkulturellen Folgeproblemen ihren Beitrag leisten.
Das heißt für mich im Ergebnis, die demographische Entwicklung steigert den Beratungsbedarf in der Gesellschaft und speziell in der Jugendhilfe!
Einfache Zahlenspiele oder gar finanzielle Verschiebeüberlegungen werden der Komplexität der Problematik und insbesondere den inhaltlichen Erfordernissen einer angemessenen Jugendhilfe nicht gerecht.

Jugend und Arbeitslosigkeit/Berufsnot

Jugendarbeitslosigkeit und die Berufsnot junger Menschen ist eine nun schon allzulange bekannte Herausforderung der Jugendhilfe. Ein altes und besonders bedrückendes Thema, das trotz vielfacher Erläuterung einer wirkungsvollen Lösung weiterhin harrt. Die vor wenigen Tagen von der Bundesanstalt für Arbeit in Nürnberg vorgelegten Zahlen beweisen dieses einmal mehr.
Die Interpretation der statistischen Daten belegt, daß hier verhängnisvolle Bruchstellen in der Biographie junger Menschen programmiert werden.
Jugendhilfe allein ist mit dieser Herausforderung überfordert! Aber Jugendhilfe, Jugendämter und Einrichtungen sind und bleiben aufgefordert, in Abstimmung mit Arbeitsverwaltung und Wirtschaft Angebote zur beruflichen Integration junger Menschen zu entwickeln! Beispiele für derartige Initiativen gibt es, aber bisher viel zu selten.
Als Stichworte zu den notwendigen Maßnahmen können hier genannt

werden: Qualifizierungsoffensiven für Jugendliche mit schulischen oder beruflichen Ausbildungsdefiziten; Beschäftigungsinitiativen für Jugendliche, die auf dem ersten Arbeitsmarkt nicht oder nicht unmittelbar untergebracht werden können; Erschließung neuer Berufsfelder, neue Lohn- und Arbeitszeitmodelle oder der Aufbau geförderter Arbeitsbereiche ...
Die Arbeitskreise 14, 15 und 22 dieser Tagung haben hier die wichtige Aufgabe, über den Erfahrungsaustausch hinaus auch weiterführende Ideen zu entwickeln.

Neue Technologien und soziale Benachteiligung

Neue Technologien üben bestimmenden Einfluß auf viele, ja fast alle Lebensbereiche aus; das gilt für die Arbeitswelt wie den Freizeitbereich, für Büro wie Verkehr oder Handel, Wissenschaft und Kunst. Die Mikrochip-Technik nimmt in der Arbeitswelt Einfluß auf Zugangschancen, auf die Kommunikation und die Belastung der Arbeitenden; in der Familie bestimmen die neuen Medien und Informationstechnologien Zeitabläufe, Ausmaß und Inhalt des Zusammenseins und der Kommunikation.
Gerade Kinder und Jugendliche neigen dazu, sich von neuen Technologien in ihren Bann ziehen zu lassen und entwickeln – oft überraschend schnell – hohe Fertigkeiten in deren Nutzung.
Die neuen Technologien also ein Segen der Menschheit?
Andere Bewertungen ergeben sich, wenn wir Kinder aus benachteiligendem Milieu, aus sozialer Randstellung oder aus Familien mit Handicaps betrachten: deutlich wird dann, daß vorhandene Sprachlosigkeit verstärkt, daß Phantasie und Kreativität zurücktreten, daß Konsumhaltung und sozialer Rückzug begünstigt werden!
Kinder aus krisenhaften sozialen Bezügen halten den Rekord im „Dauerglotzen“, sie neigen zu suchtähnlicher Abhängigkeit von elektronischen Spielgeräten und betäuben sich mit Horror- und Gewaltvideos – oft in Nachahmung negativer Erwachsenen-Modelle. Verbote und Indizierungen wirken bei solchen Zusammenhängen wie der Tropfen auf den sprichwörtlich heißen Stein, das werden Sie aus Ihrer eigenen pädagogischen Praxis bestätigen können.
Jugendhilfe muß sich angesichts dieser „Zeitbombe“ einer eskalierenden sozialen Benachteiligung und Ausgrenzung durch den Mißbrauch neuer elektronischer Medien sozialpädagogische Antworten einfallen lassen; diese Antworten müßten im präventiven Bereich sowohl allgemeinpäd-

agogischer als auch im speziellen Sinne medienpädagogischer Art sein; im Falle schon eingetretener Schädigungen müßte auch an spezielle heilpädagogisch-therapeutische Behandlungsansätze gedacht werden. Vielleicht könnten diese Überlegungen, wie auch die im folgenden genannte Herausforderung, in die Beratungen des Arbeitskreises 16 aufgenommen werden.

Kinder in Trennungssituationen

Immer mehr Ehen werden geschieden – mit regionalen Unterschieden –, mittlerweile bis zu 50 %. Die elterliche Sorge wird dem einen oder anderen oder auch beiden Elternteilen übertragen – die Folgen für die Kinder während des sich hinziehenden Scheidungsverfahrens und danach sind oft katastrophal! Inzwischen tun sich an einigen Orten spezialisierte Beratungsstellen auf, um diesen Scheidungskindern und ihren Eltern in schwierigen, oft emotional hochaufgeladenen Situationen beratend beizustehen. Neben den schlimmen emotionalen Folgen ergeben sich oft auch noch materiell-finanziell verheerende Folgezustände, von denen auch Kinder betroffen sind, wie eine Studie zur Lage von Familien in Freiburg jüngst ergeben hat: Restfamilien, und mit ihnen auch Kinder, fallen unter das Sozialhilfeniveau und bekommen völlig unvorbereitet eine ganz „neue Armut“ zu spüren. Neue „soziale Brennpunkte“ entstehen in Stadtteilen, in denen soziale Not und Verwahrlosung von Kindern bisher unbekannt waren; die pädagogische und finanzielle Überforderung Alleinerziehender summiert sich oft zu einem Ergebnis auf, das erzieherische und beratende Hilfen für alle Beteiligten dringend notwendig macht.
Die nun folgenden Herausforderungen stehen im Unterschied zu den vorhergehenden in engem Zusammenhang mit Arbeitsformen und Orientierungen der Erziehungshilfen selbst.

Erziehungshilfen zwischen ganzheitlichem Erleben und konkreter Befähigung

Die hier benannten unterschiedlichen pädagogischen Orientierungen und Ansatzpunkte bilden einen uralten Gegensatz ab, der früher vor allem in der Polarisierung der sozialpädagogischen Förderung gegenüber der schulischen und beruflichen Ausbildung einen oft konflikthaften Ausdruck fand. Ein Gegensatz, der auch die heilpädagogische

Ausbildung und Arbeit zeitweise in zwei Lager trennte, der heute mit neuer Schärfe in vielen pädagogischen Alltagsfeldern in Erscheinung tritt: Hier scheiden sich die Geister am sozialen Trainingskurs, zeitlich befristet mit klarem Programm und womöglich mit Zertifikat auf der einen Seite und am Setzen auf erlebnispädagogische Projekte, auf der Suche nach natürlichen Herausforderungen, womöglich in der Erwartung umwälzender Wirkungen auf Personenbildung und Selbstverständnis andererseits.

Manche Teamkonflikte entzünden sich am Gegensatz zwischen begeisternden und öffentlichkeitswirksamen Projekterfahrungen und dem zähen Ringen des eher grauen pädagogischen Alltags der meist mühseligen kleinen Schritte. Es gilt zu vermeiden, daß sich an diesen unterschiedlichen Schwerpunktsetzungen und Orientierungen neue Glaubenskriege entzünden!

Beides hat seine Berechtigung, das ganzheitliche, auf gemeinsame Erlebnisse setzende Lernen und das gezielte Lernen, das Training spezifischer Fähigkeiten und Fertigkeiten. Beide Lernformen müssen sich gegenseitig ergänzen, um zu einem menschenwürdigen Lernvorgang zu kommen.

Erziehung und „innovatives Lernen“

Der „Club of Rome“ hat seinen Bericht für die 80er Jahre unter das Thema „Zukunftschance Lernen“ gestellt.

Besondere Bedeutung wird hier dem „innovativen Lernen“ beigemessen, das vom tradierten Lernen abgegrenzt wird.

Das tradierte Lernen stellt nach dem Verständnis dieser Studie ein regelorientiertes Lernmuster dar, das vor allem in abgeschlossenen Situationen, in denen Voraussetzungen konstant bleiben, wichtig und erfolgreich ist, während es in Grenzsituationen eher versagt.

„Innovatives Lernen“ dagegen bedeutet, Probleme formulieren und zusammenfassen; seine Hauptmerkmale sind Integration, Synthese und Erweiterung des Horizonts. Es bewährt sich in offenen Situationen oder offenen Systemen. Innovatives Lernen konstruiert das Ganze neu, statt die Realität in Fragmente zu zerlegen.

Pädagogik und Erziehung haben immer mit Personen und so mit offenen Situationen und Systemen zu tun; sie haben von daher immer einen ganzheitlichen Auftrag und einen engen Bezug zu den genannten Merkmalen „innovativen Lernens“.

Hauptmerkmale des „innovativen Lernens“ sind auch Antizipation und Partizipation:

Antizipatorisches Lernen heißt, das Kind nicht erst in den Brunnen fallen lassen, sondern frühzeitig durch Projektionen, Modelle und Szenarien künftige Entwicklungstrends ausmachen und sich darauf einstellen. Partizipation bedeutet die Beteiligung an Entscheidungen und die Partnerschaft in Entscheidungsprozessen; die beabsichtigte Wirkung besteht darin, daß soziale Prozesse und Lösungswege transparenter werden.
Das Konzept des „innovativen Lernens" stellt nach meiner Ansicht an die Erziehungshilfen zentrale Herausforderungen in zweierlei Richtung: Einmal im Blick auf die Aufgabe der Um- oder Neugestaltung der Erziehungshilfen selbst, im Sinne des Überschreitens herkömmlicher Vorstellungen und des Verlassens ausgefahrener Gleise.
Die zweite Herausforderung des „innovativen Lernens" für die pädagogische Arbeit liegt darin, junge Menschen am Vorgang des innovativen Lernens selbst zu beteiligen, damit sie die immer wieder auftretenden „Teufelskreise" und „Drehtüreffekte" besser zu überwinden lernen.
Nur wenn wir uns diesen Herausforderungen auch stellen, werden wir konkrete Grenzüberschreitungen schaffen und den Verbundgedanken in der Erziehungshilfe und darüber hinaus erfolgreich umsetzen können.
Bei den genannten aktuellen Herausforderungen handelt es sich selbstverständlich um einen offenen Katalog. Das mag auch daran deutlich werden, daß ich hier zwei Begriffe unerläutert hinzufüge, obwohl auch diese der Erörterung dringend bedürften: Erziehungshilfe und Wertorientierung – Werte als „Fermente im Lernprozeß" (vgl. die genannte Studie des Club of Rome). Erziehungshilfen und kultureller Wandel – Umgang mit neuen Lebens- und Wohnformen, andere Definitionen von Lebenszielen und -wegen ...
Jeder, der in erzieherischer Verantwortung steht, wird diesen offenen Katalog um Herausforderungen im eigenen Arbeitsfeld ergänzen müssen, um angemessene Wege mit jungen Menschen und Kollegen finden zu können.

Stand heutiger Heimerziehung in der Fachdiskussion

Der Begriff „Heimerziehung" wurde Anfang des vergangenen Jahres bei einer Expertentagung der IGfH (Internationale Gesellschaft für Heimerziehung) in Frankfurt in dem Sinne diskutiert, ob es nicht besser sei, diesen Begriff überhaupt abzuschaffen, weil er auch nicht annähernd das zu umschreiben vermöge, was das Leistungsspektrum von Heimerziehung heute ausmache.

Der AFET hat in einer Stellungnahme von 1983 schon formuliert, daß die Verschiebung von großen und weniger beweglichen Einrichtungen hin zu kleinen, übersichtlichen und den familiären Lebensbedingungen eher entsprechenden Organisationsformen sowie die Entwicklung von Binnendifferenzierung, Außenwohngruppen oder heimorientierten Kleinstgruppen „... zu einer Vielfalt der Formen stationärer Erziehungshilfen geführt hat, die unter dem klassischen Begriff Heimerziehung nicht vermutet werden“[1].

Diese Entwicklung ist seit damals weitergegangen und spiegelt sich auch in dem Thema des Arbeitskreises 21 dieser Tagung wider, wenn das Heim als Erziehungshilfezentrum beschrieben wird.

Zum Stand der Heimerziehung formuliert Klaus Münstermann: „Heimerziehung ist demnach losgelöst von allen finanziellen Aspekten eine pädagogisch-konzeptionelle Ortsbestimmung, der lediglich der Zusammenhang von

mehreren jungen Menschen und

mehreren professionellen Erziehungspersonen

zugrundeliegt.“[2]

Bei der letztjährigen AFET-Fachtagung in Saarbrücken hieß es unter dem Stichwort „Was ist noch Heimerziehung?“: „Nicht Richtlinien, sondern pädagogische Konzepte haben Vorrang.“[3]

Also: Heimerziehung wäre damit nicht mehr an die Einrichtung/Institution gebunden und auch nicht auf die vollstationäre Unterbringung von Kindern begrenzt.

So verstanden, ist Heimerziehung in weiten Teilen des Spektrums der Erziehungshilfen handlungsfähig und kann unter pädagogisch-konzeptionellen Gesichtspunkten den Ansprüchen

frühzeitiger,

kontinuierlicher,

differenziert-flexibler und

durchlässiger

Gestaltung von Erziehungshilfen Rechnung tragen und genügen.

So könnte die Chance auch in die Zukunft hinein gestärkt werden, dem individuellen Erziehungsbedarf junger Menschen – der ja stetem Wandel unterliegt – entsprechen zu können.

Zum Stand der praktischen Arbeit in den Heimen ist aber auch anzumerken, daß es bisher noch viele nur unzureichend gelöste Fragen und Probleme gibt. Diese liegen u. a.

in der Entscheidungsfindung über die richtige Form der Erziehungshilfe;

in der Mitarbeiterqualifizierung als Allround-Spezialisten;

im Zusammenwirken der verschiedenen Beteiligten und Institutionen intern, extern und zu angrenzenden Arbeitsfeldern[4].
Diese Feststellungen bei der AFET-Fachtagung 1984 in Mainz gelten wohl bis heute, wenn man die Fachdiskussion verfolgt, und auch das wichtige Thema dieser Fachtagung weist darauf hin.

Quantitative Entwicklungen in den letzten zehn Jahren

Bei den Überlegungen zur quantitativen Entwicklung in der Heimerziehung werde ich mich im folgenden auf eine Untersuchung von Blandow beziehen, die im Juni 1987 in den Materialien zur Heimerziehung veröffentlicht wurde[5].
Blandow gibt hier einen Überblick über die Entwicklung der letzten 10 Jahre. Danach erlebte Heimerziehung im Bestand bundesweit einen Schwund von ca. 23000 Personen: Von 74000 ging die absolute Zahl auf 48000 zurück. Damit wurde die rückläufige demographische Entwicklung der entsprechenden Altersgruppe in diesem Zeitraum deutlich, nämlich um 10000 Unterbringungen unterschritten. Diese Unterschreitung dürfte auf das Konto von Umstrukturierungen im Bereich der Erziehungshilfen gehen.
Im gleichen Zeitraum ist bei den jungen Volljährigen ein umgekehrter Trend zu beobachten, der absolut gesehen allerdings weit weniger bedeutsam ist: Eine Erhöhung von 2500 auf 5500 Unterbringungen. In den letzten Jahren stieg auch der Anteil älterer Mädchen und junger Ausländer. Insgesamt hat sich der nicht-demographisch bedingte Unterbringungsschwund von 1983 bis 1984 abgeschwächt; hier zeigt sich wohl ein gegenläufiger Zusammenhang mit der Unterbringungsrate in Pflegefamilien: Diese Form wurde nach Blandow vor allem von 1975 bis 1979 bevorzugt genutzt, während sie danach wieder deutlich zurückging und offenbar nicht mehr als *die* Alternative zur Heimunterbringung gesehen wurde.
Während die Zahlen der Unterbringung außerhalb der Familie abgenommen haben, hat alles, was der „formlosen erzieherischen Betreuung" zugezählt wird, im gleichen Zeitraum zugenommen; wobei Zahlen über die neueren Erziehungshilfen wie Tagesheimgruppen, Familienhelfer oder Formen der mobilen Betreuung in der Jugendhilfestatistik leider nicht enthalten sind.
Veränderungen haben sich auch in der Größe der Heimeinrichtungen der Freien Träger ergeben: Von knapp 60 hat die durchschnittliche Größe auf 38 Plätze abgenommen. 4 von 10 Kindern, die heute in Ein-

richtungen der Erziehungshilfe leben, befinden sich nach Blandows Schätzungen in kleinen Einheiten.
Zur Finanzierung weist die Blandow-Untersuchung aus, daß mit sinkender Tendenz knapp 40% der Gelder des Jugendhilfefonds für Heimerziehung aufgewendet wurden.
Die hier kurz skizzierte Reduzierung der Fallzahlen im Bereich der Heimerziehung wirft natürlich Fragen danach auf, wie in der Heimpraxis mit dieser Entwicklung umgegangen wird:
Ein erheblicher Teil der Reduzierung geht sicher auf das Schrumpfen von Einrichtungen – vielleicht auch auf ein Gesund-Schrumpfen zurück.
Ein weiterer Teil der Reduzierung kommt aber auch durch das Sterben von Einrichtungen zustande.
Ein dritter Teil beruht wohl darauf, daß mögliche neue Einrichtungen und Ideen gar nicht mehr zum Zuge kommen.
An die beiden zuletzt genannten Vorgänge richten sich meine Fragen: Wie ist es mit dem Sterben von Einrichtungen?
Läuft das nach dem „Gesetz des Dschungels“ ab – wie es in einer EREV-Schrift formuliert wird; d.h., warten wir ab, bis es den erwischt, der die schlechteren Karten hat, oder helfen wir gar nach? Wie halten wir es in diesem Punkte mit Nächstenliebe oder Solidarität? Wer ist oder gilt hier nach welchen Kriterien eigentlich als schwächer? Eine weitere Frage richtet sich darauf, ob nicht unsere Erziehungshilfeangebote aufgrund des Wegsterbens und des Nichtzulassens von neuen Ideen und Einrichtungen in der Gefahr stehen, inhaltlich zu verarmen. Eine Beantwortung dieser Fragen würde auch Rückschlüsse auf die eingangs erwähnte gängige oder erwünschte Kultur der Zusammenarbeit zwischen den Einrichtungen ermöglichen.
Zur Prognose der quantitativen Entwicklung der Heimerziehung liegen ausschließlich allgemeine und vielen unbekannten Einflüssen unterliegende Schätzungen vor: In der Bestandsentwicklung rechnet Blandow bis zum Jahre 2002 mit einer weiteren bundesweiten Abnahme um 10000 Unterbringungen. Das entspricht etwa 20%, wobei sich diese Zahl allein aus der demographischen Entwicklung der in Frage kommenden Jahrgänge ergibt. In diesen Schätzungen sind also keinerlei Auswirkungen von Verlagerungen der Erziehungshilfen beispielsweise in den ambulanten und familiären Bereich berücksichtigt. Da Blandow längerfristig mit einer weiteren Verminderung der Unterbringungsquoten rechnet, wird diese genannte Bestandsminderung nach seiner Schätzung noch stärker ausfallen.
Solche Hinweise auf quantitative Entwicklungen verweisen im Zusammenhang mit dem oben konstatierten wachsenden Beratungsbedarf un-

serer Gesellschaft auf die Notwendigkeit qualitativer Entwicklungen und Umstrukturierungen im Erziehungshilfeangebot.

Qualitative Entwicklungschancen des inhaltlichen Hilfespektrums

Wenn ich im folgenden qualitative Entwicklungsmöglichkeiten der Heimerziehung aufzeige, dann tue ich das zunächst anhand spezifischer Aufgabenbereiche, die bisher bei uns noch wenig etabliert sind, allenfalls vereinzelt und außerhalb bzw. neben der Heimerziehung realisiert wurden; gleichwohl könnte diesen Arbeitsansätzen aber auch im Bereich der Heimerziehung künftig ein höherer Stellenwert zukommen. Projekte werden hier nur stichwortartig angesprochen, um Überlegungen anzuregen, ob Heimerziehung sich künftig stärker in diesem Aufgabenbereich engagieren sollte.

Familienhilfe und Familienberatungsprojekte

In einer ersten Entwicklungslinie ist hierbei an den verstärkten Einsatz von „Familienhelfern" im Vorfeld, im Nachgang oder auch zur Vermeidung der Unterbringung von Kindern zu denken, um stabilisierende Funktionen in der Familie von der Sicherstellung der Versorgung bis zur Beratung in Erziehungsfragen und zur Entlastung der Eltern wahrzunehmen.
Darüber hinaus wäre zu überlegen, ob diese Hilfe sich nicht auch auf Auswahl, fachliche Begleitung und Unterstützung von Pflegefamilien beziehen sollte, die bisher in vielen Regionen nur ausgesprochen unzureichend wahrgenommen wird.
Ein Ansatz, der mir aus einer niederländischen Einrichtung bekannt ist – es handelt sich um „De Triangel" (Amsterdam) – besteht darin, schwerbelastete Familien insgesamt für mehrere Wochen oder Monate stationär in einer Einrichtung aufzunehmen, um durch Familiengespräche oder konkrete Eingriffe in Handlungsabläufe der Familie, durch Erschließung materieller Unterstützung sowie durch Modellwirkung der Berater eine wirksame Familienhilfe einzuleiten. In Verbindung mit nachsorgender Unterstützung konnte erreicht werden, daß viele der aufgenommenen Familien sich anschließend erfolgreicher bemühten, aus sozialen Brennpunkten wegzuziehen und von öffentlicher Unterstützung unabhängiger zu werden.

Die Arbeitskreise 16 und 17 beschäftigen sich mit dieser Thematik und werden sicher wichtige Anregungen zur Konzipierung und Umsetzung der genannten Arbeitsansätze geben.

Heimorientierte Kleinstgruppen/Erziehungsfamilien

Heimorientierte Kleinstgruppen oder auch sogenannte Erziehungsfamilien entwickeln sich mancherorts aus der Heimerziehung im engeren Sinne und bestehen in Ergänzung und in Anlehnung an Heimeinrichtungen, die u. U. nur noch übergreifende Dienste wie Beratung und Anleitung der Erzieher, Freizeitangebote oder die Verwaltung wahrnehmen. Ansätze dieser Art konkretisieren sich oft so: Eine Erzieherin bezieht mit dem anderweitig berufstätigen Ehemann und eigenen Kindern sowie drei Kindern der Einrichtung ein vom Heim angekauftes Eigenheim in der Nähe der Einrichtung. Die Familie wird durch Praxisberatung, Supervision, durch Krankheits- und Urlaubsvertretung wie durch die Übernahme von Verwaltungsaufgaben von der Heimeinrichtung unterstützt; derartige Unterstützungen sind Praxisberichten zufolge unverzichtbar, um Überlastungen der Familie zu vermeiden. Im Arbeitskreis 24 werden diese Überlegungen sicherlich ausgeführt und konkretisiert werden können.

Alternative Projekte der Jugendhilfe

In diesem Entwicklungszusammenhang ist an Projekte gedacht, die etwa für den Berliner Bereich von der Arbeiterwohlfahrt beschrieben wurden[6]. Solche Projekte zeichnen sich dadurch aus, daß die Ganzheitlichkeit des Ansatzes im Sinne der Verbindung von Leben – Wohnen – Arbeiten angestrebt und gesucht wird.
Selbsthilfe – Alternativbewegung – Stadtteilsanierung – professionelle Unterstützung gehen untrennbar ineinander über, die Trennung von Lebenswelten und -bereichen soll überwunden werden.
In einer Untersuchung des ISS (Institut für Sozialarbeit und Sozialpädagogik) wurden:
reine Ausbildungsprojekte,
kombinierte Wohn- und Ausbildungsprojekte,
Jugendwohnprojekte und
Beratungs- und stadtteilorientierte Projekte
beschrieben und voneinander abgegrenzt[7].

Im gleichen Zusammenhang stand auch ein jugendpolitischer Fachkongreß „Jugend und Arbeit", der vom 1. bis 3. Juni 1987 in Königswinter durchgeführt wurde. Die hier vorgestellten Projekte haben sich mir in zweifacher Hinsicht eingeprägt: Einerseits entwickeln viele der vorgestellten Projekte und Initiativen offensive Einmischungs- und Okkupationsstrategien, oft in Verbindung mit sehr guter Öffentlichkeitsarbeit. Andererseits sind viele Ansätze in diesem Bereich von Existenznöten und Bestandsunsicherheiten, fast möchte man sagen von einer ABM-Mentalität geprägt, wo die Nöte junger Menschen eher den langen Atem brauchten. Heimeinrichtungen könnten und müßten hier – wie ich meine – ihr Know how und ihren Organisationshintergrund hilfreich einbringen. Im Arbeitskreis 24 könnten diese Überlegungen sicher einbezogen werden.

Erlebnispädagogische und alltagspädagogische Projekte – gemeinsame Initiativen von Erziehern und Jugendlichen

In diesem Arbeitsfeld sind der Kreativität keine Grenzen gesetzt, und es wird inhaltlich gefüllt mit Segeltörns auf den Weltmeeren bis zur Saharadurchquerung, dem Indientrip, Lapplandfahrten oder unterschiedlichsten Entwicklungshilfeprojekten. Es gehören aber auch weniger exotische Blüten wie etwa Fahrradtouren, die Puppenbühne oder ein internationaler Jugendaustausch dazu[8].
Ein anderer Ansatzpunkt in diesem Bereich, der von unserem Erziehungshilfealltag unendlich weit entfernt zu sein scheint, ist der der dänischen Twindschulen mit ihrem sehr konsequent durchgehaltenen Konzept „Learning by doing"; einbezogen ist hier die Verlagerung der Aktivitäten nach Nordafrika für drei Monate im Jahr und die gemeinsame Tätigkeit von Lehrern und Schülern in Entwicklungshilfeprojekten. Vielleicht läge auch für manche unserer Jugendlichen in diesem Ansatz eine hoffnungsvolle und bisher noch nicht erkannte Möglichkeit zur Selbstfindung und Ermutigung?
Aber es müssen sicher nicht immer die interkulturelle Begegnung und das totale Kontrastprogramm sein, die allein helfen können. Deshalb möchte ich abschließend ein weniger aufwendiges Beispiel aus meinem eigenen Arbeitsfeld, dem Jugendhilfswerk in Freiburg, benennen: In einigen Fällen, in denen mit Jugendlichen aus der Wohngruppe des Jugendhilfswerks pädagogische Perspektiven verlorengingen oder massive Straffälligkeit auftrat, wurde je ein Jugendlicher mit einem Erzieher auf mehrtägige Wanderungen in die Vogesen oder in die norditalienischen

Alpen geschickt. Hauptziel dieser Initiativen war, Selbstbesinnung und neue Perspektiven zu entwickeln. Die durchweg positiven Erfahrungen bestanden darin, daß meist ein neuer gemeinsamer Ausgangspunkt für den weiteren Weg mit diesem Jugendlichen in der Wohngruppe gefunden werden konnte.

Wohnbezirksorientiertes Jugendwohnen

Wohnbezirksorientiertes Jugendwohnen kann auch als gemeinwesenorientierte Heimerziehung bezeichnet werden und ist u.a. in folgenden Varianten vorstellbar:
Teilstationäre Hausgemeinschaften oder Tagesgruppen unter Einbeziehung der Mitglieder der Ursprungsfamilie einschließlich konkreter Hilfeleistungen und Unterstützungen.
Stadtteilorientierte Projekte, wenn z.B. fünf Kinder in einer Wohngruppe mit drei Erziehern in der Nähe des Elternhauses leben; dadurch soll die Möglichkeit eröffnet werden, „vor Ort“ zu arbeiten, Hilfen flexibel und ohne Bezugspersonenwechsel einzusetzen.
Außenwohngruppen im neuen Milieu erscheinen dann geeignet, wenn Belastungen im gegebenen Umfeld zu groß sind; sie ermöglichen emotionale Verankerungen der jungen Menschen in einem natürlichen Milieu.
Mobile Betreuung ist ein stationäres Angebot als Alternative zur sonst üblichen Gruppenbetreuung in einer lebensnäheren und alltagsorientierten Form, das besonders geeignet erscheint für Jugendliche, an denen sich die Jugendhilfe „wundgerieben“ hat und die selbst im Verlauf vieler gescheiterter „Angebote“ „wund“ geworden sind[9].
Am weitesten und konsequentesten ist die Idee des wohnbezirksorientierten Jugendwohnens wohl in den sogenannten „Jugendpensionen“ in Dänemark entwickelt.

Spezialangebote für strafrechtlich belastete Jugendliche

Jugendhilfe hat immer schon erzieherische Aufgaben auch für strafrechtlich auffällige Jugendliche übernommen. Ohne hier die Diskussion über Sinn und Notwendigkeit von Spezialangeboten im Vergleich zu Allgemeinangeboten der Jugendhilfe aufnehmen zu können, sollen drei Formen möglichen Engagements der Jugendhilfe für diese strafrechtlich auffälligen Jugendlichen benannt werden:

Erziehungskurse oder soziale Trainingskurse (nach § 10 JGG);
Übernahme von Betreuungsweisungen (ebenfalls nach § 10 JGG);
Unterbringung Jugendlicher in Alternative zur Untersuchungshaft (nach §§ 71, 72 JGG).

Die Probleme solchen Engagements in einer derartigen justiznahen Arbeit sind sicher den meisten von Ihnen bekannt und vertraut und werden auch im Arbeitskreis 20 dieser Fachtagung behandelt werden. In der pädagogischen Verantwortung für die betroffenen Jugendlichen sollten uns diese Probleme aber nicht davon abschrecken, mit der gebotenen Vorsicht und in klarer Abgrenzung von der Jugendgerichtsbarkeit solche Angebote weiterzuentwickeln.

Jugendhilfeverbund und Entspezialisierung

In einem Beitrag über „künftige Entwicklungen in der Jugendhilfe“[10] hat Hubertus Junge unter anderem auch die Bedeutung der Verbindung bzw. Vernetzung der Einrichtungen und Dienste der Jugendhilfe vor Ort und in der Region als zukunftsorientierte Perspektive hingewiesen.

Zwei Wege werden von Junge benannt, auf denen Einrichtungen zum Verbund kommen könnten: einmal durch ausgeprägte Binnendifferenzierung mit allen Angeboten unter einem Dach bei dem Nachteil erheblicher Betriebsgrößen; zum anderen durch übergeordnete Verbundsysteme verschiedener Einrichtungen bei dem Problem, daß damit gewachsene Strukturen und der Auftrag eines pluralen Angebotes Freier Träger übergangen werden. Als dringliche Aufgabe wird von Junge benannt, daß sich Freie Träger um dritte Wege neben den zwei benannten bemühen.

Zu solchen Drittwegen hat der EREV[11] einige Anregungen gegeben:

Eine dieser Anregungen besteht in der Übernahme von *Patenschaften* großer und finanz- wie verwaltungsstarker Einrichtungen gegenüber kleinen und schwach-organisierten Vereinen. Dem Patenkind solle so geholfen werden, Startfehler und Anfangsrisiken zu mindern.

Einrichtungen in geographischer Nachbarschaft sollten zu neuen Formen der *Zusammenarbeit* in Verwaltung, Versorgung, Reinigung und Instandhaltung kommen, um eine beispiellose Parallelfahrt abzubauen und volkswirtschaftlich sinnvolle Entwicklungen in Gang zu bringen.

In die gleiche Richtung geht die Bildung von *Risikogemeinschaften,* um neue Vorhaben oder einen Wandel der Jugendhilfeformen besser abfedern zu können.

Schließlich werden auch *Verwaltungsgemeinschaften* angeregt zwischen großen und kleinen Trägern.

Der Abbau von Wettbewerb, der zunehmend zum Verdrängungswettbewerb wird, ist angesagt, und kooperativen Formen mit Wettbewerbsbegrenzung zugunsten des gemeinsamen Überlebens scheint die Zukunft zu gehören!

Um auf eine Entwicklungschance hinzuweisen, die stärker als die bisherigen Überlegungen das Selbstverständnis von Mitarbeitern und die Strukturen und inhaltlichen Orientierungen von Einrichtungen berührt, möchte ich Sie abschließend zu einem gedanklichen Exkurs einladen:

Versetzen Sie sich bitte einmal in die Lage des Jugendamtsmitarbeiters, der die Entscheidung über eine Form der Erziehungshilfe für ein bestimmtes Kind oder einen Jugendlichen zu treffen hat. Auf den ersten Blick scheint es hilfreich zu sein, wenn er auf ein gut ausgebautes Spektrum von Erziehungshilfen zurückgreifen kann, um eine möglichst passende Plazierung oder erzieherische Hilfe zu finden. Das leuchtet ein, läßt aber einige Aspekte außer acht, so beispielsweise:

daß dieses gut ausgebaute Spektrum von Erziehungshilfen im Kopf dieses Jugendamtsmitarbeiters vielleicht gar nicht präsent sein kann ...

daß die Informationen, die er für seine Entscheidung braucht, in der Beschreibung der Angebote vielleicht nicht enthalten sind ...

daß andere Kriterien – vielleicht der Widerstand der Eltern oder des Jugendlichen – eine Entscheidung im Sinne des vermuteten Erziehungsanspruches des Kindes verhindern ...

daß der letztendlich zuständige Erzieher von dem Kind oder seinen Eltern abgelehnt wird ...

Solche Vorkommnisse sind auf fachlicher Ebene nur begrenzt zu vermeiden, sie beeinflussen aber – das werden Sie sicher zugestehen – die praktischen Jugendhilfeentscheidungen auch bei einem bestens ausgebauten Hilfespektrum ungemein.

Daraus ergibt sich für mich die Frage: Verbessert eine immer weitergeführte Ausdifferenzierung erzieherischer Hilfen die Qualität der im Einzelfall zu treffenden Entscheidung und zu leistenden Hilfe wirklich? Schon eingangs hatte ich diese Frage aufgeworfen.

Wenn wir eine Vision dagegensetzen: Es gäbe keine auf bestimmte ambulante oder stationäre Hilfeformen programmierte Einrichtungen, sondern nur „Zentralen für fluktuierende Erziehungshilfeformen“; dann hätte es der Sozialarbeiter im Jugendamt zunächst nur mit dem Kind oder Jugendlichen und seinen Bezugspersonen zu tun. Er könnte sich ganz auf den individuellen Erziehungsbedarf des Kindes und auf sein soziales Umfeld konzentrieren – unbeeinflußt von zwangsläufig allgemein programmierten Formen der Erziehungshilfe. Wenn er sich dann einen ersten Überblick verschafft hat, dann könnte er mit einer

Einrichtung Kontakt aufnehmen und mit Mitarbeitern einer solchen „Zentrale für fluktuierende Erziehungshilfeformen" darüber sprechen, ob es derzeit Angebote gibt, in die dieses Kind hineinpaßt oder ob es sinnvoll ist, für das Kind ein völlig neu zugeschnittenes Angebot zu schaffen, das vielleicht seine Mutter oder Familie mit einbezieht und besondere Schwerpunkte setzt. Diese Zentrale würde dann Mitarbeiter suchen, die interessiert wären, ein solches Angebot zu realisieren.

Ausgehend vom heutigen Erziehungshilfealltag wird man dieses Vorgehen vielleicht als utopisch einschätzen. Das ist es aber eigentlich nicht, wenn bestimmte Voraussetzungen erfüllt wären, wie etwa:

Der Jugendamtsmitarbeiter müßte für sich einräumen können, daß es in jedem Einzelfall der Entscheidung über erzieherische Hilfen zunächst die Stunde Null ist, die nur durch Kreativität und Ideen, nicht aber durch den Rückgriff auf Hilfeschablonen zu überwinden ist.

Die Einrichtung müßte sich als eine Zentrale, als eine Vermittlungsagentur verstehen, die aufkommende und wieder vergehende Hilfeansätze anregt, begleitet und fördert – bei sehr weitgehender Autonomie dieser Hilfeansätze.

Mitarbeiter müßten sich auf zeitlich befristete Arbeitsverhältnisse einlassen können und wollen.

Einrichtungen wie Jugendämter müßten sich dazu verstehen können, daß der Entscheidungsgang ein gemeinsamer ist, der fließende, aber gut gesteuerte Übergänge von Zuständigkeit und verantwortlichem Handeln beinhaltet (u. a. thematisiert in Arbeitskreis 13).

Lassen Sie mich damit diese Vision einer möglichen Entwicklungsvariante der Erziehungshilfen, die ansatzweise etwa im Jugenddorf Rendsburg realisiert wird, hier abschließen mit der Einschätzung, daß eine solche Entwicklung der Anpassung des Hilfeangebotes an die Bedarfslagen der Betroffenen sicher gut bekommen würde.

Schlussbetrachtung

Wenn wir Veränderungsansätze und mögliche Entwicklungen in der Erziehungshilfelandschaft betrachten, dann wird deutlich: Der Stellenwert von Heimerziehung wird quantitativ wie qualitativ künftig sehr stark davon bestimmt sein, inwieweit sich Heimerziehung als integrierter und integrierender Bestandteil von Erziehungshilfe überhaupt versteht und sich offensiv einbringt im Sinne einer Optimierung des gesamten Spektrums von Erziehungshilfen. Nullsummenspiele, Abgrenzungsquerelen und Konkurrenzgeplänkel werden wenig hilfreich sein, und mit dieser Entspezialisierung würde Heimerziehung nicht nur die historischen Fun-

damente nicht verlassen, sondern geradezu auf diese zurückkommen: Denn für einen Pestalozzi oder Wichern waren Vorsorge, Nachsorge, Arbeit mit Herkunfts- und Pflegefamilien und vielem anderen selbstverständlicher Bestandteil ihres Konzeptes von Heimerziehung.
In der vorhin zitierten EREV-Schrift heißt es auch „Immobilien machen immobil"; aber nicht nur Bauten können lähmen, sondern viel mehr noch das Denken und Handeln innerhalb von festen Denkgebäuden oder in Abgrenzungssystemen! Innovatives Lernen und Denken ist die wichtigste Überlebenschance auch in der Erziehungshilfe. Hierzu wollte ich Sie mit meinem Beitrag ermutigen bei der Arbeit in den folgenden Arbeitskreisen und bei Ihrer Arbeit in Ihren pädagogischen Praxisfeldern.

Literatur / Anmerkungen

1 AFET-Stellungnahme: Differenzierte Formen stationärer Erziehungshilfen. In: Mitglieder-Rundbrief 4/1983 der Arbeitsgemeinschaft für Erziehungshilfe (AFET) e. V., Hannover.

2 Münstermann, K.: Heimerziehung ist ein konzeptioneller Begriff. In: Materialien zur Heimerziehung der Internationalen Gesellschaft für Heimerziehung, Nr. 2/3 Juli 1986, Frankfurt/M.

3 In: Zukunftsorientierung der Jugendhilfe – Perspektiven einer Neuordnung des Jugendrechts für die Erziehungshilfen – Bericht über die Beiratssitzung der Arbeitsgemeinschaft für Erziehungshilfe (AFET) e. V. in Saarbrücken. Hannover 1987.

4 In: Berufsalltag in der Erziehungshilfe – Möglichkeiten und Perspektiven. Bericht über die Fachtagung der Arbeitsgemeinschaft für Erziehungshilfe (AFET) e. V. in Mainz. Hannover 1984.

5 Blandow, J.: Quantitative Entwicklungen der Heimerziehung seit 1976. In: Materialien zur Heimerziehung der Internationalen Gesellschaft für Heimerziehung Nr. 2, Juni 1987. Frankfurt/M.

6 Vgl. zusammenfassend: Arbeiterwohlfahrt Bundesverband e. V. (Hrsg.): Alternative Projekte der Jugendhilfe in Berlin – Endbericht. Bonn 1983.

7 Vgl.: Institut für Sozialarbeit und Sozialpädagogik (ISS): Die Herausforderung der freien Wohlfahrtspflege durch Initiativen der Alternativ-Szene – Dokumentation zur Fachtagung. Frankfurt/M. 1985.

8 Arbeitsgemeinschaft für Erziehungshilfe (AFET) e. V.: Praktische Fragen der Erziehungshilfe – Konzepte und Praxisberichte. Hannover 1984.

9 Hekele, K.: Abgrenzung mobile Betreuungen – betreutes Wohnen – Nachbetreuung. AFET-Mitglieder-Rundbrief 2/Juni 1987, S. 30.

10 Junge, H.: Künftige Entwicklungen in der Jugendhilfe. In: Verband katholischer Einrichtungen der Heim- und Heilpädagogik – Beiträge zur Erziehungshilfe 1: Schwerpunktverlagerungen in der Jugendhilfe. Freiburg 1987.

11 Evangelischer Erziehungsverband (EREV) Fortbildungsbrief 1, Hannover 1986.

Arbeitskreis 13

Heim und Jugendamt: gemeinsame Verantwortung bei der Gewährleistung und Durchführung der Erziehungshilfe

Theo Breul, Peter Friedrich

Das Jugendamt hat nach dem JWG die Aufgabe, Erziehungshilfe bedarfsgerecht zu gewähren, d.h., nach Prüfung der individuellen Erziehungsnotwendigkeit im Einvernehmen mit den Personensorgeberechtigten – nötigenfalls aber auch über einen gerichtlichen Sorgerechtsentscheid – die Hilfeform auszuwählen, die dem Minderjährigen in seiner Situation entspricht. Leitendes Kriterium ist der (interpretationsfähige, aber auch interpretationsbedürftige) Begriff des „Kindeswohls". Erst wenn sich die individuelle Bedarfsfeststellung auf Heimerziehung hin konkretisiert und ein Heim der Jugendhilfe ausgewählt wird, übernimmt dieses in einem gewissen Maß Mitverantwortung hinsichtlich der Gewährung der Erziehungshilfe.
Sofern unter „Gewährung" die Hilfezusage verstanden wird, trägt das Heim keine (Mit-)Verantwortung. Das Jugendamt ist als öffentlicher, leistungsverpflichteter Träger der Jugendhilfe allein angesprochen; einen Leistungsanspruch der Bürger gegenüber dem freien Träger – hier wird im übrigen für die folgende Beratung unterstellt, daß es sich um ein Heim in freier Trägerschaft handelt – gibt es nicht. In der Beziehung zu den Hilfesuchenden hat das Heim jedoch unmittelbare Verantwortung, sobald das Kind/der Jugendliche in dem Heim zur Ausführung der Erziehungshilfe untergebracht wird. Die Verantwortung des Heimträgers bezieht sich auf eine Leistungserbringung, die nicht nur nicht gesetzeswidrig, sondern darüber hinaus auch fachlich qualifiziert und damit möglichst erfolgreich zu sein hat.
Deshalb hat jeder Heimträger sich der Frage zu stellen, was er mit welchen Fachkräften in seinem Heim als Hilfe erbringen will und kann; ob er in der Lage ist, eine den allgemeingültigen fachlichen Standards verpflichtete Fachlichkeit zu sichern, die den Kindern/Jugendlichen und deren Familien tatsächliche Hilfe zu geben vermag.
Das setzt voraus, daß der Heimträger sein Heim nicht nur aus Traditionsgründen, sondern aus dem aktuellen Interesse betreibt, sich mit

einem vorzeigbaren und fachlich sinnvollen Hilfeangebot einzubringen; daß er bei der Auswahl und Einstellung seiner Mitarbeiter entsprechend verfährt, d.h. solche Fachkräfte unter Vertrag nimmt, die diesen Träger mit seiner Zielsetzung kompetent vertreten und im Stande sind, die Arbeit auf der Grundlage dieser Zielsetzung sinnvoll auszugestalten und fortzuentwickeln.

Der Heimträger und die von ihm beauftragten Mitarbeiter gehen damit eine Verpflichtung ein, die nicht nur im Sinne einer moralischen zu verstehen ist. Die Tragweite der Verpflichtung schließt ein, daß unter Umständen auch rechtlich zu verantworten ist, ob die Bedingungen vorhanden waren/sind, eine qualifizierte Leistung zu erbringen. Gegenüber den Hilfesuchenden tragen Heim und Jugendamt insofern auch gemeinsame Verantwortung, als das Heim – wie oben dargestellt – fachliche Kompetenz zu zeigen hat und das Jugendamt erst aus dieser Erfahrung heraus befugt ist, gegenüber den Hilfesuchenden den Leistungsanspruch als durch das Heim erfüllt zu betrachten. Diese Vergewisserung des Jugendamtes ist nicht dadurch erreicht, daß sie allein zu Beginn, also bei Heimunterbringung, zustande kommt. Sie ist vielmehr laufend, kontinuierlich.

Das bedeutet für die Zusammenarbeit von Heim und Jugendamt:

Regelmäßigen Austausch über Fortgang und Erfolgsfortschritt der Hilfe.

Berichte und Beratungen in jedem Einzelfall eines Kindes/Jugendlichen sind insofern unerläßlich.

Klare Absprachen über die erforderlichen Maßnahmen einschließlich der klaren Regelung, wer die Elternarbeit und später, nach Heimentlassung, z.B. die Nachbetreuung übernimmt.

Möglichst einmütige Orientierung an dem, was für diesen Minderjährigen „leibliches, geistiges und seelisches Wohl" bedeutet.

Möglichst konstante Gesprächspartner im Heim und im Jugendamt, die in gebotener Offenheit miteinander kommunizieren, einander korrigieren und anregen, Vertrauen von Vertraulichkeit, gegenseitige Kontrolle von Kritizismus und Dirigismus zu unterscheiden vermögen.

Wenn Heim und Jugendamt gemeinsam Verantwortung tragen, schließt das ein Erkennenkönnen und Beachten der jeweiligen fachlichen und rechtlichen Grenzen ein. Es bedeutet Offenheit untereinander. Bei aller Notwendigkeit von Teamarbeit in den Heimen und in den Jugendämtern muß doch jeder einzelne Mitarbeiter bereit sein, persönlich Verantwortung zu übernehmen.

Diese Forderungen sind zum großen Teil in der Praxis erfüllt. Es mangelt aber in Einzelfällen an Vertrauen und Kollegialität. So beklagen

Heim- und Jugendamtsmitarbeiter des öfteren wechselseitig die mangelnde Transparenz der Entscheidungen, Begründungen und handlungsleitenden Kriterien. Es wird von vorgeschobenen Argumenten berichtet, die dazu herhalten sollen, tatsächliche Beweggründe zu überdecken. Auch ist in Einzelfällen offenbar eine Kommunikationsform entstanden, bei der die jeweils angesprochene Seite sich entmündigt, hier und da auch brüskiert fühlt. Deshalb erscheint es notwendig, die Arbeit in der Erziehungshilfe mit einer ausreichenden persönlichen Sensibilität aller Beteiligten zu verbinden, zumal der Leidtragende schlechter oder fehlender Kommunikation gar nicht so sehr die Kommunizierenden, sondern die Kinder und Jugendlichen sind.
Alle zusammengetragenen Aspekte sind für die derzeitige Durchführung der Erziehungshilfe wichtig; ihre Realisation ist unabdingbar – auch ohne Verbund. Die Arbeit im Erziehungshilfe- oder im Jugendhilfeverbund aber fordert derlei Fähigkeiten und Handlungsweisen in noch stärkerem Maße.

Arbeitskreis 14

Heim und öffentliches Bildungswesen: Zusammenarbeit bei schulischer und beruflicher Bildung außerhalb des Heimes

Hans Etteler, Albert Schülken

Berufliche Bildung ausserhalb des Heimes

Das Heim und der Lehrbetrieb übernehmen für einige Jahre gemeinsam die Aufgaben der Erziehungshilfe. In diesem „gemeinsam" stecken viele Probleme, sie sind sowohl bei den beiden Einrichtungen als auch bei der Art des Zusammenwirkens zu finden. Nur wenige unserer Jugendlichen gehen zur Ausbildung in eine pädagogische Einrichtung. Im dualen System geht der Auszubildende (außer zur Berufsschule) in einen Lehrbetrieb, der kaum pädagogisch, sondern beruflich ausgerichtet ist. Das Bild solcher Betriebe ist recht bunt: sehr verschiedenartige Berufsfelder, unterschiedliche Anforderungen und unterschiedliche Organisation. Neben Lehrwerkstätten, meist in Großbetrieben, finden wir kleine Handwerksbetriebe mit einem oder zwei Lehrlingen. Vor allem aber müssen wir die Individualität der Ausbilder sehen, die oftmals zugleich Betriebsleiter und in der Regel, bei kleinen Werkstätten, auch produzierende Arbeiter sind. Wegen dieser Vielseitigkeit ist die Art des Zusammenwirkens nicht festzulegen. Wir können aber Problembereiche aufzeigen, Haltungen und Methoden, die zum Gelingen oder zum Versagen beitragen.

Um solche Voraussetzungen für das Gelingen der Ausbildung zu erkennen, liegen dieser Ausführung einige empirische Zahlen zugrunde:

1. Angaben über alle Schulabgänger der Jahre 1986 und 1987 in allen 13 Kinder- und Jugendheimen (§§ 5,6-Heime) der Arbeitsgemeinschaft Heim- und Heilpädagogik Paderborn (nicht Kinderhäuser und Erziehungsheime).
2. Angaben über alle Schulabgänger der beiden Jahre in einem Erziehungsheim mit integrierter Schule für Erziehungshilfe (Arbeitsgemeinschaft Heim- und Heilpädagogik Paderborn).

Voraussetzung: Schulabschluß

Aus den statistischen Erhebungen geht klar hervor, daß unsere Heime den jungen Menschen gute schulische Voraussetzungen für die Einleitung einer Lehrausbildung bieten. Von wenigen Ausnahmen abgesehen, sind die Schulabgänger, die in das Berufsleben eintreten, zur Hälfte 17, zur anderen Hälfte 18 Jahre alt, also volljährig.
Diese Schulabgänger besitzen zu 90% wenigstens den Hauptschulabschluß oder einen vergleichbaren Abschluß, der durch den erfolgreichen Besuch der Kl. 10 der Sonderschule L erreicht werden kann (NRW).
Wir sehen daraus, daß die Zeit der Schulpflicht zweitrangig ist. Die Verlängerung wird zur Regel, wenn ein guter Schulabschluß noch nicht erreicht ist – trotz der Probleme, die aus der Volljährigkeit entstehen.
So konnte mit 60% dieser jungen Leute ein Lehrvertrag in Handwerk, Industrie oder Handel abgeschlossen werden; die anderen begannen in einem Berufsbildungswerk o.ä eine einfachere Ausbildung. Eine Konzentrierung auf bestimmte Berufe ist kaum noch zu erkennen (ganz leicht bei Hauswirtschafterinnen, Friseusen und Malern).
Was früher sehr verbreitet war, nämlich einen Jugendlichen aus einem Kinderheim in ein Heim mit eigenen Werkstätten zu verlegen, kam bei diesen Jugendlichen überhaupt nicht vor.
Das Heim bringt heute für die Zusammenarbeit die erste wichtige Voraussetzung ein: den guten Schulabschluß – und damit sicher auch eine starke und lebensnahe Motivation der Auszubildenden.

Voraussetzung aber auch: die realistische Sicht

Mit der Unterschrift unter den Ausbildungsvertrag beginnt die Zusammenarbeit zwischen dem Jugendlichen im Heim, den Erziehern – und den Meistern bzw. den Fachlehrern. Diese jungen Menschen brauchen recht oft – so die Befragungen – viel Betreuung und Begleitung, besonders aber schulische Hilfe. Erzieher geben an, daß sie hier deutlich an Grenzen stoßen, weil sie in den berufsspezifischen Fächern nicht helfen können. Soll das Heim also wieder einen Betreuer, etwa einen Berufsschullehrer anstellen? Hier zeigt sich eine Problematik: Ob ein junger Mensch sein Allgemeinwissen und sein schulisches Grundwissen auf die spezifische Fachebene übertragen kann, ist sicher ein wichtiges Indiz dafür, ob er für die (oder diese) Berufsausbildung geeignet ist. Denn das wird jeder Beruf in der heutigen Zeit immer wieder neu verlangen. Der Erwerb der Fähigkeit zur Lehrausbildung ist ein nicht zu übersehendes Ziel der Heimerziehung. Aber Förderung „auf jeden Fall“ ist nicht nur „weggeworfenes Geld“, sondern erweist sich oft als ein großer Nachteil für den Auszubildenden. Er lernt nicht, sich und seine Fähigkeiten realistisch einzuschätzen, und er verliert Zeit. Er wird in der Folgezeit Überforderung und Frustration erfahren, was ihn in der Lebensbewältigung zurückwirft. Vor allem wird er in vielen Fällen nicht die Kraft aufbringen, neu anzufangen. Mit zunehmendem Alter wird es auch immer schwerer, dafür menschliche und finanzielle Hilfe zu bekommen. Der gute Abschluß „auf jeden Fall“ verhindert also eine angemessene Einführung in einen angemessenen Beruf.

Notwendigkeit fester personaler Bindungen

Die Übersicht über die Schulabgänger der beiden Jahre zeigte sehr deutlich, wie sehr die „Heimjugendlichen“ weitere Betreuung mit schrittweiser Hinführung zur Selbständigkeit brauchen. Diese Hilfe kann nicht neu angesetzt werden, sie sollte von dem Heim kommen, zu dem tragfähige Beziehungen bestehen. In diesem Sinn ist es erfreulich, daß die meisten Schulabgänger aus §§ 5,6-Heimen (75 von 85) in der Betreuung „ihres“ Heimes (in verschiedenen Wohn- und Betreuungsformen) bleiben. – So verlaufen die Ausbildungen auch in großem Maße zufriedenstellend, und man hört, daß viele erfolgreich abgeschlossen werden konnten.

Das kann aber auch ganz anders sein! Es gibt genügend Fälle, in denen das Heim tatsächlich oder im Erleben nicht Heimat mit personaler Bindung ist: Im Heim der Öffentlichen Erziehung geht mit dem Abschluß der Schulzeit auch die FEH (oder die FE) zu Ende. Die Anordnung dieser Maßnahme wurde oft sehr stark als Eingriff, sogar als Strafe erlebt. Selbst junge Menschen mit guter Entwicklung sehen plötzlich vor sich die „große Freiheit“ und erwarten – oft unter Verdrängung der auch ihnen offenkundigen Probleme – wieder ein normales, selbständiges Leben im oder beim Elternhaus. Da auch das Landesjugendamt der Meinung ist, daß öffentliche Erziehung nicht zu lange dauern sollte, werden solche Jugendliche oft aus dem Heim ins Elternhaus entlassen.

In dem befragten Heim der Öffentlichen Erziehung gehörten die Jugendlichen und jungen Erwachsenen wegen ihres Verhaltens und ihrer Entwicklung nach der Schulentlassung eigentlich in ein Heim mit interner Berufsausbildung. Eine Verlegung ist sicher nicht angezeigt und in diesem Alter auch ohne die Zustimmung des Auszubildenden nicht möglich. Wo sie nicht zu umgehen war, also in Einzelfällen, mußte leider bei

fast allen der Abbruch der Ausbildung schon in den ersten Monaten in Kauf genommen werden. Es geht scheinbar nicht ohne gewachsene Bindungen.
Etwa die Hälfte der recht vielen Schulabgänger dieses Heimes konnte aber in der Betreuung des Heimes verbleiben (bisherige Gruppe, in der Regel eine Jugendwohngruppe mit verschiedenen Angeboten für Verselbständigung, Appartement).
Es war ein Experiment, diese im Verhalten oft sehr auffälligen und durch vielerlei Einflüsse und Beeinflussungen leicht verführbaren jungen Menschen in die meist kleinen Lehrbetriebe der Stadt und der umliegenden Stadtteile/Dörfer zu vermitteln. Das Heim machte unterschiedliche Erfahrungen. Bei dieser Personengruppe werden in dieser freien, aber auch sehr geforderten Situation die Probleme sehr deutlich. Sie sind aber auch wegen der beiden unterschiedlich engagierten und interessierten Erziehungsstellen nicht zu übersehen oder zu vertuschen. Es werden aber auch gangbare Wege in dieser Erfahrung erkennbar.

Notwendigkeit von sehr offener und intensiver Zusammenarbeit

Bei den genannten Jugendlichen muß die Zusammenarbeit zwischen dem Heim und dem Ausbildungsbetrieb sehr eng sein. Es sind nicht zwei pädagogische Einrichtungen, die sich verbinden oder vernetzen. Am Anfang stehen sehr unterschiedliche Interessen. Der Jugendliche – und mit ihm das Heim – sucht eine Lehrstelle als Fortführung seiner Schulausbildung, die wegen großer schulischer Probleme in einer Heimschule durchgeführt wurde, und auch seiner Erziehung, deren Defizite ihm meist bewußt sind. Der Betrieb aber, oder der Lehrmeister, sucht letztlich eine Arbeitskraft für den Betrieb. Er bekommt einen Erziehungsschwierigen. Der Meister wird bald merken, daß er nicht nur bei ihm ist, um ausgebildet zu werden und mitzuarbeiten, sondern um erzogen zu werden. Die negative Problematik des jungen Menschen ist noch nicht genügend abgebaut, da die Heimerziehung vor der Schulentlassung angesichts der Auffälligkeit oft zu kurz war. Der Betrieb bekommt eine Doppelfunktion, wird zur pädagogischen Einrichtung, was er eigentlich nicht wollte. Darum darf die Zusammenarbeit nicht nur aus Nachhilfe und Beraten bestehen.
Zunächst muß frühzeitig genug ein klärendes, offenes Wort mit dem Ausbilder und auch mit den Mitarbeitern des Betriebes geführt werden. Es geht schlichtweg um die Wahrheit, nicht nur um die Wahrheit, wer dieser Azubi ist, sondern auch darum, daß es Wege gibt, ihn in die rech-

te Richtung zu führen, und daß das nicht nur am Jugendlichen, sondern auch am Meister und am Betriebsklima liegt. Der Lehrmeister muß bewußt dieses Wagnis der Lehrausbildung dieses konkreten Jungen oder dieses konkreten Mädchens auf sich nehmen. Er muß trotz der Schwierigkeiten sein Ja sagen. Es wird sich bald rächen, wenn man durch Unklarheit und zu wenig Offenheit den Meister „gefangen“ hat, und auch, wenn der junge Mensch nicht klare Worte seines zukünftigen „Chefs“ bekommen hat.
Im Heim muß ein bestimmter Erzieher (nicht einfach ein Mitglied des Teams) mit der Begleitung dieser Ausbildung beauftragt werden. Dieser muß sich oft mit dem Jugendlichen beschäftigen, sich auseinandersetzen, aber auch offen zu ihm stehen, mit ihm Konflikte lösen. Er muß aber auch ständig in Kontakt stehen mit dem Ausbilder und der Berufsschule „in guten und in bösen Tagen“. Wichtig scheint es auch, für den Betrieb ein echtes, konkretes Interesse zu zeigen, durch Einkauf, durch Beauftragung des Lehrlings mit einer Fachaufgabe für den Erzieher persönlich, durch Betriebsbesichtigung.
Der Meister soll auch den Lebensraum seines anvertrauten Lehrlings kennen. Gute Erfahrungen wurden gemacht mit der Einladung der Ausbilder in die Gruppenwohnung, zum Abendessen oder zum Glas Bier. Der junge Mensch kann ihm „seine Welt“ vorstellen. Der Meister beobachtet, wie man mit dem jungen Menschen umgeht, wo seine Schwierigkeiten und Möglichkeiten liegen. Auch ist es gut, wenn die verschiedenen Meister miteinander ins Gespräch kommen und ihre Erfahrungen austauschen können.

Vorbereitung auf die Lebensrealität

Jugendliche beginnen ihre Lehre oft mit Illusionen. Sie denken an ihren Traumberuf. Sie können sich unter einem Betrieb nichts Rechtes vorstellen. Vor allem haben sie keine Erfahrung mit sich selbst gemacht. Die Schule ist noch stark auf „unmündige“ Kinder ausgerichtet. Das Heim versorgt leider auch noch zu viel. Der Jugendliche meint zu oft, die ganze Welt würde sich so verhalten, wie es seinen Forderungen entspricht. Dem jungen Menschen fällt es schwer, jeden Tag pünktlich zur Arbeit zu gehen und in der Regel immer wieder dasselbe tun zu müssen. Die Durchhaltekraft ist nicht genügend entwickelt.
Um dieses Problem besser lösen zu können, wurde in der Heimschule dieses Heimes die Oberstufe, sowohl im Bereich der Hauptschule wie der Lernbehinderten, ganz umgestaltet und vorrangig nach der Projekt-

methode unterrichtet. Dazu gehörte das praktische Arbeiten in der Klassenwerkstatt (Projekte), aber auch ein Praktikum in einem möglichen Lehrbetrieb. Die Schüler und Schülerinnen einer Klasse gingen in jeder Woche einen ganzen Tag, ein ganzes Jahr hindurch, in einen Betrieb und erlebten dort den realistischen Alltag, konnten sich selbst prüfen. Der Jugendliche konnte nach einiger Zeit feststellen, was er sich zutrauen kann und was von ihm verlangt wird. Der Meister und auch die anderen Mitarbeiter wußten nach einiger Zeit, „wo sie mit dem Jungen/Mädchen dran waren". – Manche Lehrstelle ist durch diese Art des Praktikums gewonnen, aber auch unmöglich gemacht worden.

Ausbildung muß sich lohnen

Eine Ausbildung zu machen, muß sich lohnen. Die jungen Menschen in dem befragten Heim verpflichteten sich damit, weitere drei Jahre vom Elternhaus entfernt zu sein, Heimerziehung auf sich zu nehmen. – In der heutigen Zeit kommt leider auch die Frage auf, ob denn nach erfolgreichem Abschluß auch eine Facharbeiterstelle zur Verfügung stehen wird. – Sich lohnen, das heißt bei diesen jungen Menschen, deren Wertvorstellungen in der Regel nicht sehr hoch entwickelt sind: es muß sich finanziell lohnen. Gerade das ist leider häufig nicht der Fall. Das liegt natürlich, wie bei allen Azubis, am Tarifsystem, mehr aber noch an den Regelungen der Kostenträger, die wohl „zu gerecht" sind. In einer Gruppe verdiente der eine (d.h., was an barer Münze für ihn unter dem Strich übrigblieb, einschl. Taschengeld und Kleidergeld) 350,– DM, ein anderer nur 161,– DM. Ein nichtarbeitender Jugendlicher (unter 18 Jahren) bekommt – zum Vergleich – 156,– DM plus einer monatlichen Heimfahrt, die die Azubis selbst zahlen müssen.
Regelungen sollten sehr flexibel sein. Ob einer nah oder fern seines Heimatortes wohnt, er bekommt das gleiche Geld. In etlichen Fällen wird es auch nötig sein, daß ein Jugendlicher ein Mofa oder einen Gebrauchtwagen kauft, weil seine Arbeitsstelle auf dem Dorf ist, oder weil der Dienst beginnt, noch bevor ein Bus fährt.
Natürlich sollte ein Erzieher nicht nur wegen des Geldes motivieren.

Ein junger Mensch muß auch einmal versagen dürfen

Das Hauptproblem unserer jungen Menschen ist das vorzeitige Abbrechen der Lehre. In dem befragten Heim brach der Betrieb das Ausbildungsverhältnis ab wegen Diebstahl, wegen Arbeitsverweigerung. –

Aber auch die Azubis brechen ab: Sie lassen sich von ihrer Null-Bock-Stimmung leiten oder haben auch mal eine schlechte Phase.
Damit ist die Jugendhilfe am Ende. Jedem, der versagt oder sich einmal fallen läßt, gibt man eine Chance. Diesen jungen Menschen gibt man sie nicht. Sie sind durch eine Schwäche oder auch eine Straftat zum Hilfsarbeiter oder auch zur Arbeitslosigkeit „verurteilt". Wenn das Jugendwohlfahrtsgesetz nicht in dem Sinn novelliert wird, daß gerade für die labileren jungen Erwachsenen eine geduldigere Hilfe ermöglicht wird, ist es schwer für die Heime, dieses Risiko einer Ausbildung in der normalen Berufswelt einzugehen.
(Referat: Albert Schülken)

Schulische Bildung ausserhalb des Heimes

Ohne eine vertiefte Zusammenarbeit von Heim und Schule geht es im Interesse des Kindes, aber auch im Eigeninteresse von Heim und Schule nicht, wie ich aus vielen Gesprächen erfuhr, die ich mit Heim- und Schulleitungen führte. In diesen Gesprächen wurde mir klar, daß jedes Heim und jede Schule sich um die Zusammenarbeit aus der eigenen gegebenen Problemlage Heim/Schule bemühen muß. Eine Zusammenarbeit kann nicht angeordnet werden, sie muß aus dem Bemühen um das dem Heim und dem der Schule anvertrauten Kind erwachsen.
Auf die Frage, welche Belastungen erfährt die Schule durch die Heimschüler und umgekehrt das Heim durch die Schule, wurden spontan folgende Antworten gegeben.

Welche Belastung erfährt die Schule durch die Heimkinder?
Heimkinder treten als Gruppe auf und beeinflussen und prägen das Schulleben.
Heimkinder müssen im Laufe des Jahres sehr oft als Neuzugänge in eine gewachsene Jahrgangsklasse aufgenommen werden, ohne über den Schüler ein Wissen über seine Schullaufbahn, sein Können zu haben, um eine richtige Eingliederung vornehmen zu können.
Verhaltensauffälligkeiten.
Lerndefizite.

Welche Belastungen erfährt das Heim durch die Schule?
Heimkind erfährt zu wenig Zeit von der Schule zur Eingewöhnung.
Schule stellt zu große Forderungen an den Heimschüler und an die Mithilfe des Heimes.

Negative Schulleistungen und auffälliges Schülerverhalten finden zu starke Beachtung.
Fachlehrersystem an den Schulen erschwert den persönlichen Kontakt.
Heimkinder werden als Gruppe gesehen; Schülerpersönlichkeit findet zu wenig Beachtung.
Eine Zusammenarbeit von Schule und Heim erfordert von beiden ein Wissen über die vielfältigen Möglichkeiten, die beide besitzen, um dem Kind, dem Schüler die erforderlichen Hilfen zu geben. Erst aus dem Zusammengehen von Schule und Heim erwachsen aus deren Möglichkeiten die Hilfen, die greifen.
In den folgenden Abschnitten soll die notwendige Zusammenarbeit von Heim und Schule für zwei Fallgruppen, verhaltensauffällige Schüler und Schüler mit Lerndefiziten, dargelegt werden.
Die Probleme dieser beiden Fallgruppen kann weder die Schule noch das Heim isoliert lösen. Eine Lösung, die dem Kinde voll gerecht wird, ist aber durch gemeinsame Hilfen von Schule und Heim gegeben.

Verhaltensauffällige Schüler

Heim und Schule müssen sich zunächst darauf verständigen, was sie unter Verhaltensauffälligkeiten verstehen. Weiter müssen Schule und Heim gewillt sein, dieses Problem gemeinsam zu lösen.
Verhaltensauffällige Schüler sind bei durchschnittlicher und überdurchschnittlicher Intelligenz in vielfältigen Verhaltensbereichen meistens schwer, umfänglich und langfristig eingeschränkt bzw. auffällig, wobei die Einschränkung graduell unterschiedlich bzw. verschiedenartig sein kann.
Unter Verhaltensauffälligkeiten in der Schule werden in erster Linie Sachverhalte verstanden, die als negativ regelabweichend gesehen, erlebt und als Verhaltensauffälligkeit benannt werden. Dabei handelt es sich um ein Verhalten, das dadurch auffällt, daß es bestimmten Erwartungen nicht entspricht, und zwar bezüglich der Art des Umgangs mit sich selbst, mit anderen und mit Sachen. Das Spektrum der auftretenden Erscheinungsformen von Verhaltensauffälligkeiten bei erziehungshilfebedürftigen Schülern ist vielfältig, z. B. fehlendes Selbstvertrauen, Ängste, Kontaktprobleme, Clownerien, regressives und aggressives Verhalten, Neurosen, Ticks, Wahrnehmungsstörungen, Verwahrlosung, Kriminalität, motorische Unruhe und Entwicklungsrückstände, partielle Lernstörungen, Lern- und Leistungsverweigerung, hyperaktives Verhalten und minimale cerebrale Dysfunktionen (MCD) usw.

In der Fallkonferenz Schule/Heim muß nun die Schule ein genaues Beschreibungsprotokoll über die Verhaltensauffälligkeiten des Schülers vorlegen, welches durch Beobachtungen des Heimes ergänzt werden muß. Erst diese genauen Beobachtungensdaten lassen erste Ursachendeutungen zu.
Die Bedingungen und Ursachen für Auffälligkeiten und Erziehungsschwierigkeiten sind nur in einem bio-, sozial- und interaktionalen Erklärungssystem möglich. Verhaltensauffälligkeiten stehen in Abhängigkeit von der Situation des Beobachters, vom sozialen und situativen Umfeld, sie sind Ausdruck bestimmter Eigenschaften einer Person.
Da Verhaltensauffälligkeiten keine feststehenden Größen sind, sondern prozeßartige Gegebenheiten, die bei Änderung der Bedingungsfaktoren angegangen und entsprechend verändert werden können, finden Schule und Heim in diesem Prozeß ihre gemeinsame Arbeit.
Voraussetzung zur Förderung verhaltensauffälliger Schüler ist eine von der Schule und dem Heim zu erarbeitende Förderdiagnostik, d.h. eine Diagnostik, die nicht festschreibt, kategorisiert und etikettiert. Sie darf sich nicht auf negative Zuschreibungen beschränken, sie geht nicht vom Defekt bzw. von den Defiziten aus, sie muß insbesondere positive Gegebenheiten erkennen und thematisieren, da hier die Ansatzpunkte für gezielte Interventionen gegeben sind. Diagnostik muß also Felddiagnostik sein, d.h., die konkreten Auffälligkeiten und ihre sachlichen, situativen und interaktionalen Umfeldbedingungen erfassen, z.B. müssen die schulische, die außerschulische Lernumwelt des Schülers und die Möglichkeiten zu ihrer integrationswirksamen Veränderung erfaßt werden. Es ist also eine „Kind-Umfeld-Diagnose“ erforderlich, um Förderort und Förderbedarf im Einzelfall unter Beteiligung aller am Erziehungsprozeß Beteiligten festzulegen. Diagnostik ist kein einmaliger Akt, sondern ein Prozeß, der durch ständige Überprüfung der diagnostischen Arbeits- und Ausgangshypothesen gekennzeichnet ist. Hier sind Schule und Heim für das Kind gefordert.

Schüler mit Lerndefiziten

Nach Aussage der Heimleitungen hat sich die Belegung der Heime in den letzten Jahren grundlegend geändert.
Waren früher alle Jahrgänge der Primar- und Sekundarstufe in den Heimen vertreten, sind sie heute fast ausschließlich mit Schülern belegt, die dem Alter nach den Abschlußklassen der Sekundarstufe angehören, in ihren Schulleistungen aber oftmals zurückliegen.

Dieser Schülergruppe muß die Schule und das Heim gerecht werden. Ziel sollte immer der Hauptschulabschluß sein.
Die Schule muß dem Heim ihre Möglichkeiten offenlegen und dem Heim einen Lernverbund anbieten, der der Stärkung der schwachen Schüler dient. Richtlinien sind für den Lehrer Leitlinien seiner Pädagogik. Hieraus erwächst seine Verantwortung, aber auch seine Freiheit in der Auswahl der Lerninhalte. Schon die Lerninhalte sollten mit dem Heim besprochen werden.
Für den Lehrer ergeben sich die Notwendigkeit und der Auftrag, den Kindern und Jugendlichen einen erfahrungs- und sinnträchtigen Lebensraum anzubieten. Es muß von der Hypothese ausgegangen werden, daß die Ziele der Schule von den Schülern auf unterschiedlichen Wegen mit unterschiedlichen Methoden erreicht werden können. In der Schule muß der „passende" Bildungsplan für die Schüler mit Hilfe des Heimes entwickelt werden.
Das Leistungsverhalten des einzelnen Schülers ist durch unterschiedliche Voraussetzungen geprägt. Der Personenkreis ist heterogen.
Es muß bei allen Schülern davon ausgegangen werden, daß trotz der unterschiedlichen Lernvoraussetzungen eine grundsätzliche Leistungsbereitschaft besteht. Sie auszuschöpfen, bedarf des Aufgreifens der umfangreichen und vielschichtigen Erfahrungen des einzelnen Schülers. Ohne Mithilfe des Heimes sind diese für das Lernen so wichtigen Daten nicht zu gewinnen.
Jeder Schüler muß aufgrund seiner Voraussetzungen auf seinen individuellen Lernwegen lernen können. Die persönliche Herausforderung und Anregung sind Bedingungen für die Teilnahme und Entfaltung des Schülers. Dabei muß auf die unterschiedlichen, positiven Erfahrungsbereiche aus der Eigenwelt des Schülers zurückgegriffen werden. Auf den Grundlagen seiner Erfahrungen, seiner Voraussetzungen, auf den Wegen, die ihm möglich sind, die er findet und die er will, kann der Schüler zu einer Eigenwelterweiterung geführt und handlungsfähig werden. Aufgabe der Schule ist es, dies durch Anbieten von entsprechenden Situationen zu ermöglichen. Sie bietet Konzepte des problemzentrierten, adaptiven, offenen, handlungsorientierten, exemplarischen und fächerübergreifenden Unterrichts. Entdeckendes, zielerreichendes und remediales Lernen werden aufgenommen und weiterentwickelt. Dieses Lernen erfordert Mithilfe und sollte mit dem Heim abgestimmt werden.
Durch dieses Lehren und Lernen erfüllt die Schule ihren Auftrag zur individuellen Förderung des Schülers. Die Profilierung der Schule erfolgt durch das Aufsuchen von lebensbezogenen, lebensvorbereitenden,

privaten wie berufsbezogenen Aufgabenfeldern, die folgendes voraussetzen oder beinhalten:
Vermittlung von Grundqualifikationen in den Kulturtechniken;
Förderung der Kreativität, von sozialem und emotionalem Lernen durch individuell begründete Angebote;
Zurücktreten des traditionellen Fächerkanons zugunsten von Lernverbindungen im projektorientierten Arbeiten;
Kooperation mit dem Heim;
Kooperation mit außerschulischen Einrichtungen.
Der schülerorientierte und standortbezogene Bildungsplan erfordert eine Unterrichtsgestaltung mit den methodischen Schwerpunkten „Unmittelbare Begegnung und eigene Erfahrung".
Das macht überwiegend handlungsbezogenes und projektorientiertes Lernen notwendig, das dem Lernbedürfnis der Schüler entspricht. Es bietet zugleich die Chance, andere, neue Erfahrungen mit dem eigenen Lernen zu gewinnen und damit eine positive Lernmotivation aufzubauen.
Andere Qualitäten des Lernens fördern Fähigkeiten des aufgabenbezogenen Handelns, der Kommunikation in der Gruppe und mit Lernpersonen: kreatives Mitwirken und andere lebensbezogene Fähigkeiten gewinnen einen bedeutenden Stellenwert. Die bisherigen Schwerpunkte schulischen Lernens wie Schreiben, Lesen, Rechnen, Lernen aus Büchern, Einüben von Fertigkeiten sind weiterhin notwendig. Doch die Anlässe dazu ergeben sich sinnvoll und vielfältig aus dem handelnden Lernen und implizieren nur in dieser Verbindung eine starke Motivation. Unverzichtbar sind auch weiterhin sonderpädagogische Maßnahmen und Förderunterricht.
Zentraler Lernbereich im Unterricht der Abschlußstufe ist Arbeitslehre. Eine aktive Mitarbeit der Heime empfiehlt sich, da diese zumeist selbst Werkstätten oder zu Werkstätten gute Verbindungen unterhalten.
Arbeitslehre ist allgemeine Bildung unter dem Aspekt der Arbeit und der freien Zeit, deren Bezugspunkt die gesamte Lebenswirklichkeit ist. Wichtigstes Unterrichtsprinzip ist die Arbeit in Projekten, die das handlungs- und situationsbezogene Lernen fördert. Lernen in Projekten orientiert sich einerseits am Lern- und Lebensbedürfnis des Schülers, andererseits an den Anforderungen der Gesellschaft.
Die Bedeutung des Lernbereiches Arbeitslehre im Lebensraum Schule/Heim erfordert die Einbeziehung der gegenwärtigen und zukünftigen Lebensrealität der Schüler in den Situations- und Handlungsfeldern Familie/Heim und Haushalt, Arbeitsplatz und Betrieb, Gesellschaft und Wirtschaft sowie im Freizeitbereich. Das soziale Umfeld der Schüler ist

mitbestimmend für die Inhalte der Arbeitslehre. Hierunter fallen die technischen, wirtschaftlichen und gesellschaftlichen Gegebenheiten.
Die Hinführung zur Berufs- und Arbeitswelt erfordert vermehrte Zusammenarbeit mit den Arbeitsämtern, der Berufsschule und den Betrieben. Konkrete Kontakte der Schüler zur Arbeitswelt (in der Regel Betriebserkundungen und -praktika) sollen in der Abschlußstufe kontinuierlich aufgebaut und fortgeführt werden. Sie vermitteln den Schülern durch Eigentätigkeit im Betrieb Erfahrungen, Kenntnisse und Erkenntnisse technischer, ökonomischer und sozialer Art. Betriebspraktika sollten mehrwöchig durchgeführt werden.

Zusammenfassung

Die Zusammenarbeit von Heim und Schule kann nicht nur angeraten, sondern muß gefordert werden, da Erziehungsplan und Bildungsplan sich gegenseitig durchdringen; sie bilden eine Ganzheit. Nicht große Deklarationen und gegenseitiges Bekunden von allgemeinen Erörterungen führen zur aktiven Zusammenarbeit, sondern der Einzelfall, das Problem, welches das Kind, der Schüler uns aufgibt.
Am Einzelfall muß die Zusammenarbeit erprobt und festgemacht werden. Diese gemeinsame Arbeit am Einzelfall führt Heim und Schule zusammen und bringt über die Lösung des Problems das Wissen mit, was Heim und Schule in der Arbeit am und mit dem Kinde, dem Schüler leisten können.
(REFERAT: HANS ETTELER)

Arbeitskreis 15

Heim und Arbeitsverwaltung: Berufsberatung und Vermittlung

Norbert Arend, Erhard Rieß

Die Berufswahl ist für den jungen Menschen mit vielen Problemen verbunden. Denn gerade die Berufswahl ist eine erste wichtige Entscheidung, die in der Regel der junge Mensch selbständig zu tragen und zu verantworten hat. Sie stellt sich als ein recht komplexer mehrstufiger Prozeß dar, bei dem das Heim mit allen seinen Möglichkeiten gefordert ist. Hier müssen Erzieher und Lehrer eng kooperieren, um den Jugendlichen richtig zu beraten und auf das Berufsleben vorzubereiten.

Zusammenarbeit mit der Arbeitsverwaltung aus der Sicht der Heime

Der Berufsberatung des Arbeitsamtes kommt bei dieser Berufswahl eine immer höhere Bedeutung zu, da die Berufe komplexer, technisch schwieriger und differenzierter werden. Der junge Mensch muß schon in den letzten Schulklassen ganz konkret und gezielt auf diese Berufswahl und die Berufswelt vorbereitet werden. Ebenso differenziert sind die Wege und Möglichkeiten beruflicher Bildung insgesamt geworden. So gibt es betriebliche Ausbildungsstellen, außerbetriebliche und überbetriebliche Möglichkeiten und berufsvorbereitende Maßnahmen. Je nach Ausgangslage des Schülers muß entschieden werden, ob er in der Lage ist, sofort in einen Beruf einzusteigen, ob eine Berufsvorbereitung vorgeschaltet werden muß, ob eine betriebliche Ausbildung in Frage kommt oder ob die außerbetriebliche Ausbildung in einem Heim der Jugendhilfe in Anspruch genommen werden soll. Ziel all dieser Bemühungen muß es sein, den jungen Menschen zu einem anerkannten, qualifizierten Berufsabschluß zu führen. Bei diesem schwierigen Weg, den Jugendlichen in den Beruf einmünden zu lassen, ist das Heim gerade auf die Hilfe der Berufsberatung des Arbeitsamtes angewiesen. Die Beratung durch das Arbeitsamt ist aus der Sicht der Heime stetig fachlich und sachlich qualifizierter geworden, so daß hier für den jungen Men-

schen eine Beratung möglich wurde, die seinen Bedürfnissen und Wünschen gerecht wird.
Darüber hinaus haben sich gerade in den letzten Jahren infolge der Jugendarbeitslosigkeit und des Lehrstellenmangels recht intensive Formen der Zusammenarbeit mit der Arbeitsverwaltung entwickelt; so wurde insbesondere das „Benachteiligtenprogramm" modellhaft zu einer intensiven Kooperation von Arbeitsverwaltung, Jugendhilfe und Heim mit Berufsausbildung. Viele Heime der Jugendhilfe, die Lehrwerkstätten anzubieten haben, konnten so Jugendliche von außerhalb in ihre Lehrwerkstätten hereinnehmen. Die Arbeitsverwaltung wurde hier zum adäquaten Partner, um diesen benachteiligten jungen Menschen beruflich und sozialpädagogisch zu helfen. Diese Zusammenarbeit mit der Arbeitsverwaltung, mit der Vorgabe einer sozialpädagogisch orientierten Berufsausbildung, führte zu einem recht intensiven Nachdenken über die Berufsausbildung innerhalb von Heimen der Jugendhilfe insgesamt. Förderlehrer, Sozialpädagogen und Ausbilder stehen nun gleichberechtigt in der Berufsausbildung für diese benachteiligten und lernschwachen Jugendlichen.

Aufgaben der Berufsberatung

Nach dem Arbeitsförderungsgesetz ist Aufgabe der Bundesanstalt die Berufsberatung. Sie hat Jugendliche und Erwachsene vor Eintritt in das Berufsleben und während des Berufslebens in allen Fragen der Berufswahl und des beruflichen Fortkommens zu beraten. Auf besondere Weise nimmt sie sich dabei der Berufsberatung körperlich, geistig oder seelisch Behinderter sowie sozial Benachteiligter an. Für die Beratung Behinderter stehen besonders weitergebildete Berufsberater zur Verfügung. Die Berufsberatung erteilt Jugendlichen und Erwachsenen Auskunft und individuellen Rat in Berufsfragen (berufliche Beratung). Die berufliche Beratung wird durch die Unterrichtung über Fragen der Berufswahl und über die beruflichen Bildungswege, die Berufe und ihre Entwicklungstendenzen (Berufsorientierung) vorbereitet und ergänzt. Die Berufsberatung hilft, die getroffene Berufsentscheidung zu verwirklichen, indem sie auf das Zustandekommen beruflicher Ausbildungsverhältnisse hinwirkt (Vermittlung in berufliche Ausbildungsstellen). Wo es nötig ist, leistet sie darüber hinaus finanzielle Hilfen, um die Berufsausbildung zu sichern (Förderung der beruflichen Ausbildung).

Berufsorientierung

Die Berufsorientierung richtet sich insbesondere an diejenigen, die vor der Ausbildungs- und Berufswahl stehen sowie an deren Erziehunsberechtigte. Bei der Berufsorientierung unterrichtet die Berufsberatung über Fragen der Ausbildungs- und Berufswahl, über die Berufe, schulische und berufliche Ausbildungsmöglichkeiten (einschließlich deren Anforderungen, Aussichten und Förderung) sowie über beruflich bedeutsame Entwicklungen.

In Berufsinformationszentren wird die Möglichkeit geboten, sich über Berufe und über Fragen der Berufswahl anhand von schriftlichen und audiovisuellen Medien in Eigeninitiative zu informieren.

Darüber hinaus werden von der Bundesanstalt für Schülerinnen und Schüler, Eltern, Lehrer und andere Personengruppen Schriften zur Vorbereitung der Berufswahl kostenlos zur Verfügung gestellt.

Berufliche Beratung

Mit der beruflichen Beratung steht die Berufsberatung allen zur Verfügung, die eine individuelle Beratung zur Ausbildungs- und Berufswahl wünschen. Berufliche Einzelberatung bedeutet: Hilfe zur Selbsthilfe, d.h., dem Ratsuchenden wird durch die Beratung ermöglicht, seine beruflichen Wünsche und Erwartungen, seine persönlichen Anlagen und Fähigkeiten und die Anforderungen der Berufe zu erkennen und miteinander in Beziehung zu setzen. Die individuelle Beratung beruht vor allem auf dem persönlichen Gespräch des Ratsuchenden und gegebenenfalls auch seiner Erziehungsberechtigten mit dem Berufsberater.

Reichen die gewonnenen Erkenntnisse für ein klares Urteil und begründete Vorschläge nicht aus oder wird es zusätzlich für zweckmäßig gehalten, so kann seitens eines Arbeitsamts-Psychologen eine Eignungsuntersuchung vorgenommen werden oder ein Arbeitsamtsarzt die körperliche Leistungsfähigkeit feststellen.

Vermittlung in berufliche Ausbildungsstellen

Wünschen Ratsuchende eine betriebliche Ausbildung, so hilft die Berufsberatung durch Vermittlung in berufliche Ausbildungsstellen. Ausbildungsstellen und Bewerber können im gesamten Bundesgebiet vermittelt werden. Stehen der Aufnahme einer Berufsausbildung Hemmnisse entgegen, die individuell durch fehlende Berufs-/Arbeitsreife bedingt sind oder ihre Ursache in der Situation auf dem Ausbildungsstellen- bzw. Arbeitsmarkt haben können, kann die Berufsberatung die Teilnahme an berufsvorbereitenden Bildungsmaßnahmen (z. B. Grundausbildungslehrgang, Förderungslehrgang und Informations- und Motivationslehrgang) empfehlen. Für Behinderte gibt es spezielle berufsvorbereitende Bildungsmaßnahmen im Rahmen der beruflichen Rehabilitation (z. B. Berufsfindung, Arbeitserprobung).

Förderung der beruflichen Bildung

Die Verwirklichung der Berufsentscheidung unterstützt die Berufsberatung durch finanzielle Leistungen, insbesondere durch die „individuelle Förderung der betrieblichen Berufsausbildung“ sowie der Teilnahme an berufsvorbereitenden Bildungsmaßnahmen.
Behinderten Berufsanwärtern wird durch die finanzielle Förderung im allgemeinen überhaupt erst ihre Integration in das Berufs- und Arbeitsleben ermöglicht (z. B. Ausbildungszuschüsse an Arbeitgeber zur Erschließung betrieblicher Ausbildungsstellen, Übernahme der Kosten einer Ausbildung in einem Berufsbildungswerk).
Darüber hinaus kann die Bundesanstalt die überbetriebliche Ausbildung oder ausbildungsbegleitende Hilfen für ausländische Auszubildende sowie für lernbeeinträchtigte oder sozial benachteiligte deutsche Auszubildende finanzieren.

Verlauf und Ergebnis des Arbeitskreises

Im Arbeitskreis bestand das Bedürfnis, sich vorrangig mit der Berufseingliederung Lernbehinderter zu beschäftigen.
Eingegangen wurde dabei insbesondere auf die berufsvorbereitenden Bildungsmaßnahmen der Arbeitsverwaltung wie z. B. Förderungslehrgänge. Die Gesprächsteilnehmer kritisierten sehr stark die von der Bundesanstalt geplanten Reduzierungen bei berufsvorbereitenden Bildungsmaßnahmen. Der den Jugendlichen alternativ empfohlene Besuch der Berufsvorbereitungsjahre bei den Berufsbildenden Schulen sei kein gleichwertiger Ersatz für die Maßnahmen der Arbeitsverwaltung. Die Jugendlichen seien sehr oft sogenannte „Schulversager“ mit zum Teil schon über 10 Jahren Schulbesuch/-erfahrung und meist nicht mehr bereit, wieder eine Schule zu besuchen. In der „Einrichtung“ Schule mit

z.T. mehreren tausend Schülern gingen diese Problemjugendlichen ohne zusätzliche soziale Betreuung – die von der Schule nicht geleistet werden kann – unter. Hinzu komme, daß die Schulen in der Regel nur halbtags unterrichten und die Jugendlichen somit auch nicht an ein Arbeitsverhalten für eine Ganztagsarbeit herangeführt würden. Nicht zu unterschätzen sei gerade bei diesen Jugendlichen ein gewisser finanzieller Anreiz zum Besuch von Bildungsmaßnahmen, wie er in Form von Berufsausbildungsbeihilfe durch die Arbeitsverwaltung gewährt werde.
Der Vertreter des Arbeitsamtes wies darauf hin, daß es zunächst Aufgabe des schulischen Bildungswesens ist, Schüler über allgemeinbildende und berufsbildende Einrichtungen auf die Einmündung in das Berufsleben vorzubereiten. Die Kultusminister und Senatoren der Länder sehen hierfür das Berufsvorbereitungsjahr der Berufsschulen als geeignetste Form an. Die Bundesanstalt für Arbeit könne somit auch nur dann berufsvorbereitende Bildungsmaßnahmen für nicht mehr vollzeitschulpflichtige Jugendliche finanzieren, soweit kein gleichwertiges, für die Bedürfnisse des einzelnen Jugendlichen geeignetes schulisches Bildungsangebot vorliege. Ausschlaggebend dafür, ob im Einzelfall berufsfördernde Maßnahmen bewilligt werden, sei allerdings nicht die Erwartung von Maßnahmeanbietern hinsichtlich der Auslastung ihrer Kapazitäten, sondern allein die Notwendigkeit, dem einzelnen Behinderten die von ihm benötigten Leistungen zu seiner beruflichen Eingliederung zu erbringen.
Weiter war die betriebliche bzw. überbetriebliche Berufsausbildung Gegenstand der Diskussion im Arbeitskreis. Dabei stellte sich heraus, daß behindertenspezifische Regelungen der Berufsausbildung, wie sie nach § 48 Berufsbildungsgesetz bzw. § 42b Handwerksordnung möglich sind, teilweise von Bundesland zu Bundesland und von Kammer zu Kammer sehr unterschiedlich oder auch gar nicht praktiziert werden.
Bei der betrieblichen Berufsausbildung Lernbehinderter wurde allgemein darüber geklagt, daß die Berufsschule nur in den seltensten Fällen den besonderen Belangen dieses Personenkreises Rechnung trägt, beispielsweise durch Einrichtung von speziellen Fachklassen bzw. durch Stütz- und Förderkurse. Die entsprechenden Empfehlungen der Kultusministerkonferenz von Oktober 1982 seien in der Praxis nur sehr selten und wenn, dann auch nur ansatzweise umgesetzt worden. Hier müsse an die Kultusminister und Senatoren der Länder appelliert werden, die Empfehlungen zugunsten der Lernbehinderten unverzüglich umzusetzen.
Ausführlicher besprochen wurden die jetzt von der Bundesanstalt für Arbeit finanzierten ausbildungsbegleitenden Hilfen bei einer betrieb-

lichen Berufsausbildung. Danach können Auszubildende bei Vorliegen bestimmter Voraussetzungen kostenlos an sogenannten „Stützkursen" außerhalb der Berufsschule teilnehmen, wenn die Erreichung des Ausbildungszieles sonst gefährdet ist bzw. eine Ausbildung überhaupt nicht möglich ist. Im Rahmen dieser Hilfen können Jugendliche unter anderem in Kleingruppen oder auch als Einzelpersonen in den Fächern Nachhilfe erhalten, in denen sie in der Berufsschule besondere Schwierigkeiten haben. Außerdem können sie bei Bedarf auch sozialpädagogisch betreut werden.

Nach den Erfahrungen der Arbeitskreisteilnehmer ist die Vermittlung von Lernbehinderten in Arbeitsplätze ohne vorherige Berufsausbildung zunehmend schwieriger geworden, für Mädchen fast unmöglich. Die finanziellen Leistungen der Bundesanstalt seien hier zwar zum Teil hilfreich – das Problem sei aber allein mit Geldleistungen an Betriebe nicht zu lösen. Viele dieser Jugendlichen benötigten auch bei einem bestehenden Arbeitsverhältnis noch zusätzliche, von Sozialarbeitern zu leistende Hilfen.

Insgesamt konnte festgestellt werden, daß es vielfältige Möglichkeiten für Lernbehinderte gibt, zu einem Ausbildungsabschluß zu kommen. Sehr große Probleme bereitet die Vermittlung in Arbeitsplätze für Jugendliche ohne Ausbildung. Als notwendig und sinnvoll wurde immer wieder die enge und vertrauensvolle Zusammenarbeit mit den Berufsberatern für Behinderte bei den Arbeitsämtern hervorgehoben.

Arbeitskreis 16

Heim und Erziehungsberatung: Sind die Möglichkeiten zur Zusammenarbeit schon genutzt?

Gerhard Leinhofer, Josef Menges

Die Möglichkeiten einer Zusammenarbeit sind noch nicht hinreichend genutzt. Es gibt konstruktive Ansätze, aber kaum Konzepte. Andererseits wird aber allgemein die dringende Notwendigkeit gesehen, daß im Interesse der z. T. gemeinsamen Klientel eine engere Zusammenarbeit angestrebt werden muß.

Mögliche Störvariablen für eine konstruktive Zusammenarbeit

Eine gelungene Zusammenarbeit zwischen verschiedenen Einrichtungen wird immer ermöglicht oder erschwert durch strukturelle und persönlichkeitsspezifische Aspekte. Vor allem vier Bereiche sind hier kritisch zu beleuchten.

1. Der Kontrakt: Wenn zwei Institutionen mit unterschiedlichen Aufgabestellungen zu einer konstruktiven Zusammenarbeit kommen wollen, so ist eine klare Absprache darüber nötig, was vom jeweiligen Partner in welcher Zeit erwartet wird, also ein klarer Kontrakt. Viele Mißverständnisse und Fehleinschätzungen rühren daher, daß die gegenseitigen Erwartungen und Arbeitsaufträge nur sehr selten klar formuliert werden.

2. Das unterschiedliche Beratungs- bzw. Therapiekonzept: Die Arbeitsansätze des Heimes bzw. der Erziehungsberatungsstelle sind schon deshalb verschieden, weil in dem einen Fall ambulant vor dem Hintergrund der Familie und damit gemeinsam mit der Familie bzw. mit Teilen von ihr gearbeitet wird, während im anderen Fall das Kind aus der Familie herausgenommen wird. Zwar geschieht auch im Heim Elternarbeit, das Grundmuster ist aber in jedem Fall unterschiedlich.

3. Fachlicher Austausch: Dabei handelt es sich um einen Erfahrungsaustausch der Personen und ihrer fachlichen Vorstellungen, Ideen, Gefühle, um einen Austausch der eigenen fachlichen Essentials und der Notwendigkeiten für Klienten. Die Verschiedenartigkeit von Handlungsstrategien, die schon durch den fachlichen Auftrag gegeben ist, verlangt Gespräche. Nur so können Differenzen ausgeschaltet werden.

4. Reflexivität des Handelns: Diese Austauschfähigkeit kommt nicht von selbst. Sie muß geweckt und gefördert werden. Spezielle Methoden wie Supervision, kollegiale Beratung, Fallkonferenzen, Fortbildungen usw. müssen gepflegt werden. Dies gilt vor allem für das Personal in der Heimgruppe, das von seinem Arbeitsauftrag und von den Voraussetzungen durch die Ausbildung her eher dazu neigt zu handeln, „Erziehung zu tun“. Der reflexive Teil kommt dabei leicht zu kurz. Es ist Aufgabe von psychologischen Diensten, hier Hilfestellung zu leisten.

Elemente einer gelungenen Zusammenarbeit

An den Störvariablen konnte es bereits aufgezeigt werden – das Gelingen der Zusammenarbeit hängt weitgehend davon ab, daß man gegenseitig die Arbeitsweise und die Handlungsansätze kennen- und akzeptieren lernt. Folgende Schwerpunkte sind hier anzusprechen.

Die therapeutische Prozedur

Die psychologische Arbeit in den ambulanten Beratungsstellen faßt darunter drei wesentliche Grundelemente.

1. Freiwilligkeit: Wer in die Beratungsstelle kommt, kommt in der Regel freiwillig. Zusammenarbeit in der Beratungsstelle basiert auf Freiwilligkeit. Entscheidungen in der therapeutischen Prozedur werden vom Mandanten getroffen; vom Therapeuten werden sie gefördert und begleitet.
Anders ist dies in der Heimarbeit. Hier führt auch heute noch in aller Regel eher der Druck von amtlichen Stellen zu Entscheidungen für die Heimunterbringung. Dies erschwert natürlich die Zusammenarbeit zwischen Heim und Eltern. Es ist in der Diskussion zu überlegen, wo hier Annäherungen möglich und notwendig sind.

2. Wahlfreiheit: In der ambulanten Beratungsarbeit entscheidet der Klient, zu welcher Beratungsstelle er gehen will, mit welchen Therapeuten er zu arbeiten bereit ist.
In der Heimszene ist diese Freiheit ebenfalls stärker eingeschränkt und oft gar nicht bekannt. Aber auch hier wird die Bereitschaft der Eltern zur Mitarbeit sehr davon abhängen, wie gut sie das Leben des Kindes in einem Heim akzeptieren können.

3. Verschwiegenheit: Das Gebot der Verschwiegenheit, dem sich der Therapeut in der Therapiesituation verpflichtet fühlt, garantiert die Möglichkeit zu Offenheit und zur Bereitschaft zur Zusammenarbeit.

Diese Pflicht besteht in der Heimarbeit in dieser Form nicht. Aber auch im Heim werden Eltern nur dann Vertrauen gewinnen, wenn sie sich ernst genommen fühlen. Das beinhaltet, daß ihre Einstellungen und Meinungen in einem von ihnen selbst akzeptierten Rahmen bleiben.

Der systemische Ansatz

Ein weiterer wesentlicher Punkt, der im Zusammenhang mit gelungener Zusammenarbeit diskutiert werden muß, liegt in der Tatsache begründet, daß ambulante Beratung heute weitgehend nach dem systemischen Ansatz arbeitet. Nicht Individualdenken ist gefragt, sondern Systemdenken. Nicht ein Kind kommt gestört zur Beratungsstelle, sondern das System Familie ist gestört und braucht Hilfe.

In der Heimpädagogik ist unter diesem Gesichtspunkt ebenfalls noch Entwicklungsarbeit zu leisten. Zwar wird das Kind zweifellos aus dem Familiensystem herausgelöst, aber es bringt seine Familie als seelisch-geistiges Konglomerat mit ins Heim. Die Familie ist unsichtbar immer da und will berücksichtigt werden. Je besser es gelingt, die Eltern und ihre Möglichkeiten zum Zusammenleben mit dem Kind zu einem Schwerpunkt auch der Heimarbeit zu machen, um so wahrscheinlicher ist der Erfolg einer Heimunterbringung.

Zum anderen ist die Heimgruppe ebenfalls ein kommunikatives System, das nach Systemregeln handelt. Es sind bewußt Ansätze zu entwickeln, die diese Prozesse berücksichtigen.

Flexibilität und Entwicklungsfähigkeit

Einen dritten wesentlichen Aspekt fassen wir unter den Begriffen Vielfalt, Variabilität und Entwicklungsfähigkeit der Heimangebote. In vielen Fällen der ambulanten Praxis zeigt sich, daß Eltern in ihrer erzieherischen Aufgabe überfordert sind und Entlastung suchen, daß sie aber nicht für längere Zeit oder gänzlich auf ihre Elternrolle verzichten wollen. Die Mitarbeiter in den ambulanten Diensten suchen in solchen Fällen Möglichkeiten für befristete und unbefristete ganztägige oder teilstationäre Unterbringungen, bei denen die Anliegen und Beweggründe der Eltern genauso vertrauensvoll und mit Respekt angenommen werden, wie dies beim Therapeuten und Berater der Beratungsstelle geschieht.

Die Heimpädagogik hat hier in letzter Zeit eine Reihe variabler Modelle spezieller Hilfen entwickelt. So gibt es pädagogische und therapeutische Ganztagsgruppen, in denen vor allem Schulkinder nicht nur schulaufgabenbezogen lernen, sondern wesentliche pädagogische Ziele erreichen können und auch therapeutische Ansatzpunkte entwickelt werden. Es lassen sich Formen befristeter Heimunterbringung denken, in denen schon in der Anfangsphase die Aufgabenstellung möglichst eng umrissen und zeitlich terminiert wird.

Hier ist sicher noch ein breites Feld für differenzierte Angebote; ein Feld, in dem noch viele Konzepte zu entwickeln sind, in denen sich unterschiedliche Formen der Zusammenarbeit mit Eltern realisieren lassen.

Solche Ansätze erleichtern es nicht nur der ambulanten Beratungsstelle, die differenzierten Angebote der Heimpädagogik aufzugreifen, sie helfen auch mit, die Meinung vieler Eltern abzubauen, daß Heimunterbringung der absolute Kontrapunkt zur Familienerziehung sei. Sie erweisen sich als Ergänzung zur Familienerziehung und machen deutlich, daß Heimerziehung durchaus mit den Erwartungen unterschiedlicher Eltern in Übereinstimmung gebracht werden kann.

Damit die eben genannten Punkte für die Zusammenarbeit zum Tragen kommen können, sind wichtige Elemente zu berücksichtigen, die das Gelingen der Kommunikation ermöglichen:

Geduld, Akzeptanz und Hilfsbereitschaft;
Selbständigkeit und Verantwortungsbereitschaft;
Kontaktbereitschaft;
Konstruktivität, Echtheit und Verständlichkeit;
Konfliktbereitschaft;
Ausdruck von Gefühlen;
Direktheit;
Ganzheitlichkeit.

Wenn es gelingt, daß Heime und ambulante Beratungsstellen den gemeinsamen Auftrag, nämlich bestmögliche Hilfen für Kinder bereitzustellen, unter den obigen Kriterien angehen, wenn die unterschiedlichen strukturellen Einbettungen und spezifischen Erfahrungshintergründe gegenseitig bewußt gemacht und berücksichtigt werden, sollte eine konstruktive Zusammenarbeit sicher erreichbar sein.

Konkrete Ansatzpunkte für eine Zusammenarbeit

Ein Großteil der Heime hat inzwischen seinen eigenen psychologischen Dienst. Die psychologische Betreuung der Kinder im Heim ist deshalb nur in seltenen Fällen Aufgabe ambulanter Beratungsstellen. Trotzdem gibt es eine Reihe von Berührungspunkten. Sie sollten hier in ihren wesentlichen Bereichen angesprochen werden.

Indikation und diagnostische Hilfen

Die Beratungsstelle kann eine Reihe von Hilfen bereitstellen, die etwa bei Fragen der Einweisung oder Überweisung von Bedeutung sind. Hier stehen ein breites diagnostisches Wissen und eine Reihe von psychodiagnostischen Verfahren zur Verfügung. Außerdem kann die Beratungsstelle durch vielseitige Tätigkeit im ambulanten Bereich auch Erfahrungen bereitstellen, die entscheiden helfen, ob jeweils ambulante oder stationäre Betreuung angezeigt ist.
Für eine Zusammenarbeit ist dabei von besonderer Bedeutung, daß die Kriterien der Freiwilligkeit und Verschwiegenheit als Grundlage akzeptiert werden, daß Fachkräfte sich ausdrücklich und in entsprechender Weise von der Verschwiegenheit entbinden lassen und die Orientierung am Wohl des Kindes eine zentrale Bedeutung behält. Entscheidungen, die über die Köpfe der Betroffenen hinweg gefällt werden, sind – von Ausnahmen abgesehen – ungerechtfertigt und schädlich.

Begleitende Beratung während des Heimaufenthalts

Heimaufenthalt bedeutet für jedes Kind einen Einschnitt in die Sozialisationsgeschichte. Oftmals liegt in der Beratungsstelle ein immenses Wissen über die Vorgeschichte des Kindes vor sowie eine Menge an Erfahrungen in bezug auf vorangegangene Einzelfallarbeit mit der Familie. Diese Erfahrungen sollte sich der zuständige Erzieher zunutze machen.
In den Fällen, in denen die Beratungsstelle die psychologische Betreuung des Kindes während des Heimaufenthalts übernehmen soll, sollte besonders darauf geachtet werden, daß die Kinder nicht zur Beratungsstelle gebracht und dort der ambulanten Einrichtung zur Behandlung oder Beratung überlassen werden. Im Sinne des systemischen Ansatzes sollte sich der Erzieher in die Therapie miteinbeziehen, sollte zum Mitarbeiter bei der Therapie (Co-Therapeut) avancieren. Auf diesem Wege kann für die psychologische Beratung oder Therapie die enge Beziehung genutzt werden, die zwischen dem Kind, der jeweiligen Gruppe und dem betreuenden Gruppenerzieher besteht. Es hat sich in vielen Beratungsstellen bewährt, daß bei Beratungen und Therapien von Kindern aus Heimen jeweils ein fachkundiger Erzieher beteiligt wird.
Begleitende Beratung erfordert große Aufmerksamkeit bei der Abklärung der Kompetenzen, der Schritte und Ziele. Je offener dabei alle Betroffenen einbezogen werden, desto eher wird verhindert, daß sich Ent-

scheidungsprozesse verselbständigen. Das gemeinsame, offene, partnerschaftliche, systemorientierte Gespräch ist allen anderen Kommunikationsformen vorzuziehen.

Nachbereitung und nachgehende Betreuung

Beim Entlassen aus der Einrichtung, also bei der Rückkehr zu den vorherigen Bezugspersonen oder bei der Eingliederung in eine Pflegefamilie, kann eine nachgehende Betreuung durch psychologische Beratungsdienste ebenfalls sinnvoll und zweckmäßig sein. Wie bei der Indikation und der begleitenden Beratung ist auch hier von Bedeutung, daß die spezifischen Erfahrungen der beiden Institutionen in einem auf das Wohl des Kindes bezogenen offenen Diskussionsprozeß weitervermittelt werden und alle beteiligten Seiten eines Beratungsprozesses die entsprechende Chance bekommen, mitzuwirken, mitzuentscheiden und sich mit den eigenen subjektiven Möglichkeiten miteinzubringen.
(REFERAT: GERHARD LEINHOFER)

DISKUSSION

In der sich an das Referat anschließenden Diskussion stellten sich drei Themenkomplexe heraus, die in der Praxis von besonderer Bedeutung sind.

Systemischer Ansatz

Einerseits als Basis für eine bessere Gemeindebezogenheit der Jugendhilfe, andererseits als Grundlage für die Elternarbeit im Heim.
In der Diskussion wurde vor allem die mangelnde regionale Vernetzung der sozialen Dienste (Gemeindebezogenheit) angesprochen. Die einzelnen Dienste arbeiten weitgehend für sich, kennen sich zum Teil nicht einmal gegenseitig. Gefordert wurde die Erstellung eines Verzeichnisses aller Fachdienste in den einzelnen Regionen und die Einrichtung von Arbeitskreisen dieser Fachdienste, in denen fallbezogen die notwendige Betreuung für ein Kind diskutiert und geplant werden kann.
Bezüglich der Fragestellung „Systemischer Ansatz und Elternarbeit im Heim“ wurde darauf verwiesen, daß es sich im Heim kaum um Familien

handelt, die freiwillig kommen, sondern weitgehend um Eltern, die ihr Kind nur aufgrund von Hilflosigkeit oder infolge von Druck durch das soziale Umfeld im Heim unterbringen. Das Prinzip der Freiwilligkeit, der Wahlfreiheit und der Verschwiegenheit kann im Heim deshalb sicher nur begrenzt durchgehalten werden. Dem wurden zwei Argumente gegenübergestellt:
Die Tatsache, daß bei den Eltern der Heimkinder die Freiwilligkeit zum Teil fehlt, ändert nichts daran, daß es sich um Systeme und um Veränderung von Systemelementen handelt. Auch rigide Forderungen an Eltern haben Auswirkungen auf das System.
Weiter wurde in diesem Zusammenhang der Blick geworfen auf das „realistische System" (wer beteiligt sich tatsächlich an der Therapie) und das „repräsentative System" (wer ist, wenn auch nur ideell, zu berücksichtigen). Für die Elternarbeit im Heim ergeben sich daraus zentrale Momente. Die Eltern können durch das Heim nicht ersetzt werden. Verdrängen der Eltern aus der Heimarbeit wird voraussichtlich die Probleme des Kindes verstärken. Für die Elternarbeit im Heim sind daher folgende zwei Punkte grundsätzlich zu überlegen:
Wo ist Arbeit mit Eltern real möglich? Wo sind die Eltern bereit mitzuarbeiten?
Wo geschieht Elternarbeit durch Bearbeitung von Krisenerfahrungen im Kinde? Wo sind die Eltern im Kind repräsentiert?

Zusammenarbeit zwischen Heimen und Erziehungsberatungsstellen

Einerseits als Vorfeldarbeit, andererseits während des Heimaufenthaltes eines Kindes.
Für die Arbeit der ambulanten Beratungsstelle ist grundlegend, daß sie nicht direktiv arbeitet. Ziel der Beratung ist es, den Klienten bei der Bewußtwerdung ihrer Probleme zu helfen, sie bei deren Lösung zu begleiten. Das Tempo bestimmt der Klient selber. Eltern sollen möglichst „Ich-gerechte" Entscheidungen treffen, hinter die sie sich auch stellen können. Wenn es darum geht, Entscheidungen von Eltern (etwa für eine Fremdunterbringung) aktiv zu beeinflussen, halten sich die Berater in den ambulanten Diensten weitgehend zurück, stehlen sich vielleicht sogar aus der Verantwortung. Das soll das Jugendamt machen. Hier sind sicher weitere Reflexionen auch auf seiten der Beratungsstellen notwendig. Eine Erleichterung bei solchen kritischen Entscheidungen wäre, wenn die Berater genauer wüßten, welche Kompetenzen tatsächlich in den Heimen vorhanden sind. Um die Durchlässigkeit von der ambulan-

ten Beratungsstelle zur stationären Einrichtung zu erleichtern, sind deshalb sicher intensive Gespräche über die gegenseitige Arbeitsweise notwendig.
Bezüglich der Zusammenarbeit im Heim ist primär auf die Ausführungen im Einführungsreferat zu verweisen. Die familienbegleitende Arbeit sollte auf keinen Fall vernachlässigt werden. Ob sie der psychologische Dienst des Heimes durchführt oder die ambulante Beratungsstelle ist unwesentlich. In beiden Fällen sollte der zuständige Erzieher einbezogen werden.

Vorgegebene Rahmenbedingungen für eine Zusammenarbeit

Einerseits vor dem Hintergrund der personellen Möglichkeiten von Beratungsstellen (Wartezeiten, Verfügbarkeit), andererseits vor dem Hintergrund tatsächlicher Verschiedenheit der Arbeitsansätze (Freiwilligkeit, Wahlfreiheit, Verschwiegenheit).
Es ist Tatsache, daß sich die ambulanten Beratungsstellen eher für Kinder zuständig fühlen, die aus dem Elternhaus kommen. Das heißt aber nicht, daß sie unter entsprechenden Bedingungen nicht zur Zusammenarbeit mit dem Heim bereit sein sollten. Von den Beratungsstellen vorgegebene Wartezeiten und angeblicher Personalmangel können unter Umständen durchaus Ausweichmanöver sein, weil die Arbeit mit den Kindern aus den Heimen besondere Schwierigkeiten beinhaltet. Es ist auch hier oft eine Frage der Verhandlungsstrategie, ob eine konstruktive Zusammenarbeit möglich wird.
Es bleibt die Tatsache bestehen, daß in der Heimarbeit die Möglichkeiten stärker eingegrenzt sind. Daraus ergeben sich aber auch Verpflichtungen. Das Dilemma Heim als Zwangseinrichtung wird sich nur auflösen lassen, wenn die Mitarbeiter im Heim Zugang zu den Eltern finden, deren Vertrauen gewinnen. Dies kann aber nur gelingen, wenn Aspekte der Freiwilligkeit, Wahlfreiheit und Verschwiegenheit berücksichtigt werden. Man muß die Mitarbeit der Sorgeberechtigten gewinnen, wenn Heimerziehung wirklich erfolgreich sein soll. Soweit möglich, sollten Eltern ihre Kinder in einer Einrichtung ihrer Wahl unterbringen können. Das Gebot der Verschwiegenheit ist auch im Heim ein wichtiges Prinzip der Elternarbeit, das nur mit Einverständnis der Eltern aufgehoben werden darf.

Arbeitskreis 17

Heim und Adoptions- und Pflegevermittlungsstelle: Wege eines konstruktiven Miteinanders

Monika Pankoke-Schenk, Susanne Schulz

Adoption wird häufig als eine Alternative oder auch Perspektive im Schwangerschaftskonflikt definiert. Zunächst muß hier unbedingt dieser Begriff der Alternative wegfallen. Erfahrungen katholischer Schwangerschaftskonfliktberatungsstellen zeigen nämlich, daß die Freigabe eines Kindes zur Adoption für viele betroffene Frauen häufig keine realistische Perspektive in der Schwangerenberatung ist. Dabei spielen verschiedene Gründe eine Rolle:

Viele Frauen sehen sich außerstande, ihr Kind, wenn sie es ausgetragen haben, noch abzugeben.

Schwerwiegender ist aber, daß der Schwangerschaftsabbruch, die Abtreibung, in der Öffentlichkeit verborgen werden kann, während die Freigabe eines Kindes zur Adoption gewöhnlich bekannt wird. In der öffentlichen Meinung, nicht zuletzt auch in christlichen Gemeinden, scheint eine Abtreibung leichter geduldet zu werden als die Freigabe eines Kindes zur Adoption. Die Mutter, die ihr Kind abgibt, erfährt, daß sie vielfach verurteilt wird; ein Beispiel dafür ist das schlimme Wort „Rabenmutter", während die adoptionsbereite Familie in der Gesellschaft hohe Akzeptanz findet. Hier ist noch eine Menge an Meinungsbildung, auch in katholischen Kirchengemeinden, aufzuholen.

Es ist ein ungelöster Widerspruch in unserer Gesellschaft, daß wir alljährlich 200000 bis 300000 Abtreibungen, also Tötung von ungeborenen Kindern, in unserem Land zu beklagen haben, zugleich jedoch auch einen ausgeprägten Kinderwunsch. Es besteht ein prozentuales Mißverhältnis von 1:30, d.h. auf 30 Adoptivbewerber kommt ein Kind, das zur Adoption freigegeben wird. Diese Frage wird in besonderer Weise aktuell im Zusammenhang mit dem neuen Schwangerenberatungsgesetz.

Eine weitere aktuelle Problematik und Fragestellung ist der augenblicklich vorliegende Referentenentwurf zur Änderung des Adopitonsvermittlungsgesetzes, in dem die Pönalisierung gewerblicher Leihmutterschaft in das Adoptionsvermittlungsgesetz aufgenommen werden soll. Abgesehen davon, daß wir uns wohl alle einig sind, daß Leihmutterschaft unter Strafe gestellt werden muß, und zwar nicht nur gewerblich betriebene Leihmutterschaft, so ist es um so fragwürdiger, um nicht zu sagen aus jugendhilfepolitischen und -rechtlichen Gründen inakzeptabel, daß ein solches Verbot in das Adoptionsrecht aufgenommen wird. Man kann unserer Meinung nach nicht ein positives Leistungsrecht der Jugendhilfe mit einer strafrechtlichen Sanktion überfrachten. Diese Meinung gilt im übrigen sowohl für den Spitzenverband Deutscher Caritasverband als auch seiner Fachverbände wie darüber hinaus für die offizielle Kirchenmeinung, und es gibt einen einstimmigen Beschluß des Deutschen Frauenrates.

Eine wichtige, ganz neue Standortbestimmung und einen neuen Stellenwert erhält Adoptionsvermittlung im Zusammenhang mit den Forschungsergebnissen der Gentechnik und der Reproduktionsbiologie, d.h. der Fortpflanzungsmedizin. Hier wird u.a. nicht zuletzt in der Römischen Instruktion über Fortpflanzung menschlichen Lebens darauf hingewiesen, daß Adoption einen Vorrang besitzen soll vor der Invitrofertilisation bzw. dem Embryotransfer und der vorausgehenden homologen und heterologen Insemination, die von seiten der Kirche moralisch abgelehnt wird. Diese Schlaglichter machen deutlich, daß Adoption – wie gesagt – ein hochsublimes, subtiles Instrument ist, das rein quantitativ auch nicht allzu häufig zum Zuge kommen kann. Immerhin geht es hier um Menschenleben, es geht darum, für Kinder Eltern zu finden. Wenn also die Zahlen der Adoptionsvermittlung rückläufig sind, so ist dieses nicht nur rein formalistisch darauf zurückzuführen, daß quantitativ nicht ausreichend Kinder zur Adoption freigegeben werden, sondern weil dieses Instrument eben sehr sensibel zu handhaben ist. Wir machen zur Zeit eine Untersuchung mit dem Bundesministerium für Jugend, Familie, Frauen und Gesundheit. Danach wurden abgebende Mütter befragt, zugegebenermaßen nicht in einer repräsentativen Untersuchung, erwachsene Adoptierte und Adoptiveltern. Das bisherige Ergebnis lautet: Während alle abgebenden Mütter sich mit der Entscheidung, ihr Kind zur Adoption gegeben zu haben, nicht abgefunden haben, ist der größte Teil der Adoptierten sehr mit ihrem Schicksal zufrieden, und die Adoptiveltern ebenso. Dieses Dreiecks-Spannungsverhältnis gilt es auszuhalten.

Daß die Pflegekinderdienste in den letzten Jahren einen enormen Ausbau erfahren haben, ist sicherlich gut, nicht zuletzt im Zusammenhang mit dem Thema unseres Arbeitskreises und der gesamten Bundestagung. Ambulante Hilfen im Bereich der Jugendhilfe, aber auch der Familienhilfe, sind differenzierter ausgebaut worden, dazu gehörten auch die Pflegekinderdienste.

Allerdings sind wir inzwischen an einem Punkt angelangt, wo zunächst die Anti-Heim-Kampagne durch eine gewisse Pflegekinder- und Pflegefamilie-Euphorie abgelöst wurde. Sie selbst, die z.T. in den Heimen wie auch in den Pflegekinderdiensten tätig sind, wissen, daß es in der Tat so war, daß auf dem Rücken der Kinder, die manchmal bis zu 6 Pflegefamilien durchlaufen hatten, das Prinzip der Hierarchisierung der Jugendhilfe ausgetragen wurde, d.h., daß Heimerziehung das letzte Mittel in der Jugendhilfe ist, nachdem alle anderen Hilfen „durchprobiert" wurden. Was das für die Biographie eines einzelnen Kindes bedeutet, muß ich Ihnen, die Sie in der Praxis stehen, nicht sagen.
Nun müssen wir feststellen, daß die Pflegefamilie ebenfalls in ein kritisches Schußfeld geraten ist, weil es noch weitere ausdifferenziertere Formen der offenen Jugend- und Familienhilfe gibt, wie z.B. die Sozialpädagogische Familienhilfe, aber auch Hilfeformen wie beispielsweise heilpädagogische autonome Tagesgruppen, die gar nicht mehr innerhalb der Binnendifferenzierung des Verbundsystems der Jugendhilfe anzusiedeln sind und in die Kinder – meistens zwischen 10 und 14 Jahren – kommen, für die Heimerziehung nicht indiziert ist, die allerdings schon einen Schwierigkeitsgrad oder eine Schädigung aufweisen, daß auch eine Pflegefamilie nicht in Frage kommt. Hier tun sich ganz neue Felder auf.
Wo das Spannungsverhältnis Heimerziehung – Adoptionsvermittlung und Pflegekinderdienst seinen Standort im Rahmen des Verbundsystems der Jugendhilfe findet, wird gewiß nach dem Referat von Frau Schulz und den Fragen, die unsere Aussprache und unser Gespräch strukturieren sollen, deutlicher werden.
(Referat: Monika Pankoke-Schenk)

Die Zusammenarbeit zwischen Heim und Pflegekinderdienst

Für die Zusammenarbeit zwischen dem Pflegekinderdienst und dem Heim gibt es wechselnde Anlässe. Ohne diese im einzelnen zu benennen, läßt sich sagen, daß Gradmesser für die Zusammenarbeit das Kind ist, zu dessen Wohl sie geschieht. Konkretisiert wird dieser Anspruch, wenn z.B. gemeinsam beraten wird, wann ein Übergang von dem Heim in eine Pflegefamilie für das Kind sinnvoll ist. Der Gegenstand der gemeinsamen Beratung wird dann die Bindung des Kindes, seine Bindungsmöglichkeiten sein. Ebenfalls wird die Situation mit zu berücksichtigen sein, in der ein Kind Bindungen aufgeben und/oder neue entwickeln muß/soll.
Bei den folgenden Thesen steht der Begriff der kindlichen Bindung im

Mittelpunkt. Die Wahl fiel auf den Komplex „Bindung“, weil sich das Kindeswohl im Bindungsverhalten ausdrückt. Dieser Aspekt ist deshalb nicht nur wichtig in der jetzt zu beratenden Situation, sondern darüber hinaus für das ganze spätere Leben.

Diagnose der kindlichen Bindung und deren Qualität

Die frühe emotionale Bindung an eine Hauptbezugsperson stellt das Muster für die weiteren emotionalen Beziehungen zu anderen Menschen dar. So verdeutlichte beispielsweise die Psychoanalyse die Bedeutsamkeit der Vorgänge der Internalisierung der kindlichen Bindungserfahrungen für die Herausbildung der intrapsychischen Struktur. Sie macht auf den Zusammenhang zwischen dem kindlichen Selbstkonzept und der sicheren Bindung im ersten Lebensjahr aufmerksam, der in den Interaktionen eines Kindes mit seiner weiteren personalen Umwelt auch noch in späteren Entwicklungsjahren nachweisbar bleibt.

Die frühen Bindungserfahrungen eines Kindes gehen nicht verloren, sondern setzen sich in den bleibenden intrapsychischen Strukturen nieder, die zu internalen Vorstellungsmodellen von dem eigenen Selbst, den Bindungspersonen und der Welt werden. Sie strukturieren die kindlichen Erinnerungen und das kindliche Vergessen und bilden darüber hinaus auch die Motive, Erwartungen, die Verhaltensweisen und Handlungen eines Menschen in erheblichem Maße über die Phase der Kindheit hinaus. Dies gilt sowohl für positive wie auch für negative Bindungserfahrungen.

Im Alltag wird der Begriff „Bindung“ häufig mit Stärke der Bindung bzw. Anhänglichkeit des Kindes an seine Eltern gleichgesetzt. Dieser Vorstellung liegt die Annahme zugrunde, daß Bindung ein generelles Charakteristikum von Kindern ist. Folgt man dieser Annahme, dann läßt sich Bindung nicht beobachten und kann auch nicht an bestimmten Verhaltensweisen nachgewiesen werden.

Man kann z.B. beobachten, zu welchem Elternteil ein Kind größere räumliche Distanz einhält, bei wem das Kind häufiger auf dem Schoß sitzt, an wen es sich anschmiegt etc. Doch der Aussagewert solcher Beobachtungen ist gering, weil die Intensität bei Bindungsverhaltensweisen stark kontextabhängig ist. Man müßte ein Verhalten, bei dem ein Kind sich äußerst schlecht von seiner Hauptbezugsperson räumlich lösen kann, demnach als Ausdruck starker Bindung einordnen, ohne zu berücksichtigen, daß ein solches Verhalten auch als „Angstbindung“ eingestuft werden kann. Folglich wäre es eine sehr unsichere Beziehung, in der das Kind nicht darauf vertrauen kann, daß seine Bezugsperson tatsächlich verfügbar für es ist. Ein erheblicher Teil seiner Energien geht in die Bemühung ein, Sicherheit und Zuwendung von dieser Bezugsperson zu erhalten. Im Vergleich dazu wird ein Kind, das in die Verfügbarkeit der Eltern vertraut, in vielen Situationen ein weniger intensives Bindungsverhalten zeigen.

Aufgrund solcher Beobachtungen ist man dazu übergegangen, mehr auf die Qualität von Bindungsbeziehungen zu achten. Hierbei werden aufeinander bezogene Verhaltensweisen in Interaktionsmustern beobachtet, wobei auch der Kontext mitberücksichtigt wird. Besonders aufschlußreich sind Situationen, in denen ein Kind verunsichert ist, seine eigenen Möglichkeiten erschöpft sind und in der es auf die unterstützende Zuwendung seiner Bezugsperson angewiesen ist.

Es läßt sich sagen, daß alle Kinder während ihres ersten Lebensjahres und auch noch später eine Bindungsbeziehung aufbauen können, wenn ihnen eine dauernde Bezugsperson zur Verfügung steht. Qualitativ können derartige Beziehungen sehr unterschiedlich sein. Es hängt im wesentlichen von den Erfahrungen ab, die das Kind mit der Bezugsperson/-personen in seinen Interaktionen gemacht hat. Kinder können zudem zu verschiedenen Bindungspersonen auch unterschiedliche Bindungsqualitäten entwickeln.

Folglich kann Bindung nicht als generelles kindliches Charakteristikum eingeschätzt werden, sondern vielmehr als ein Merkmal für die Qualität von Beziehung gelten.

Es lassen sich drei Idealtypen von Bindungsqualitäten unterscheiden.

Die A-Bindung:
Dies ist eine unsichere Bindung. Wenn ein Kind verunsichert ist, wendet es sich nicht direkt an die Bezugsperson, um getröstet zu werden, weil diese sich zurückweisend und ablehnend gegenüber dem Kind verhält.

Die B-Bindung:
Dies ist eine sichere Bindung, bei der ein verunsichertes Kind sich direkt an seine jeweilige Bezugsperson wendet, weil es weiß, daß es von ihr getröstet wird. Zudem ist es in der Lage, auch unsichere Situationen durchzustehen.

Die C-Bindung:
Dies ist eine unsichere Bindung. Zwar wenden sich auch bei ihr die Kinder direkt an ihre Bezugsperson; jedoch geht kein stärkender Effekt aus, wenn das Kind die Interaktion initiiert. Es zeigt mangelndes Vertrauen in seine Bezugsperson, die nur eine geringe Einfühlsamkeit in die Nöte des Kindes zeigt.

Was geschieht, wenn Kinder neue Bindungen eingehen und alte aufgeben müssen?

Es gibt Kinder, die mit einem depressiven Grundgefühl leben und die menschliches Scheitern für normal halten. Die lebensnotwendige Erfahrung, daß auch heftige Auseinandersetzungen der Eltern oder krisenhafte Situationen in der Familie durchgestanden werden können, weil es eine positive gemeinsame Beziehung gibt, in der gegenseitige Achtung und Anerkennung herrscht, konnte hier nicht gemacht werden. Es fehlt die Erfahrung, daß Krisen im inner- und außerfamiliären Umfeld auch in einer positiven Weise, das eigene Selbstwertgefühl stärkend, gelöst werden können.

Kinder, die Beziehungsabbrüche erfahren haben, neigen dazu, sich vor weiteren Enttäuschungen zu schützen, indem sie auf jede weitere emotionale Bindung verzichten. Wenn die erste Bindung zerbricht, ist jede nachfolgende Bindung, die ein Kind eingeht, schwächer.

Wenn nun eine Entscheidung über die Zukunft eines Kindes von Heimerziehern und Pflegedienstmitarbeitern getroffen werden muß, ist auch mitzuklären, welche Beziehung die beteiligten Erwachsenen zueinander haben (Herkunftsfamilie, Pflegeeltern, Mitarbeiter der sozialen Dienste). Es ist zu hoffen, daß sie keine konflikthafte Beziehung haben, in der eher konkurriert, statt zugunsten des Kindes kooperiert wird. Dies wäre der klassische Fall einer frühen Notlage für ein Kind, das sich zum eigenen Schutz in wechselnde Koalitionen begeben muß, um sich die aktuelle Gunst zu erhalten und um nicht disqualifiziert zu werden.

Eine andere Reaktion des Kindes kann sein, daß es das schmerzhafte Erlebnis, hin- und hergerissen zu werden, vermeiden will und unter dieser Belastung seelisch zusammenbricht. Das Kind bildet sozusagen eine Strategie heraus, indem es sich mit einer Partei verbrüdert und deren Verachtung für die andere Partei übernimmt. Dies ist häufig auch bei geschiedenen leiblichen Eltern zu beobachten. Das Kind kann, weil es die in ihm noch vorhandenen positiven Bilder der abgelehnten Partei trägt und die andere Partei idealisiert, dadurch eine gewisse Stabilität und Sicherheit gewinnen. Allerdings verachtet es damit auch einen Teil seiner selbst.

Eine weitere Möglichkeit besteht darin, die Elternpartei zu idealisieren, die nicht täglich mit dem Kind zusammenlebt. Hier verleugnet das Kind positiv gemeinte Angebote von Beziehung und geht eine indirekte Verbindung mit der nicht täglich vorhandenen Partei ein. Damit gerät es in eine Situation, in der es sich nicht mehr realistisch auseinandersetzen und wahrnehmen kann.

Fazit: Das Kind trägt die Last des Konfliktes. Ihm sucht es durch die oben aufgezeigten Reaktionsmuster zu entgehen bzw. ihnen zu begegnen. Es verzehrt sich in einem Konflikt, der eigentlich zwischen den Erwachsenen besteht und den die Erwachsenen nicht zu lösen vermögen. Vor diesem Hintergrund sind die Bemühungen zu sehen, die kindliche Bindungen an Pflegeeltern schützen wollten und die sich dann im BGB niederschlugen.
Diese verschiedenen Aspekte spielen mit in die Überlegungen hinein, wenn es darum geht zu entscheiden, ob ein Kind vom Heim zu Pflegeeltern oder von seinen Eltern zu Pflegeeltern und/oder zurück zu seinen Eltern kommen soll. An der Art, wie eine Entscheidung darüber getroffen wird, wird erkennbar, wie ernst ein Kind in seinem Bindungsbedürfnis genommen wird.
(Referat: Susanne Schulz)

Literatur

Bowlby, John: Verlust, Trauer und Depression. Frankfurt a.M. 1983.

Diskussionsergebnisse des Arbeitskreises

1. Das Verhältnis der betreuenden Sozialarbeiter/innen und der Heimerzieher/innen gegenüber den Familien der Kinder/Jugendlichen wird als ambivalent bezeichnet. Es zeichnen sich deutlich zwei Positionen ab: die eine lautet, „die leiblichen Eltern wirken im Kind und sie können nicht ausgeschlossen werden“, die andere, „man kann nicht mit jeder Herkunftsfamilie arbeiten“.
2. Die Auseinandersetzung über das methodische Handeln wird eher marginal geführt. Es zeigte sich, daß Heime eher langfristige Beheimatung anbieten wollen und eine „Brückenfunktion“ übernehmen.
3. Die Kooperation zwischen Heimen und Pflegekinderdienst entspricht dem Kindeswohl. Eine „Entweder-Oder-Haltung“ (Heim – Pflegefamilie) verdeckt die Möglichkeiten, über die ein Heim verfügt, um Entwicklungsdefizite auszugleichen.
4. Die Mitarbeiter im Heim wünschen sich mehr interne Zusammenkunftsmöglichkeiten, in denen sie sich über die Lebensgeschichte des Kindes und die weiteren Möglichkeiten – im Heim oder außerhalb des Heimes – miteinander verständigen können.

Arbeitskreis 18

Heim und Sozialpädagogische Familienhilfe: Alternative oder sinnvolle Ergänzung?

Rudolf Lietz, Simon Tull

Bei festgestelltem erzieherischem Bedarf galt die Heimerziehung weitgehend als einzige Möglichkeit, den jungen Menschen zu helfen. In den letzten Jahren hat sich zunehmend das Verständnis entwickelt, Kinder in der Familie zu belassen, sofern die Chance besteht, daß sich ihre Situation durch gezielte Hilfen für die gesamte Familie verändert. Dies sollte von der Sozialpädagogischen Familienhilfe geleistet werden, wobei mit der Forderung nach deren umfassender Realisierung die Jugendhilfe Perspektiven einer Entwicklung festschreibt, die sowohl unter theoretischen als auch praktischen Erwägungen folgenreich ist. Hierzu stellte der Leiter des Arbeitskreises zunächst einige Thesen vor:
Sozialpädagogische Familienhilfe (SPFH) und Heimerziehung (HE) sind selbständige Formen der Jugendhilfe und beschreiben alternative Leistungsangebote.
Bei den theoretischen Erwägungen zur Indikation von SPFH und HE wird die Alternative besonders deutlich in der Bewertung der Mitwirkungsbereitschaft bzw. -fähigkeit der Eltern bzw. eines Elternteils.
Konzepte kommunaler Träger sehen keine Zusammenarbeit beider Erziehungshilfen vor und propagieren damit keineswegs Gleichwertigkeit und Gleichrangigkeit der Hilfe, was die praktische Realisierung im Sinne von sinnvollen Ergänzungen und Vernetzung behindert. „Fremdunterbringung“ (ein scheußliches Schlagwort!) zu vermeiden, weil als nicht hinreichende Interventionsform verstanden, war aus begreiflichen Gründen des Sparens geboten.
In der Praxis zeigte sich, daß die SPFH schließlich vielfach zur Heimerziehung eines Kindes führte. Damit wird das Verständnis von HE als letztes Mittel verstärkt. Dies wiederum läßt sich mit der aktuellen Diskussion um die Stützung von Familie verknüpfen, gelegentlich um jeden Preis und zu Lasten des Kindes.
SPFH und HE unterscheiden sich aus der Sicht des Jugendamtes hinsichtlich Kontrolle und Eingriffscharakter, wobei die SPFH als weniger folgenreiche und gewichtige Maßnahme reklamiert wird. Daß die

SPFH, richtig betrieben, tief in die Privatsphäre einer Familie hineinreicht, wird offenbar unterschätzt.
Die psychodynamischen Prozesse einer Arbeit mit Eltern zu erkennen und zu gestalten, bedarf einer qualitativ hochstehenden Professionalität. Hier ist zu fragen, inwieweit die in der SPFH eingesetzten Mitarbeiter diese Erwartungen erfüllen bzw. notwendige begleitende Hilfen erfahren.
In der Praxis ist noch wenig Zusammenwirken von SPFH und HE zu vermelden (siehe Erhebung der Arbeitsgemeinschaft Heim- und Heilpädagogik Köln). Bloße Abgrenzung, Konkurrenz- und Bestandsdenken sind, weil mit christlichem Auftrag unvereinbar, abzulehnen. Vernetzung von Jugendhilfen erscheint geboten, um die jeweilig notwendige Hilfe für den jungen Menschen (und seine Familie) zu sichern.
Zusammenarbeit könnte intensiviert werden bei der Abklärung der erforderlichen Hilfe für den jungen Menschen. Hier könnte das diagnostische Potential der Heimerziehung stärker genutzt werden (siehe Konzept Vincenzhaus, Hofheim).
Zu Zeiten erhöhter Anforderungen und restriktiver Haushaltsbedingungen sollten beide Hilfeformen gegen Tendenzen zum „Minimalniveau" verteidigt werden. Gefragt ist gemeinsames Festhalten an Standards, um Leistungsfähigkeit zu sichern und Jugendhilfe dem Personenkreis verpflichtet und gerechter zu gestalten.

Rudolf Lietz beschrieb dann den theoretischen Ansatz und die Praxis der SPFH, so wie sie in seiner Einrichtung (Vincenzhaus, Hofheim) realisiert wird. Demnach ist deren Arbeit mit „pathologisch-neurotischen Familien" auf die Ursachenbehandlung ausgerichtet. Ziel dabei ist, die Familie in ihren Beziehungen soweit zu sanieren, daß das Kind als Persönlichkeit eingegliedert werden kann, wo es eigentlich auch nie als Einzelperson mit der entsprechenden Selbstverantwortung integriert war. In einer umfassenden Diagnostik wird zunächst die Befindlichkeit der Angehörigen der Familie und die Psychodynamik der Beziehungen aufgezeigt, um dann die sozialpädagogischen und therapeutischen Interventionen zu verwirklichen, so wie dies vergleichsweise bei der Elternarbeit des Heimes geschieht. Alle in der SPFH betreuten Kinder besuchen die Heimschule, so daß auch die häufig anzutreffenden Mängel im Schulleistungsbereich gleichfalls angegangen werden.
Bei der Diskussion dieses Ansatzes wurde deutlich, daß bei den Teilnehmern kaum Kenntnisse über die konzeptionellen Sachverhalte und die Art des Einsatzes der Familienhelfer vorhanden waren. Der Arbeitskreisleiter stellte daraufhin in Kurzform die wesentlichen Rahmenbedin-

gungen der SPFH vor, wie sie in den Konzeptionen des Diözesan-Caritasverbandes Köln und des Deutschen Caritasverbandes formuliert sind, insbesondere die Bedarfs- und Problemlagen mit der Indikation der SPFH sowie die Methoden und auch die möglichen Finanzierungen der Hilfen. Drei Teilnehmerinnen waren spontan bereit, über den Alltag von Familienhelfern zu berichten. Dabei wurden als vorrangige Ziele bei den Bemühungen, den Lebensraum Familie zu erhalten, folgende Bereiche angesprochen und auch zugleich Erfahrungen und Gefährdungen, welche sich aus dem direkten Einsatz ergeben, angeführt:
Eigenkräfte der Familie stärken und Eltern und Kinder zur selbständigen Lebensbewältigung befähigen;
Problem des richtig dosierten Einsatzes und des gemäßen Helferanspruchs;
emotionale Bindungen verstärken und die familiären Beziehungen durch Kommunikation innerhalb der Familie verbessern;
Schwierigkeit, die vorhandenen diagnostischen Methoden einzusetzen und psychodynamischen Prozessen gemäß einzuschätzen;
Problem des Einsatzhelfers, das Vertrauen zu gewinnen und die Geduld aufzubringen;
durch vorbeugende Hilfen dafür Sorge tragen, daß die sozioökonomischen Belastungen der Familie geändert werden;
Probleme von Verschuldung und die Erfahrung unzureichender tatkräftiger Unterstützung. Frage, inwieweit die Hilfe zur Selbsthilfe gestört wird, wenn unterschiedliche Vorstellungen über Kompetenz und Beziehung bestehen und der Einsatzhelfer in Grenzerfahrungen allein gelassen wird. Frage auch nach dem Rückhalt durch die Verantwortlichen des Trägers und nach Abstützung durch Supervision.
Beim letzten Punkt schloß sich die Frage an, inwieweit die SPFH dem Heim angegliedert werden sollte, weil den Einsatzhelfern dadurch die ganze Leistungsfähigkeit der Einrichtung zur Verfügung stünde. Bei einem Bericht wurde auch deutlich, daß die SPFH nicht gleichzusetzen ist mit der Elternarbeit im Heim. Es gilt auch, die SPFH abzugrenzen gegenüber den Tagesheimgruppen, bei denen die Einwirkungen auf die Eltern und Personensorgeberechtigten gleichfalls mit zum Programm und Konzept gehören.
Als Argumente für die Anbindung der SPFH an das Heim wurden hauptsächlich die Kooperation und die verbesserte Möglichkeit, den Kindern und Jugendlichen die jeweils richtige Form der Hilfe problemloser zukommen zu lassen, die angesprochene kollegiale Supervision, das kreative Miteinander in Richtung Verbundsystem angesprochen. Damit würde auch die Vernetzung der Jugendhilfe weiterentwickelt.

Kritisch bewertet wurden die Bemühungen von Einrichtungen, SPFH deswegen als weiteres Leistungsangebot für sich zu reklamieren, um räumliche Kapazitäten zu nutzen.
Abschließend: Es gilt, die Form der Zusammenarbeit SPFH/Heim abzuklären, und für die Mitarbeiter auf Heimseite gilt, sich verstärkt zu bemühen, Konzept und Arbeitsweise der SPFH kennenzulernen.

Arbeitskreis 19

Heim und Jugendpsychiatrie: Abgrenzungen, Überschneidungen, Übergänge

Peter Flosdorf, Martin H. Schmidt

In diesem Kontext Heimerziehung oder stationäre Jugendhilfe zu definieren, ist unnötig. Hingegen sind Definitionen über das seit 1968 selbständige Fachgebiet der Kinder- und Jugendpsychiatrie weniger bekannt; die Aufgaben dieses Fachgebiets umfassen Diagnostik, Therapie und Rehabilitation sowie Vorbeugung bei psychiatrischen und psychosomatischen Erkrankungen und Störungen sowie von emotionalen und sozialen Verhaltensauffälligkeiten. In den beiden letzten Jahrzehnten hat mit dem dichter werdenden Versorgungsnetz – in der Bundesrepublik sind es mehr als siebzig Kliniken – die therapeutische Orientierung der Kinder- und Jugendpsychiater zugenommen; außerdem wurde die kinderpsychiatrische Diagnostik deutlich verbessert. In der Heimerziehung kam es im gleichen Zeitraum zu einer zunehmenden Ansammlung teilweise älterer Kinder mit psychischen Auffälligkeiten höherer Schweregrade und deutlicher Chronizität, außerdem zu einem Zustrom von behinderten Kindern und Jugendlichen mit Erziehungsproblemen, die früher in Einrichtungen für Behinderte betreut worden waren. Im Spektrum der Störungen überwogen dissoziale Syndrome und Persönlichkeitsstörungen gegenüber emotionalen und neurotischen Störungen. Von daher war seitens der Heimerziehung diagnostisches und therapeutisches Wissen gefragt, aber auch Unterstützung bei der Arbeit mit Kindern und Jugendlichen, die als pädagogisch weniger gut beeinflußbar angesehen wurden.

Der Kontakt zwischen Kinder- und Jugendpsychiatrie und Heimerziehung wurde zum Teil dadurch ermöglicht, daß Kinder- und Jugendpsychiater in ihrer Weiterbildung über Möglichkeiten der stationären Hilfe informiert werden, häufig auch Zuweisungen in diese Betreuungsform vorbereiten müssen, während sie nach Abschluß ihrer Ausbildung eher wenig an diesem Arbeitsbereich interessiert sind, auch wenig Informationen über die innere Struktur von Heimen haben. Umgekehrt besteht seitens der Jugendhilfe ein eher größeres Interesse an Kinder- und Jugendpsychiatrie, die spezifischen Kenntnisse sind eher diagnostischer

als therapeutischer Art, der Einblick in den inneren Arbeitsablauf kinder- und jugendpsychiatrischer Institutionen fehlt, nicht selten schon wegen mangelnder Ortsnähe. Dabei gibt es nicht nur Überschneidungen der beiden Aufgabengebiete, sondern auch Möglichkeiten wirksamer Kooperation, die es nahelegen würden, mehr Kinder- und Jugendpsychiater für die Mitarbeit in der stationären Erziehungshilfe zu interessieren. Solche Möglichkeiten der Kooperation bestehen bei ambulanter und stationärer Diagnostik der Auffälligkeiten von Kindern, Jugendlichen und Familien, bei der Vorbereitung auf eine Heimaufnahme im Rahmen eines therapeutischen oder familientherapeutischen Prozesses, bei Kriseninterventionen für Kinder und Jugendliche aus Heimen und bei der Mitbehandlung oder Behandlung von auffälligen Kindern und Jugendlichen. Neben diesen fallbezogenen Möglichkeiten der Zusammenarbeit gibt es institutionsbezogene, vor allem im Bereich der Institutionsberatung, aber auch im Bereich der Fortbildung; bei den letztgenannten Aufgaben können beide Bereiche voneinander profitieren.
Die mangelnde wechselseitige Kenntnis der fachspezifischen Arbeitsstrukturen ist der Hauptgrund für Schwierigkeiten in der Kooperation; hinzu treten Kostenregelungsprobleme und gelegentlich (auf beiden Seiten) Mängel an fachlicher Kompetenz bezüglich des die andere Seite betreffenden Randgebietes der eigenen Tätigkeit. Bei institutionsbezogener Arbeit, die ja eindeutig Beratungscharakter hat, fallen diese Schwierigkeiten weniger ins Gewicht als bei fallbezogener Kooperation. Verbindliche Regeln für den Umgang miteinander fehlen dabei häufig; oft glaubt man auch, sie aufgrund der Verschiedenheit der Bereiche nicht formulieren zu können. In der Tat gibt es Unterschiede zwischen der Behandlung hochakut psychiatrisch kranker Jugendlicher und der Erziehung in Heimen, aber es gibt wenig Differenzen dort, wo Heimerziehung wie Kinder- und Jugendpsychiatrie sich um Kinder mit Entwicklungsdefiziten oder emotionalen oder dissozialen Störungen bemühen. Hier geht es dann um die Unterschiede zwischen Pädagogik und Therapie, die sich vielleicht andeutungsweise damit skizzieren lassen, daß Pädagogik bemüht ist, Verhalten zu entwickeln, Therapie stärker bemüht ist, Verhalten zu ändern. Nichtsdestoweniger beinhaltet die pädagogische Arbeit mit auffälligen Kindern und Jugendlichen zahlreiche therapeutische Elemente, umgekehrt kann keine kinder- und jugendpsychiatrische Klinik in der Arbeit mit solchen Kindern auf pädagogische Elemente verzichten. In beiden Fällen sind die Mitarbeiter also auf gute Beziehungen zu den ihnen Anvertrauten angewiesen.
Schwierigkeiten macht aber die Zusammenarbeit dadurch, daß die Kompetenz des Kinder- und Jugendpsychiaters in die stationäre Erzie-

hungshilfe integriert werden muß, ohne daß der Pädagoge dem Kinderpsychiater Anweisungen geben kann. Im Gegenzug möchte er dafür eigentlich auch nur beraten werden. Dieses Dilemma läßt sich nicht auflösen: Zum einen handelt der Kinderpsychiater eigenverantwortlich, wenn er die Behandlung eines Kindes oder Jugendlichen mitübernimmt oder übernimmt, zum anderen möchte die Institution Heim ihn zu einer optimalen Leistung verpflichten, also einem weitestmöglichen Therapieerfolg bei gleichzeitiger Wahrung der pädagogischen Belange. Wo kinderpsychiatrische Behandlung und Erziehung scheinbar im Gegensatz stehen, bedarf es geduldiger Erklärungen der jeweils augenblicklichen Prioritäten und ständigen Dialogs.

Die Behandlung psychisch auffälliger Kinder und Jugendlicher, wenn es sich nicht nur um Kriseninterventionen, etwa bei Suizidversuchen, handelt, sondern wenn sich die Behandlung auf die chronische Symptomatik erstreckt, die häufig Anlaß zur Heimaufnahme wurde, erfolgt am besten in das Heim integriert. Ausgenommen sind von dieser Empfehlung lediglich Kleinstheime. Ansonsten ist es günstig, wenn der äußere Rahmen bei der Behandlung möglichst berücksichtigt werden kann; auf diese Art lassen sich pädagogische und therapeutische Belange besser in Einklang bringen als bei Herausnahme des Kindes zur Behandlung. Gleichzeitig lassen sich auf diese Weise am besten kindzentrierte und verhaltensbezogene Interventionen etablieren, die die besten Erfolge versprechen. Häufig wird der Kinder- und Jugendpsychiater in Überschneidungsbereichen zwischen Heimerziehung und Kinder- und Jugendpsychiatrie durch einen erfahrenen klinischen Psychologen ersetzt werden, auch Formen der Zusammenarbeit zwischen klinischen Psychologen und Kinder- und Jugendpsychiatern in der Heimerziehung haben sich bewährt. Bei der Behandlung von Jugendlichen tritt zusätzlich die Frage der Freiwilligkeit der Behandlung hinzu: Sie ist im pädagogischen Raum zu klären, dort muß man überlegen, wieviel Einfluß auf einen Jugendlichen ausgeübt werden darf, um seine Mitarbeit bei der Behandlung zu erreichen; dies angesichts der Erkenntnis, daß auch Behandlungen, die nicht primär freiwillig aufgesucht wurden, zu guten Erfolgen führen können.

Besonderer Kooperationsbedarf besteht bezüglich einer gemeinsamen diagnostischen Sprachregelung. Eine solche Sprachregelung sollte – etwa wie das Multiaxiale Klassifikationsschema für kinder- und jugendpsychiatrische Störungen – keine erklärenden, sondern beschreibende und prognostizierende Diagnose-Begriffe benutzen. Das bewahrt beide Seiten vor der Gefahr, Erklärungen auch automatisch für therapeutisch wirksam zu halten. Im therapeutischen Bereich gibt es Überschneidun-

gen in lerntheoretisch orientierten Interventionen, die ja in allen Abstufungen bis hin zur Verhaltenstherapie existieren. Dringender gemeinsamer Innovationsbedarf besteht bezüglich der Behandlung von Kindern mit dissozialen Störungen, auf die wir häufig immer noch unsere Erkenntnisse aus dem Umgang mit neurotischen Kindern fälschlicherweise anwenden. Weniger schwierig ist der Umgang mit Kindern mit Entwicklungsstörungen, z.B. Schlafstörungen oder nächtlichem Einnässen, diese müssen aber bewußt von reaktiven und neurotischen Störungsbildern unterschieden werden. Enger Kooperation, auch mit den heiminternen Schulen, bedarf es für die Arbeit an Kindern mit spezifischen Leistungsschwächen und Hirnfunktionsstörungen oder massiven Entwicklungsbeeinträchtigungen, wie z.B. autistischen Kindern. Auch bei der Behandlung neurotischer Kinder, etwa bei der Therapie mutistischer Symptome, ist eine enge Verzahnung von therapeutischer Arbeit und Alltagsumgang mit dem Kind notwendig. Wünschenswert wäre schließlich, daß sowohl die kurativen wie die präventiven, also die heilenden wie die vorbeugenden Wirkungen der Heimerziehung in Zusammenarbeit mit der Kinder- und Jugendpsychiatrie untersucht werden, denn diese verfügt über eine teilweise ähnliche Klientel und über längere Erfahrungen in der Bewertung der Verläufe auffälliger Kinder und Jugendlicher.
(REFERAT: MARTIN H. SCHMIDT)

Arbeitskreis 20

Heim und Jugendgerichtsbarkeit: Jugendgerichtshilfe, Bewährungshilfe, Erziehungskurse, Vermeidung von U-Haft

Peter Bonna, Gerard Schuster

Das Jugendgerichtsgesetz und der Erziehungsgedanke

Jugendkriminalität scheint, statistisch gesehen, im Bereich der sogenannten Bagatelldelikte normal zu sein. Die allermeisten Täter stellen mit zunehmendem Älterwerden die Verstöße von selbst ein (Spontanremission), lediglich ca. 5 % der „Gesamtverdächtigen" entwickeln „kriminelle Karrieren".

Die Jugendgerichtsgesetzgebung besitzt nicht zuletzt aufgrund dieser Tatsache genuin auch erzieherische Intention. Diese Bestrebung soll bei der Neufassung des Jugendgerichtsgesetzes (JGG) intensiviert werden durch ausdrückliche Verankerung des Diversionsgedankens (s. u.) sowie einzelner Maßnahmen im Rahmen der Jugendgerichtshilfe.

Dieser Erziehungsauftrag des JGG ist ernsthaft nicht zu bestreiten, wohl aber ist der Erziehungsbegriff Gegenstand unterschiedlicher Interpretation:

Es ist nicht zu klären bzw. nicht geklärt, wie die unterschiedlichen Rechtsfolgen des JGG erzieherisch wirken, z. B. ob Freiheitsentzug zu Legalverhalten führt.

Die Wirksamkeit zwangsweiser Erziehungsmaßnahmen (ohne Freiheitsentzug) bleibt ungewiß.

Die Kurzformel „Erziehung durch Strafe" verkennt, daß Strafe zwar als Erziehungsmittel nicht abgelehnt wird, wirksam im pädagogischen Sinne aber erst werden kann, wenn sie in einen personalen Beziehungszusammenhang eingebettet ist.

Zusammenwirken von Justiz und Jugendhilfe

Justiz handelt mit Bezug auf das schuldig gewordene Individuum und im Hinblick auf eine bestimmte Tat. Das Umfeld dieses Individuums und die Umstände der Tat kommen als strafmildernde oder erschwerende Faktoren in die Beurteilung, das Urteil hinein. Jugendhilfe versteht sich demgegenüber als im und mit dem sozialen Umfeld wie mit dem Individuum gemeinsam handelnd, als Strukturen setzend, um pädagogische Wirkung zu erzielen, bzw. Strukturen verändernd, um andere Verhaltensmöglichkeiten zu schaffen.

Jugendhilfe sucht Lösungsmöglichkeiten für einen sozialen Konfliktfall außerhalb, anstelle oder im Auftrag des Strafrechts. Die Jusitz erteilt diesen Auftrag immer vor der Möglichkeit der Rechtsvorschriften (Strafrechtspflege), und das bedeutet, daß Jugendhilfe von der Justiz zugelassen werden kann bzw. wird. Edukative Inhalte und Maßgaben erscheinen als vom Strafrecht für strafrechtliche Zwecke festgesetzt und nicht von der Pädagogik für erzieherische Zwecke entwickelt. Gefragt und gefordert wäre hier eine offensive Jugendhilfe als gleichrangiger Partner der Justiz. Dies ist nicht der Fall.

Momentan geht es um Kompromißfindung zwischen den beiden Bereichen:

Verhinderung von Abstempelungsprozeduren.

Verhinderung krimineller Karrieren.

Reduzierung bzw. Ausschaltung ungeeigneter Einflüsse (z. B. Freiheitsentzug; pädagogisch abträgliche Lebenswelten im Gefängnis).

Befähigung der Jugendlichen zu akzeptierter, nichtdevianter Konfliktlösung und Lebensbewältigung.

Der Diversionsgedanke

Diversion ist ein Resultat des Bemühens um eine Kompromißfindung und bedeutet die Reduktion der strafrechtlichen Eingriffsintensität.

Bei der Diversion sind zwei Ebenen zu unterscheiden:

Der Diversionsprozeß (Diversion im individuellen Fortgang eines Strafverfahrens): im Einzelfall die möglichst frühzeitige Herausnahme des Jugendlichen aus dem Strafverfolgungssystem und vermehrte Inanspruchnahme der Einstellungsvorschriften der §§ 45 und 47 JGG. Hier ist vor allem die Aufgabe der Jugendgerichtshilfe (§ 38 JGG; s. u.) anzusetzen.

Das Diversionsprogramm (Diversion als Angebot der Jugendhilfe an die Justiz): Maßnahmen, um die Betroffenen zu erzieherischen und sozialen Hilfen hinzuführen: Weisungsbetreuung gem. § 10 JGG; Bewährungshilfe gem. § 57 JGG; Zuführung zur Erziehung / U-Haft-Vermeidung gem. §§ 71/72 JGG.

Die Jugendgerichtshilfe

Der Schwerpunkt der Tätigkeit der Jugendgerichtshilfe liegt zeitlich vor der eigentlichen Gerichtsverhandlung: (Sozial)-diagnose und -prognose, um einen entsprechenden Erziehungsbedarf auszuloten und gegebenenfalls einzuleiten, um dadurch die Verhandlung entweder überflüssig zu machen oder vom Ergebnis her zu kanalisieren.
Die Bestimmungen des JGG, vor allem die §§ 45 und 47, geben gute Chancen, präventiv in dem Sinn vorzugehen, daß einer Hauptverhandlung und damit einer Verurteilung zuvorgekommen wird. Dies bedeutet aber nicht Vorwegnahme jugendrechtlicher Sanktionen, sondern außerkriminalrechtliches Vorgehen durch Schaffung bestimmter Bedingungen: klärendes Gespräch, Verständigung mit dem Opfer, Wiedergutmachungsleistung, Ordnen des schulischen und beruflichen Werdegangs, Initiieren befriedigenden Freizeitverhaltens etc.
Läßt sich ein Hauptverfahren trotz intensiver Kontaktaufnahme mit Staatsanwalt und Richter nicht umgehen, kann und soll der Jugendgerichtshelfer erzieherische, gegebenenfalls therapeutische Arrangements vorbereiten. Der Jugendgerichtshelfer begleitet den Jugendlichen dann über die Verhandlung hinaus und ermöglicht die Einhaltung der Bedingungen.
Bei der Jugendgerichtshilfe wird am deutlichsten klar, daß sich das Verhältnis von Jugendhilfe und Jugendstrafrecht generell unter den Gesichtspunkt Prävention der Strafjustiz fassen läßt. Leider ist aber festzustellen, daß sich Jugendgerichtshilfe oftmals auf eine Art Justizstandpunkt stellt und lediglich zur Urteilsfindung beiträgt. Die Erstellung eines Jugendgerichtshilfeberichts (und somit die Bürokratisierung der Tätigkeit) ist mitnichten als einzige Aufgabe der Jugendgerichtshilfe vom Gesetz her intendiert.

Erziehungskurse

Erziehungskurse können richterlich angeordnet werden als Weisung (§ 10 JGG), aber auch in Verbindung mit einem Zuchtmittel oder einer zur Bewährung ausgesetzten Strafe. Die Konzeption der Erziehungskurse geht von folgenden Prämissen aus:
Ursache für auffälliges Verhalten von Jugendlichen sind Verhaltensunsicherheiten bzw. Fehlen von akzeptablen Verhaltensmustern.
Daher besteht die Notwendigkeit, in komprimierten Lernsituationen (Gruppengespräche, Rollenspiele, Erlebnispädagogik, Aufsuchen konflikthafter Situationen, Medieneinsatz etc.) Verhaltensweisen zu vermitteln, die der betreffende Jugendliche durch Reflexion und Einübung internalisiert.

Die Lerninhalte beziehen sich auf die für die Jugendlichen wichtigsten Problembereiche: Freizeit, Beruf, Schule, Familie, das andere Geschlecht, Kontaktprobleme.
Die Durchführung der Erziehungskurse ist in vielfältiger Form erprobt und praktiziert. Zeitlich dichte Formen (Treffen mehrmals wöchentlich) sind ebenso möglich wie regelmäßig über einen längeren Zeitraum gehende Kurse. In der Regel sind in den Ablauf ein oder mehrere gemeinsame Wochenenden eingebaut (Erlebnispädagogik). Die Gruppengröße und Gespräche unterliegen gruppendynamischen Gesichtspunkten (begrenzte Teilnehmerzahl, geschlossene Gruppe, TZI).
Ein schwierig zu lösendes Problem stellen die Auswahlkriterien bezüglich der Teilnehmer dar.

Vermeidung von Untersuchungshaft (U-Haft)

Eine intensive Form der Zusammenarbeit von Jugendhilfe und Justiz stellt die Vermeidung von U-Haft gem. §§ 71/72 JGG dar.
Die Anordnung von Untersuchungshaft geschieht in der Regel vor dem Hintergrund der Verfahrenssicherung (Fluchtgefahr), der Wiederholungsgefahr sowie der Schwere der Straftat.
Wenn Jugendhilfe in der Lage ist, diesen Personenkreis zu betreuen (in der Regel stationär in einem geeigneten Erziehungsheim), so muß sie zum einen Bedingungen erfüllen, die die obigen Belange berücksichtigen, muß aber darauf achten, nicht zu einem U-Haft-Vollzug unter verlagerten Umständen und Örtlichkeiten zu werden. Vor allem bezüglich Entweichungssicherung stellt die Justiz gerne überzogene Forderungen, obschon aus entsprechenden Untersuchungen hervorgeht, daß dieser Personenkreis, mit der drohenden Inhaftierung im Hintergrund, am wenigsten zur Entweichung neigt, die Entweichungsquote bei geschlossenen Einrichtungen insgesamt aber relativ hoch ist.
Insgesamt läßt sich die Bemühung um die Betreuung dieses Personenkreises im eigentlichen Sinn als stationäre Jugendgerichtshilfe bezeichnen. Die Betreuungsbemühungen haben nämlich die Intention, zum einen die bisherige Entwicklung vor dem Hintergrund der Tat diagnostisch aufzuarbeiten, wie auch eine Perspektive für die Zukunft zugrundezulegen. Da es sich hier um eine Betreuungsform handelt, die zeitlich begrenzt ist zwischen „Inhaftierung" und Verhandlungstermin, ist die Errichtung einer Sondergruppe dem „Einstreuprinzip" möglicherweise vorzuziehen.
Zur weiteren Information wird auf den entsprechenden Beitrag in Peter Flosdorf „Theorie und Praxis stationärer Erziehungshilfe", Bd. 1, Freiburg 1988, verwiesen.

Arbeitskreis 21

Heim als Erziehungshilfezentrum

Erwin Knam, Wolfgang Rube

Drei Thesen als Vorbemerkung

1. *Das* Erziehungshilfezentrum gibt es nicht. Sowenig wie es *das* Heim gibt. Es gibt vielfältige Spielformen, gebunden an den Bedarf, an die geographische Lage in einer bestehenden regionalen Jugendhilfelandschaft und an die Heimphilosophie und Tradition.
2. Das Erziehungshilfezentrum ist keine statische, fixe Größe, ein für alle Mal konzipiert und realisiert. Je nach Bedarf und Phantasie muß es sich laufend ändern.
3. Unveränderlich jedoch ist sein Grundanliegen: Es ist ein differenzierter Verbund einzelner, aufeinander abgestimmter Hilfen, die unter dem Dach *eines* Trägers, zumeist eines Heimes, entwickelt wurden.

Das Entstehen eines Jugendhilfezentrums – dargestellt am Kinder- und Jugenddorf Marienpflege Ellwangen/Jagst

Der Ausgangspunkt: Die älteste katholische Kinderrettungsanstalt des Landes Baden-Württemberg, 1830 gegründet und getragen von einem „Verein für Menschenfreunde" und dem Wohlwollen der Bevölkerung.
Die Einrichtung lag mitten in der Stadt, allerdings wie ein erratischer Block. Sie war weitgehend autark mit Bauernhof und Heimschule. Einem Schulplatz entsprach ein Bettplatz.
In den Jahren 1962–64 wurde die „Marienpflege" in ein Kinderdorf umgewandelt. In eigenen Häusern entstanden kleine Lebensgruppen, die weitgehend autonom und zur Stadt geöffnet waren. Dies war der erste Schritt zum Erziehungshilfezentrum.
Der zweite Schritt: Die Heimschule wird 1968 auch für externe Schüler geöffnet. Heute machen sie knapp die Hälfte der Schulgemeinde aus. Sie kommen aus einem Umkreis von ca. 50 km. Diese Öffnung wurde angeregt vom Kinderdorf selbst, den betroffenen Eltern und dem Schulamt.
Die Einrichtung einer psychologischen Beratungsstelle im Kinderdorf, die auch der Öffentlichkeit zur Verfügung steht, war der nächste Schritt.

Damals, 1970, wurde der Begriff „Heilpädagogisches Zentrum“ geprägt. Bald darauf, im Jahre 1974, erfolgte die Schaffung eines Sonderkindergartens für vorschulpflichtige Kinder des Kinderdorfes und der Stadt Ellwangen. Angeregt wurde diese Öffnung von unserer psychologischen Beratungsstelle, den Eltern und den öffentlichen Kindergärten.
Fünfter Schritt: Im Jahre 1980 wurde eine Außenwohngruppe für Jungen eröffnet, der inzwischen eine weitere gefolgt ist.
Ein wichtiger sechster Schritt: 1982 wurden 3 heilpädagogische Tagesgruppen ins Leben gerufen.
1986 haben wir, vor allem auf Betreiben des Arbeitsamtes, den Ausbildungsgang „Hauswirtschaftstechnische Helferin“ eingerichtet, der von lernbehinderten Mädchen aus dem Kinderdorf und aus der Stadt besucht wird.
Dazu kommt im Einzelfall noch betreutes Wohnen.
Somit hat sich der erratische Block „Marienpflege“ zu einem differenzierten Erziehungshilfezentrum für die gesamte Region gemausert. Die Verflochtenheit mit der Region wird auch dadurch sinnfällig, daß vielfältige Gruppen aus der Stadt und Umgebung unsere Einrichtungen (z. B. Sportplatz, Turnhalle, Ferienhaus) in Anspruch nehmen, während wir andererseits ganz bewußt die Öffnung in die Stadt hinein betreiben (öffentliche Schulen, Vereine, kulturelles und kirchliches Leben).

Die Organisationsform dieser Jugendhilfeangebote

Damit ein Erziehungshilfezentrum entsteht, müssen neben der Differenzierung mancherlei Formen der Kooperation, Koordination und Integration realisiert werden.

1. Ungenügend ist das Modell „Gemischtwarenladen“ – als additive Ansammlung unverbundener Hilfen unter einem Trägerdach.

2. Ungenügend ist auch das Modell „Hierarchischer Stern“, in dem alle Beziehungen nur auf die Heimleitung zulaufen. Die einzelnen Hilfen selbst stehen unverbunden nebeneinander.

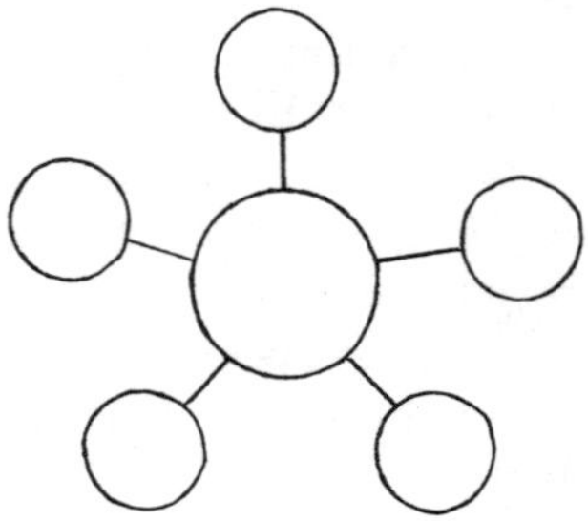

3. Weiterentwicklung des „hierarchischen Sterns“ zu dem Modell eines Erziehungshilfezentrums, in dem alle Bereiche, soweit erforderlich, miteinander in Verbindung stehen.

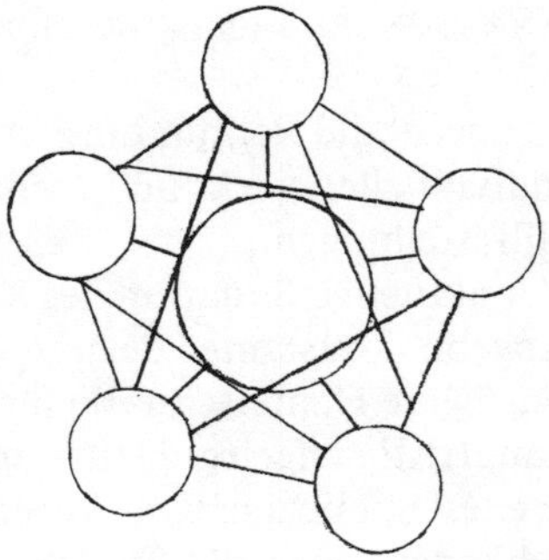

4. In dieser Grafik überdecken sich die einzelnen Kreise teilweise wie olympische Ringe. Sie macht Selbständigkeit und Zusammenarbeit deutlich. Autonomie und Integration, zentrifugale und zentripedale Kräfte stehen in einer sinnvollen Spannung und werden durch den Großkreis des Trägers zusammengehalten.

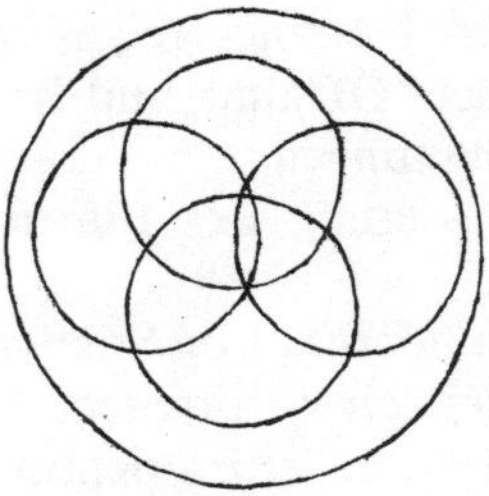

5. Die bisherigen Modelle waren stark von der Binnendifferenzierung geprägt. In diesem Modell wird noch die Verflochtenheit mit der Region deutlich gemacht. Man sieht das Erziehungshilfezentrum, von dem die Stellungnahme des Verbandes katholischer Einrichtungen der Heim- und Heilpädagogik sagt, daß es von allen Verbundsystemen die erstrebenswerteste Form der Bündelung fachlicher Angebote sei.

Jugendamt
Vereine / Verbände
Pfarrgemeinde
öffentliche Schulen
öffentliche Fachdienste

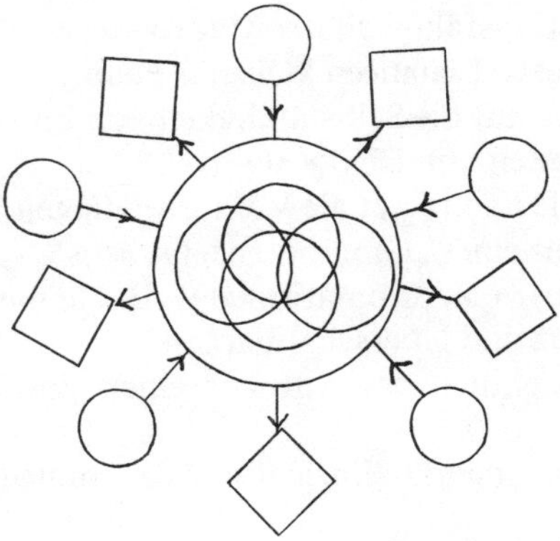

externe Schüler
externe Beratung
Kindergarten für Externe
Berufsausbildung Externer
Externe Nutzung der Einrichtungen

Chancen und Begründung für Kinder, Eltern, Erzieher und Institution:
Individuelle, wirksame, schnelle, unbürokratische und differenzierte Hilfestellungen.
Der aktuellen Situation des Kindes angemessene Unterstützung.
Angebot konstanter Bezugspersonen.
Geringere Hemmschwelle für Eltern, Verminderung von Ängsten.
Langfristig angelegte Hilfs- und Fördermaßnahmen.
Breites Spektrum von Anregungen, Erfahrungen und Austauschmöglichkeiten seitens der Erzieher.
Größeres Maß an Berufszufriedenheit bei den einzelnen Erziehern.
Bessere Nutzung freigewordener Kapazitäten für die Jugendhilfe.
Größere Öffnung und Intensivierung der Kommunikation mit anderen Einrichtungen.
Verbesserung der Informationsmöglichkeiten innerhalb der Einrichtung.
Verminderung von Stigmatisierung.
Abbau von Vorurteilen.
Integration der Einrichtung in die Gemeinden.
Verbesserung und Intensivierung von Außenkontakten.
Intensivierung der Freizeit- und Ausbildungsmöglichkeiten.
Verkürzung der „Erziehungswege" und damit verbunden die Reduzierung von Kosten.
Bessere Nutzung der familialen Erziehungskräfte.

Probleme und Erschwernisse:
Notwendigkeit vieler verschiedener Schaltstellen.
Gefahr der „Einschmelzung".
Mangelnde Kooperationsfähigkeit der Mitarbeiter.
Verringerung der Bestandschancen kleinerer Heime.
Nachteile im Hinblick auf die Selbständigkeit von Einrichtungen.
Gefahr der Eingleisigkeit von Denkweisen.
Mangelnde finanzielle und regionale Voraussetzungen.
Gefahr des Entstehens eines „Omnipotenzglaubens".
Gefahr des Entstehens von Automatismen (z. B. Heimeinweisung).
Fehlende Transparenz und Überschaubarkeit.
Schwierigkeiten hinsichtlich des Aufbaus einer „institutionellen Identität" des Erziehers.
Gefahr der Ghettoisierung (die Einrichtung als „totale Institution").

Verminderung des Aufbaus von Außenkontakten aufgrund fehlender Notwendigkeit.
Erschwernisse hinsichtlich des Informationsflusses seitens der Mitarbeiter.

Bedingungen und Erfordernisse („Träume“):
Klärung und Sicherstellung von Zuständigkeiten und Kostenträgerschaft.
Bereitstellung von Supervisionsangeboten.
Gemeinsame Erziehungsplanung aller Beteiligten.
Klärung und Sicherstellung des regionalen Bedarfs.
Entwicklung und Aufbau neuer Informations- und Kooperationsstrukturen.
Notwendigkeit finanzieller Flexibilität.
Gewährleistung autonomen Arbeitens gegenüber Außenstellen und Träger.
Gewährleistung von Fachkompetenz, Teamfähigkeit und Engagement seitens der Mitarbeiter.
Bereitstellung geeigneter baulicher bzw. räumlicher Voraussetzungen.
Bereitschaft junger Eltern, Kinder „auf Zeit“ aufzunehmen.

Arbeitskreis 22

Heim als Berufsbildungszentrum: geöffnete Werkstätten, externe Schüler, Ausbildungsverbund der Heime

Wichard Klein, Hans Schoch

Die Bedeutung einer beruflichen Erstausbildung für Jugendliche in Heimerziehung

Eine berufliche Ausbildung ist vielfach die letzte und vielleicht entscheidendste, systematische Einwirkungsmöglichkeit auf den lernschwierigen und verhaltensauffälligen jungen Menschen im Heim, zumal in ihr mehr vermittelt wird als die Fähigkeiten und Fertigkeiten, die zu einer spezifischen Berufsausübung notwendig sind.

Planung von Handlungsabläufen, Ausdauer, Konzentration, Genauigkeit, Ordnung, Anpassungs- und Kooperationsfähigkeit, Selbstkontrolle und Verantwortungsbewußtsein sind allgemein bedeutsame Lernziele, die als Verhaltensbereitschaften während der Berufsausbildung aufgebaut werden müssen. Ihre Aneignung hat speziell bei Jugendlichen, die oft mit dem Etikett „verwahrlost" belegt werden, eine intensive pädagogische, wenn nicht sogar quasi therapeutische Wirkung, denn „wer von Verwahrlosung spricht, meint etwa Unordnung, Unzuverlässigkeit, Unehrlichkeit, überhaupt Unregelmäßigkeiten im Bezug auf soziale Normen" (Hartmann 1977, S. 5). Es sind allgemein bedeutsame Lernziele, weil die genannten Verhaltensweisen auch außerhalb des Berufslebens ständig benötigt werden.

Die besondere erzieherische und damit persönlichkeitsfördernde Wirkung einer Berufsausbildung liegt sicher auch in dem abverlangten Zusammengehen von gedanklicher Reflexion und manueller Tätigkeit. Der junge Mensch erwirbt schrittweise eine allgemein verbesserte Steuerbarkeit seiner Handlungsimpulse, denn er lernt, Affekte zielgerichtet zu beherrschen, Denken und Handeln miteinander zu verbinden und notwendige Interaktionen einzugehen (s. Fucke 1981, S. 47).

Die im beruflichen Qualifikationsprozeß gestellten Aufgaben und Anforderungen beanspruchen nicht nur den kognitiven, sensomotorischen und motorischen Bereich des jungen Menschen, sondern auch seine motivationalen Kräfte und sozialen Fähigkeiten. Die Jugendlichen, die in unseren Heimen leben, haben oftmals eine Schullaufbahn hinter sich, die einer langen Kette von Versagenserlebnissen, Niederlagen und Frustrationen entspricht. Ihnen wurde häufig genug bescheinigt, sie seien dumm, faul und frech und zu keiner konstanten Leistungserbringung in der Lage. Um wieviel mehr müssen unter diesen lerngeschichtlichen Erfahrungen das Selbstwertgefühl und das Selbstvertrauen des Jugendlichen bei einem erfolgreichen Durchlaufen der Berufsausbildung ansteigen.

Und schließlich ein letzter Aspekt: Die Berufstätigkeit eines Menschen ist in unserer Leistungsgesellschaft ein wichtiges Beurteilungs- und Plazierungskriterium – man wird von anderen danach eingeschätzt, erhält einen sozialen Platz und beurteilt auch sich selbst entsprechend. Trotz aller Arbeitslosigkeit ist die Berufsausbildung als Vorbereitung auf die Ausübung einer Erwerbstätigkeit immer noch Ausgangspunkt der Existenzsicherung und materielle Lebensbasis. Man muß sich deutlich vor Augen führen, daß es zur Berufsausbildung zumindest derzeit keine Alternative gibt. Die tatsächliche Alternative ist der Status „Ungelernter"; das Bewußtsein aber, nichts zu können oder nichts leisten zu können, bedeutet eine große Gefahr und hat vermutlich Haltlosigkeit nach der Heimentlassung im Gefolge (s. Sauerborn 1965, S. 402), weil neben den objektiv eingeschränkten Möglichkeiten der Eindruck der sozialen Umgebung, ein Versager zu sein, in das eigene Selbstbild übernommen wird.

Das bisher Gesagte darf nicht darüber hinwegtäuschen, daß gerade bei jungen Menschen in der Jugendhilfe sicher nicht jede Berufsausbildung eine Garantie für die aufgezeigten Lernerfahrungen und Lebenschancen bietet. Es muß sich dabei vom Anspruch her um eine sozialpädagogisch ausgerichtete und begleitete Ausbildung handeln, in der methodisch-didaktische Besonderheiten realisiert sind, die die Lernschwierigkeiten und Verhaltensauffälligkeiten der Klientel im Heim berücksichtigen und einbeziehen. Gerade eine heiminterne Ausbildung bietet die Möglichkeit, berufsausbildende und sozialpädagogische Bemühungen zu koordinieren, um so die Aufgaben und Anforderungen während der Ausbildung auf die speziellen Probleme und Bedürfnisse des Ausbildungsteilnehmers zu richten. Dies kann und muß im Heim die gemeinsame Aufgabe von Ausbildern, Lehrern und Erziehern sein. Ich bin der Meinung, daß in den Heimen der Jugendhilfe in den letzten Jahren eine Fülle von Anstrengungen unternommen worden sind, um eine methodisch-didaktisch adäquate Ausbildung für den Personenkreis zu entwickeln. Dabei wurde auch darauf geachtet, den Schonraumcharakter, der einer Heimausbildung oft anhaftet, zu reduzieren oder sogar aufzulösen. Ich sehe hier zwei grundsätzliche Wege, die einander nicht ausschließen: Entweder man ergänzt die heiminterne Ausbildung durch externe Betriebspraktika, um auf dieser Schiene Arbeitsrealität zu vermitteln, oder man öffnet die heiminterne Ausbildung und läßt die betriebliche Realität in die Heimwerkstätten fließen – etwa durch wirklichkeitsnahe Aufträge, Produktivität, Außenarbeitsstellen sowie durch die Öffnung der Werkstätten für externe Mädchen und Jungen. Diese Bemühungen haben das Ziel, den künstlichen Charakter einer Schonraumausbildung zu vermeiden, gleichzeitig aber dem besonderen pädagogischen Anspruch zu genügen, den die Berufsausbildung der jungen Menschen erforderlich macht.

Die Öffnung der Ausbildungswerkstätten im Heim für Externe

Bis zum Jahre 1978 waren die Werkstätten und die eigene Berufsbildende Schule im Jugendheim Johannesburg, einer Einrichtung in Niedersachsen mit 20 Ausbildungsgängen, allein und ausschließlich den 170 internen Jungen vorbehalten, die im Rahmen der Jugendhilfe in der Johannesburg untergebracht waren. Ab Sommer 1978 wurden die Ausbildungsmöglichkeiten im Heim erstmalig für Externe im Rahmen eines Modellversuchs geöffnet.

Was hat uns nun seinerzeit veranlaßt, die Werkstätten in der Johannesburg für externe Mädchen und Jungen zu öffnen? Die Motive waren recht vielschichtig:

Die Ghettowirkung der heiminternen Ausbildung sollte durchbrochen werden im Sinne einer Normalisierung der Ausbildungsprozesse; die Heimjugendlichen sollten stärker das Gefühl haben, in einer realitätsgerechten Ausbildungssituation zu stehen.

Verhaltensunauffällige und anstrengungsbereite Gleichaltrige von außerhalb sollten für die verhaltensauffälligen und lernschwachen Jungen im Heim Orientierungsmöglichkeit sein.

Den Ausbildern im Heim, die zum damaligen Zeitpunkt ihre Tätigkeit durchschnittlich seit mehr als 10 Jahren in den internen Werkstätten ausübten, sollte durch die externen Ausbildungsteilnehmer ein Vergleichsmaßstab an die Hand gegeben werden, um besser unterscheiden zu können, was normale jugendliche Dynamik ist und wo tatsächliche Verhaltensauffälligkeiten und Lernbesonderheiten der Heimklientel den Ausbildungsprozeß belasten.

Im direkten Ausbildungsvergleich von verhaltensgestörten und verhaltensnormalen Auszubildenden sollten Aufschlüsse darüber gewonnen werden, welche didaktisch-methodischen Spezifika für die Berufsausbildung der erstgenannten Gruppe generell erforderlich sind.
Durch das erweiterte Ausbildungsangebot sollte der Status des Heimes in der Region verbessert werden. Die Öffnung der Kapazitäten sollte eine Integration der Einrichtung in das Umland fördern und zugleich die Zugangschancen der Heimjugendlichen in das reale Berufsleben optimieren, da die Grenze zwischen pädagogischer und „sonder"-pädagogischer Berufsausbildung im Erziehungsheim selbst aufgehoben wurde.
Im August 1978 nahmen entsprechend 26 externe Auszubildende (19 Jungen und 7 Mädchen) ihre Berufsausbildung in 10 der insgesamt 20 im Heim angebotenen Ausbildungsberufe auf.
Die Modellmaßnahme lief zunächst über einen Ausbildungsgang, d.h. über 3 bzw. 4 Jahre.
Folgende Ergebnisse konnten mit wissenschaftlicher Unterstützung festgehalten werden. Bei den Heimjugendlichen hat die Normalisierung der Ausbildungsarbeit durch die Einbeziehung externer Auszubildender eine besondere psychologische Wirkung gehabt. Allein die Tatsache, daß Jungen und Mädchen aus der Umgebung quasi als Gäste auf die Dienstleistung „Berufsausbildung" des Erziehungsheimes zurückgegriffen haben, stärkte ganz offensichtlich das Selbstwertgefühl der oft mit Vorurteilen konfrontierten Jugendlichen. Das Gefühl eines Ausgeklammertseins wurde spürbar abgebaut, die berufliche Sozialisation wurde als alterstypische Lernphase stärker akzeptiert, und man konnte sich selbst und anderen beweisen, ein gleichwertiger Auszubildender zu sein.
Je länger die Heimjugendlichen unter Integrationsbedingungen zubringen konnten, desto größer wurde die relative Anzahl erfolgreicher Ausbildungsabschlüsse. Die Erfolgsquote lag in den Werkstätten, in denen keine Externen ausgebildet wurden, deutlich niedriger als in den Bereichen mit externen Jugendlichen.
Die am Integrationsmodell beteiligten externen Jungen und Mädchen konnten insgesamt von der in theoretischer wie praktischer Hinsicht gründlichen beruflichen Unterweisung profitieren. Sie konnten nach anfänglicher Zurückhaltung relativ rasch und reibungslos in das Gefüge der heiminternen Werkstätten integriert werden. Im Zuge der gemeinsamen Ausbildung mit den Heimjugendlichen war bei ihnen eine deutliche Zunahme von Selbstvertrauen, Durchsetzungsvermögen, sozialen Fähigkeiten und Kritikfähigkeit beobachtbar. Einige Externe schrieben sich sogar im Interview eine Vorbildfunktion zu. Weiter hat der Einblick in bis dahin unbekannte Lebensumstände Gleichaltriger dazu beigetra-

gen, vorher vorhandene Vorurteile abzubauen. Alle externen Auszubildenden konnten ihre Ausbildung im Heim erfolgreich abschließen und anschließend auf dem örtlichen Arbeitsmarkt unterkommen, wenngleich vereinzelt Mißverständnisse bezüglich einer Ausbildung „im Erziehungsheim“ ausgeräumt werden mußten. Eine Zunahme von Verhaltensauffälligkeiten bei den externen Mädchen und Jungen konnte im Laufe der gemeinsamen Ausbildung mit den Heimjugendlichen nicht beobachtet werden.

Die Ausbilder der Einrichtung waren dankbar, daß nach Jahren der ausschließlichen beruflichen Unterweisung von verhaltensauffälligen und lernschwachen Auszubildenden erstmals wieder ein außenbezogener Vergleichsmaßstab in der Werkstatt zur Verfügung stand. Die gemeinsame Ausbildung der Teilgruppen schärfte das Bewußtsein der Ausbilder für die Notwendigkeit besonderer Ausbildungsanstrengungen und didaktisch-methodischer Lernhilfen für die verhaltensauffälligen und lernschwierigen Teilnehmer. Die Anwesenheit der externen Jugendlichen führte bei den Ausbildern ferner zu einer stärkeren Befähigung, die alltäglich auftretenden Schwierigkeiten im Umgang mit der Problemgruppe zu bewältigen. Sie konnten die Externen zum Teil als Tutoren, als informelle Kontrolle, als motivationsfördernde Konkurrenz, als vorbildhafte Modelle, als beruhigendes Element, also als leistungsfördernden Faktor in ihre Ausbildungs- und Erziehungsarbeit einfügen.

Für das Jugendheim Johannesburg als Durchführungsträger hat sich insgesamt eine verbesserte Integration in das soziale Umfeld ergeben. Die Bereitstellung von Ausbildungsplätzen für Jugendliche aus der das Heim umgebenden strukturschwachen Region hat mit dazu beigetragen, den Inselcharakter der Einrichtung in gewissem Umfang aufzuheben. Neben der Funktion „Erziehungsheim“ wurde auch das Merkmal „Ausbildungsstätte“ ins öffentliche Bewußtsein gerückt.

Eine von ihrer sozialpädagogischen Systematik her als „geschlossen“ definierte Jugendarbeit wurde durch die Einbeziehung externer Jugendlicher entriegelt und transparent gemacht; der Schonraumcharakter der heiminternen Berufsausbildung wurde durch das Gewinnen eines größeren Lebens- und Realitätsbezugs reduziert.

Die damals erstmalig erprobte Idee einer integrativen Ausbildung von internen und externen Jugendlichen konnte bis zum heutigen Tage in der Einrichtung systematisch ausgebaut werden. Heute werden neben den 140 Internen, die im Heim leben, 130 externe Mädchen und Jungen gemeinsam ausgebildet.

Eine Stärke der Ausbildungskonzeption in der Johannesburg liegt meines Erachtens darin, daß bei den 270 Auszubildenden auf äußere Differenzierungsformen bewußt verzichtet wird. Es gibt keine besonderen Räumlichkeiten bzw. Zonen oder Ecken für Interne und Externe oder für die verschiedenen Ausbildungsjahre oder für das Berufsvorbereitungsjahr und die eigentliche Ausbildung.

Ausblick

Die Öffnung der Werkstätten ist sicherlich nur eine Möglichkeit, um alte, eingefahrene Wege einer heiminternen Ausbildung in Einrichtungen der Jugendhilfe zu verlassen. Hinzu kommen müssen verstärkte Außenpraktika in normalen Betrieben, die Annahme von Aufträgen, die Kundenverkehr und Außenarbeitsstellen bedingen, sowie die Schaffung von Produktions- und Zeitdruck. Es muß allerdings sorgfältig darauf geachtet werden, daß die geforderte Produktivität nicht zum Selbstzweck wird, die die Ausbildung als primäres Ziel verdrängt. Produktion muß sich immer in die Ausbildung sinnvoll einordnen lassen.
Welche Möglichkeiten haben nun Heime ohne Berufsausbildung, den ihnen anvertrauten Jugendlichen eine speziell zugeschnittene Ausbildung anzubieten? Neben der Verlegung in Heime mit Berufsausbildung haben sich folgende vier Wege bisher bewährt:
1. Heime ohne Berufsausbildung bilden mit Heimen der Jugendhilfe mit Berufsausbildungsangeboten einen Verbund und lassen ihre Jugendlichen dort ausbilden. Auf diese Weise bleibt ein enger Kontakt Sozialpädagogik – Schule – Ausbildung erhalten.
2. Heime ohne Berufsausbildungsangebote können Berufsbildungswerke in ihrer Umgebung für die berufliche Bildung ihrer Jugendlichen in Anspruch nehmen.
3. Heime ohne Berufsausbildungsangebote gründen zusammen eine Einrichtung für berufliche Bildung.
4. Heime ohne Berufsausbildung vermitteln durch ihre Verbindungen im Gemeinwesen betriebliche Ausbildung unter der Voraussetzung der besonderen schulischen Förderung, z. B. durch den Besuch einer Sonderberufsschule im Heim oder außerhalb oder durch die Mithilfe eines Förderlehrers. Firmen sind nach wie vor bereit, sich mit „Problemjugendlichen“ auseinanderzusetzen. Dies kann gefördert werden durch die Zusicherung einer engen sozialpädagogischen Begleitung durch das Heim (s. Jugendwohl 1/1988, 69. Jg., S. 28).

Thesen

1. Der Stellenwert einer methodisch-didaktisch speziell ausgerichteten Berufsausbildung für verhaltensauffällige und lernschwache Jugendliche in Heimerziehung kann nicht hoch genug veranschlagt werden.
2. Eine heimexterne Ausbildung in normalen Betrieben läuft Gefahr, den besonderen Bedürfnissen und Schwierigkeiten der Jugendhilfeklientel nicht gerecht zu werden.
3. Eine heiminterne Ausbildung bietet zwar die Möglichkeit einer speziellen Gestaltung einschließlich der sozialpädagogischen Strukturierung, es stellt sich aber das Problem der Realitätsferne und des Schonraumcharakters.
4. Das konzeptionelle Dilemma „heimintern – heimextern“ kann reduziert bzw. gelöst werden durch Außenbezüge, Betriebspraktika, Produktivität und Öffnung der Ausbildungskapazitäten im Heim.
5. Die Öffnung der heiminternen Ausbildungsangebote bringt für die Heimjugendlichen, die externen Auszubildenden, die Ausbilder und für die Einrichtung selbst Vorteile. Durch die Öffnung besteht die Möglichkeit, das Heim zu einem Ausbildungszentrum in der Region wachsen zu lassen.
6. Heime ohne eigene Ausbildungsangebote haben verschiedene Möglichkeiten der „Selbsthilfe“, etwa in Form eines Verbundes.

(Referat: Wichard Klein)

Literatur

Fucke, E.: Lernziel: Handeln können. Frankfurt a. M. 1981.

Hartmann, K.: Theoretische und empirische Beiträge zur Verwahrlosungsforschung. Berlin 1977.

Sauberborn, G.: Das Arbeitsverhältnis des Jugendlichen im FE-Heim. In: Unsere Jugend, 1965, 17. Jahrgang, S. 401 – 405.

Literatur zum Modellversuch:

Sturzebecher, K. / Klein, W.: Berufsausbildung im Erziehungsheim – Ein Integrationsmodell wird erprobt. Weinheim 1983.

Ergebnisse der Diskussion

Das Selbstverständnis bisheriger Heimerziehung war schwerpunktmäßig geprägt durch Autonomie der Institution, seiner Angebote und Methoden. Die Teilnehmer des Arbeitskreises sind mehrheitlich der Meinung, daß dieser Ansatz verändert werden sollte. Sie sehen drei Schwerpunkte, auf die sich Heimarbeit mit beruflicher Bildung hin entwickeln könnte.

1. Das Heim ist auch Lernort für externe Auszubildende

Externe sollten allerdings nicht wahllos aufgenommen werden. Kriterien sollten sein:
Junge Menschen, die zur Erreichung des Ausbildungszieles besonderer Hilfen bedürfen, aber keinen Anspruch auf Heimerziehung haben.
Heime, die sich öffnen, müssen sich durch eine hohe Fachlichkeit in Ausbildungsfragen und durch fachliche und personelle Kompetenz im Hilfeangebot ausweisen.
Die Betreuungsangebote sollten mindestens Freizeitangebote, Einzelfallhilfe und Hausaufgabenunterstützung beinhalten. Das Betreuungsverhältnis Externe und Interne sollte 50% nicht überschreiten. Probleme werden derzeit noch in Arbeitsrechts- und Finanzierungsfragen gesehen. Hier sollten Heimleitungen, Ausbilder und Kostenträger abklärende Gespräche führen und arbeitsrechtliche bzw. pädagogische Richtlinien erarbeiten.
Da Heime keine gewerblichen, gewinnorientierten Betriebe sind und von daher ihre Arbeit nicht über den Verkauf von Produkten allein bestreiten können, muß mit den Behörden über eine Finanzierung der Externenbetreuung verhandelt werden.

2. Der Heim-Heim-Verbund

Dieser Verbund wird trotz diverser Probleme begrüßt. Sofern es die regionalen Gegebenheiten zulassen, sollte zur Bereicherung des Berufsangebotes für die Ausbildung der Verbund angestrebt werden.
Hier werden noch große Probleme gesehen:
Erschwernisse durch Behörden und Ämter.
Betreuungsprobleme durch behördliche Auflagen.
Ängste bei Heimleitern und Mitarbeitern.
Für dieses Verbunddenken muß noch viel Bewußtseinsarbeit geleistet werden. Voreingenommenheiten aller Beteiligten müssen abgebaut werden.

3. Der Betrieb als Lern- und das Heim als Wohnort

Auch diese Möglichkeit wird positiv bewertet. Für diesen Verbund könnte man sich ein differenziertes Vorgehen vorstellen:
der Betrieb, in dem für Auszubildende Praktika angeboten werden;
der Betrieb als Ausbildungspartner zur Heimausbildung;
das Heim als Lehrherr, der Betrieb als Ausbilder.
Für dieses Verbundmodell sind erfahrene Mitarbeiter erforderlich, die sowohl betriebliche Realität als auch pädagogische Erfordernisse kennen. Eine fachliche Begleitung muß das Scheitern der Ausbildung bzw. das Abbrechen der Lehre verhindern.

Arbeitskreis 23

Heim und Soziale Dienste: Organisationsmodelle Nachgehender Betreuung

Brigitte Noack, Karl-Heinz Pütz

Über die Nachgehende Betreuung für heimentlassene Kinder und Jugendliche ist in den letzten 10 Jahren sehr viel geschrieben und diskutiert sowie um Inhalte, fachliche Konzepte und Finanzierungsfragen mit Nachdruck gerungen worden. Die großen Fachverbände der Erziehungshilfe, die Arbeitsgemeinschaften der Spitzenverbände der Öffentlichen und Freien Wohlfahrtspflege haben ihre Gremien mit dieser Thematik befaßt. Absichts- und Willenserklärungen bestimmen und begleiten diese Diskussionsphase. Die Interessenverbände, die Heime und ihre Mitarbeiter haben sich auf den Weg gemacht, ihre Vorstellungen von einer Nachgehenden Betreuung im Rahmen der Heimerziehung fachpolitisch durchzusetzen.

Soweit sich der derzeitige Stand überblicken und einschätzen läßt, wird die Notwendigkeit einer Nachgehenden Betreuung für heimentlassene Kinder und Jugendliche ernsthaft nicht mehr bestritten. Ihre Funktion und ihr Stellenwert im Fachsystem Erziehungshilfe erfahren jedoch in den Regionen und Ländern eine unterschiedliche Gewichtung und Ausprägung. Dies gilt insbesondere dann, wenn man die Forderung erhebt, daß Nachgehende Betreuung allen Kindern und Jugendlichen sowie jungen Volljährigen gewährt werden muß, die aus einem Heim entlassen werden und zwar unabhängig davon, ob sie

in ihre Familie zurückkehren;

in eine andere Familie (Adoptions- oder Pflegefamilie) aufgenommen werden;

eine eigene Existenz gründen.

Nachgehende Betreuung, verstanden als begleitende und beratende (Re-) Integrations- und Orientierungshilfe für junge Menschen jeder Altersstufe, die nach einer Zeit gezielter erzieherischer Hilfe durch ein Heim in ein anderes soziales Umfeld überwechseln, diese Forderung stößt mancherorts noch auf Widerstand. Von einer durchgängigen Verankerung der Nachgehenden Betreuung in einem von der Öffentlichen und Freien Wohlfahrtspflege verantworteten und gewährleisteten Leistungskatalog

der Erziehungshilfe und speziell der Heimerziehung kann derzeit noch nicht gesprochen werden. Es muß sowohl von seiten der Heime und ihrer Interessenverbände als auch von den öffentlichen Leistungsträgern der Erziehungshilfe im fachpolitischen Raum noch einiges getan werden, um der Nachgehenden Betreuung als integriertem Regelangebot erzieherischer Hilfen durch ein Heim zum Durchbruch zu verhelfen. Ihre formale und institutionelle Absicherung in den Richtlinien der Länder für die Heime der Jugendhilfe, in Ausführungsbestimmungen der Landesjugendämter und der Heimaufsicht ist weitgehend noch eine Aufgabe für die Zukunft.
Dieser fachpolitische Aspekt stand zwar nicht im Vordergrund der Beratungen der Arbeitsgruppe, wurde aber in der Diskussion immer wieder angesprochen.
Im Mittelpunkt der Beratungen standen die Fragen der Zusammenarbeit des Heimes mit dem zuständigen Sozialen Dienst des Jugendamtes und Modelle von Organisationsformen der Nachgehenden Betreuung im Heim. Es läßt sich feststellen, daß die Praxis nicht selten hinter dem zurückbleibt, was im Bereich der Nachgehenden Betreuung konzeptionell schon erprobt und fachpolitisch erwünscht ist sowie finanziell schon realisiert werden kann. Allerdings muß auch gesagt werden, daß die konkrete Praxis einzelner Heime und Jugendämter oft schon weiter entwickelt ist, als die Diskussion auf den verschiedenen Fachebenen dies vermuten läßt.
Als Praxisbeispiel wurde das Kooperations- und Organisationsmodell des Jugendamtes der Stadt Köln für die Nachgehende Betreuung heimentlassener Kinder und Jugendlicher vorgestellt:
Ein Heimaufenthalt ist keine Episode, kein isolierter Bereich, sondern Teil der Lebensgeschichte von Kindern und Jugendlichen, Teil eines mehr oder weniger turbulent und kontinuierlich verlaufenden Entwicklungs- und Erziehungsprozesses. Die Frage des Zusammenhangs dieses lebensgeschichtlich unterschiedlichen Entwicklungs- und Erziehungsprozesses ist für dessen positive und kontinuierliche Gestaltung und damit für dessen Gelingen sehr wichtig. Da dieser Zusammenhang von Menschen innerhalb und außerhalb von Institutionen hergestellt wird und sich in der Beziehung der beteiligten Menschen – im Mittelpunkt das Kind oder der Jugendliche – umsetzt, müssen beteiligte Menschen und Institutionen möglichst dicht und gut kooperieren.
Der Übergang vom Heim in einen anderen Lebensbereich ist – grob eingeteilt – in drei Konstellationen möglich:
1. Entlassung in die eigene Familie.
2. Entlassung in eine Ersatzfamilie.
3. Entlassung in die Selbständigkeit.

Diese „Übergänge" müssen möglichst flexibel und differenziert vom Heim vorbereitet werden, um auf die lebensgeschichtlichen Besonderheiten jedes Kindes eingehen zu können.
Wesentliche Voraussetzung für alle drei Konstellationen ist eine kontinuierliche, auch personell festgemachte Kooperation mit dem verantwortlichen Jugendamt. Dabei ist eine Organisationsform von Vorteil, wie sie durch die zentrale Abteilung Heimpflege in Köln existiert. Die Mitarbeiter dieser Abteilung erörtern in einem wöchentlichen Teamgespräch auf der Grundlage von schriftlichen Unterlagen, Berichten und vor allem dem Heimaufnahmeantrag unter Einbeziehung des Sozialarbeiters, der die Familie betreut, den spezifischen Erziehungsbedarf des Kindes, das zur Heimaufnahme ansteht.
Jeder Mitarbeiter des Sachgebietes ist für mehrere Heime fest zuständig, kennt diese Heime durch regelmäßige telefonische Kontakte, so daß es in aller Regel gelingen kann, das Angebot und die Möglichkeiten eines bestimmten Heimes mit dem pädagogischen Bedarf eines bestimmten Kindes zu vergleichen und eine passende Unterbringung vorzunehmen. Für die Heime bietet diese Organisationsform gerade bei größeren Jugendämtern den Vorteil, einen festen, vertrauten und gut informierten Ansprechpartner zu haben, der auch notwendige Abklärungen und Einbeziehung anderer sozialer Dienste leisten kann.
In der praktischen Zusammenarbeit hat sich herausgestellt, daß regelmäßige Gespräche in größerer Runde unter Einbeziehung aller beteiligten sozialen Fachkräfte im Hinblick auf die gegenseitige Verständigung und einvernehmliche Planung wesentlich mehr bringen können als das Hin- und Herschicken von Austauschberichten. Das heißt nicht, daß man auf Berichte grundsätzlich verzichten sollte; nur dürfen sie nicht das einzige Mittel der Kommunikation in einem Erziehungsplanungsprozeß sein; denn ein Erziehungsplan ist im Grunde nichts anderes als die Summe der Erfahrungen und Schlußfolgerungen der beteiligten „Erzieher".
Bezogen auf die eingangs genannten drei „Nahtstellen" des Übergangs von einem in den anderen Lebensbereich ist für die Zusammenarbeit zwischen Jugendamt und Heim folgendes wichtig:
Bei der Perspektive „Rückführung in die eigene Familie" ist es von ausschlaggebender Bedeutung, welche Form der Zusammenarbeit mit den Eltern vom Heim aus während der Unterbringung geleistet und von den zuständigen sozialen Diensten des Jugendamtes flankiert wurde. Dabei haben sich Konzepte als vorteilhaft erwiesen, die eine regelmäßige Arbeit mit den Eltern im Heim in den verschiedensten Ausprägungsformen beinhalten. Diese Kontaktform hat den Vorteil, daß die Eltern das Kind

in „seiner“ neuen Lebenswelt kennenlernen und daß das Kind von einem sicheren Terrain aus operieren kann. Die Palette der Möglichkeiten der Zusammenarbeit reicht von regelmäßigen, auch familientherapeutisch akzentuierten Gesprächen bis zu einem „Elterntraining“ oder gemeinsam im Heim verbrachten Wochenenden oder Freizeiten. Ziel solcher Angebote sollte sein, einer Entfremdung zwischen Eltern und Kind entgegenzuwirken, Schuldgefühle auf beiden Seiten zu bearbeiten und nach Möglichkeit abzubauen sowie Regeln für ein zukünftiges Zusammenleben zu entwickeln. Der eigentliche „Übergang“ in die eigene Familie sollte dann so fließend wie möglich gestaltet und noch ein Stück weit vom Heim in Form einer Integrationshilfe begleitet werden. Dabei ist es auch besonders wichtig, in der Schlußphase dieses Überganges den Sozialen Dienst einzubeziehen, der später die Familie weiter betreut, und dabei zu helfen, die weitere Zusammenarbeit zwischen Familie und Sozialem Dienst zu regeln.

Eine Zusammenarbeit mit den Eltern während des Heimaufenthaltes wird heute von den meisten Einrichtungen geleistet. In formalisierter Form gibt es in einigen Heimen im Rheinland organisierte Programme einer sogenannten „Familienbetreuung“ im Rahmen der Freiwilligen Erziehungshilfe, die von den Einrichtungen in unterschiedlicher Form gestaltet werden. Daneben gibt es beim Jugendamt Köln auch neuerdings zwei Mitarbeiter, die diesen Ansatz vom Jugendamt her verfolgen. Diese Mitarbeiter arbeiten eng mit den Heimen und den Familien zusammen und bemühen sich vor allen Dingen, vor Ort in der Familie mit familiensystemischen Ansätzen die Beziehung zum Kind zu klären und die Veränderungen in der Familie, die sich bei einer Rückführung ergeben, der Familie zu verdeutlichen und Regeln für das weitere Zusammenleben zu erarbeiten. Da die Unterbringung im Rahmen der Freiwilligen Erziehungshilfe häufig in größerer Entfernung vom Wohnort der Eltern stattfindet, kann eine solche intensive Vor-Ort-Betreuung eine wichtige Ergänzung der Angebote des Heimes darstellen.

Bei einer Vermittlung eines Kindes in eine Ersatzfamilie ist es ganz besonders wichtig, daß Heim und Jugendämter miteinander klare Absprachen treffen. Dabei sollte das Heim darauf achten, daß potentielle Pflege- oder Adoptionsfamilien vom zuständigen Jugendamt vorher geprüft wurden und sich informieren, welche Vorstellungen bezüglich des Alters und der Problematik eines aufzunehmenden Kindes seitens des Jugendamtes bestehen. Die Kontaktanbahnung zu dem Kind sollte im Heim und vom Heim geleistet werden, wobei das Kind stark einbezogen werden muß. In manchen Fällen erweist sich eine Arbeitsteilung als vorteilhaft, bei der das Jugendamt den Kontakt zu der Herkunftsfamilie

hält und dafür sorgt, daß die Herkunftsfamilie den Vermittlungsprozeß nicht stört, und das Heim seinerseits den Kontakt zwischen der Ersatzfamilie und dem Kind fördert und begleitet. Ebenso wie bei der Rückkehr in die eigene Familie wäre es von Vorteil, wenn durch das Heim in der ersten Zeit nach Übersiedlung des Kindes in die Ersatzfamilie eine Integrationshilfe in Abstimmung mit den beteiligten Sozialen Diensten geleistet würde. Bestandteil der Integrationshilfe sollte auch die Übergabe an den dann betreuenden Pflegekinderdienst sein.
Bei der Gestaltung des Übergangs in die Selbständigkeit bei älteren Jugendlichen bzw. jungen Erwachsenen muß berücksichtigt werden, daß das Aufnahmealter in den letzten Jahren erheblich gestiegen ist, so daß den Heimen häufig für die Vorbereitung auf die Selbständigkeit nur wenig Zeit bleibt. Aufgrund der Schwierigkeiten dieser Jugendlichen im Schul- und Berufsausbildungsbereich und der durch § 6,3 JWG eingeschränkten Möglichkeiten der Jugendhilfe, diesen Problemen in ausreichendem Maße gerecht zu werden, ist eine Ausweitung der gesetzlichen Spielräume, wie in den verschiedenen Anläufen zur Novellierung des Jugendwohlfahrtsgesetzes auch vorgesehen, dringend erforderlich.
Es ist eine Binsenweisheit, daß die Erziehung zur Selbständigkeit ein integrierter Bestandteil von Heimerziehung ist. Ganz besonders bedeutsam ist diese bei Jugendlichen, die auf den stützenden Hintergrund einer eigenen Familie oder einer Ersatzfamilie nicht zurückgreifen können. Viele Heime haben darauf mit differenzierten Verselbständigungsangeboten reagiert. Die Palette reicht von relativ selbständig wirtschaftenden Jugendwohngruppen über Verselbständigungsgruppen oder individuelle Verselbständigungsangebote im Heim bis zu Sozialpädagogisch betreutem Wohnen außerhalb des Heimgeländes. Diese letztere Betreuungsform muß noch weiter ausgebaut werden; insbesondere müssen hiervon auch Jugendliche erfaßt werden können, die vorher nicht in einer Heimgruppe gelebt haben und in eine solche auch nicht mehr integrierbar sind.
Im Unterschied zum Sozialpädagogisch betreuten Wohnen soll die Nachgehende Betreuung der Zielgruppe der jungen Volljährigen, die unabhängig von ihrer Familie eine eigene Existenz aufbauen, stützende, begleitende und beratende Hilfe durch ihnen vertraute Bezugspersonen gewährleisten. Wie entsprechende Untersuchungen, z.B. die Untersuchung des Instituts für Soziale Arbeit, Münster, zur Situation heimentlassener Jugendlicher, belegen und wie sich unschwer an der Situation des Arbeitsmarktes ablesen läßt, ist die Situation der 18- bis 25jährigen besonders schwierig. Da die gesellschaftliche Integration heimentlassener Jugendlicher bzw. junger Erwachsener in den seltensten Fällen

reibungslos vonstatten geht, wobei sowohl lebensgeschichtlich als auch gesellschaftlich-strukturell bedingte Defizite ursächlich sind, muß ein junger Erwachsener regelrecht trainiert werden, notwendige Hilfen durch andere soziale Dienste in Anspruch zu nehmen. Dabei muß kritisch angemerkt werden, daß die soziale Infrastruktur der Hilfe für junge Erwachsene z. B. in Form von besonderen Beratungsstellen noch weitgehend unterentwickelt ist. „Jugendhelfer", wie sie durch das Jugendamt Kassel eingesetzt werden, könnten hier eine sinnvolle Ergänzung einer Nachgehenden Betreuung durch ein Heim sein und einen jungen Erwachsenen an seinem Wohnort weiter unterstützen.

Diesem Kooperationsmodell eines großstädtischen Jugendamtes müssen auf seiten der Heime bestimmte Organisationsformen für die Nachgehende Betreuung entsprechen, damit es nicht dem Zufall überlassen bleibt oder in die Beliebigkeit gestellt wird oder nur vom persönlichen Engagement einzelner Mitarbeiter abhängig ist, ob Nachgehende Betreuung, eingebettet in den Kontext der gesamten erzieherischen Hilfe, geleistet wird. Die Gewährleistung der Nachgehenden Betreuung durch die Heime setzt voraus, daß sich deren Zuständigkeit und Verantwortlichkeit für die Kinder und Jugendlichen nicht beschränken darf auf die Zeit der Anwesenheit im Heim, sondern die Mitverantwortung für das Gelingen des Überganges in den neuen Lebensbereich mit einschließt. Heimerziehung endet dann nicht am Tag der Entlassung, am Eingangstor des Heimes, sondern der Arbeitsauftrag umfaßt auch die fachliche Begleitung des folgenden Integrationsprozesses. Die Praxis der Jugendämter und der Heime ist sich dieser Definition des Arbeitsauftrags der Erziehungshilfe noch nicht immer bewußt bzw. fördert nur die eine und vernachlässigt damit die beiden anderen Zielgruppen der Nachgehenden Betreuung.
In der folgenden Übersicht wird die Verteilung der Zuständigkeiten vorgenommen, die Kooperationsnotwendigkeiten werden schematisch dargestellt:

Zuordnung der Verantwortlichkeiten bei der (Re-)Integration von Kindern und Jugendlichen aus Heimen in ein neues Lebensumfeld

← Übergang →

vor der Heimentlassung — nach der Heimentlassung

Vorbereitungsphase — Realisierungsphase

Perspektive: Entlassung in	Verantwortlich für die Vorbereitung auf den Wechsel in das neue Lebensumfeld		Verantwortlich für die Absicherung der Integrations- und Orientierungshilfen (Nachgehende Betreuung)	Unmittelbare Verantwortung für Betreuung, Versorgung (und Erziehung), Alltagsgestaltung
Pflegefamilie	Heim in Kooperation mit Pflegekinderdienst des Jugendamtes oder Verbandes	Entlassung	Heim und vorrangig: Pflegekinderdienst des Jugendamtes oder Verbandes	Pflegefamilie
Ursprungsfamilie	Heim in Kooperation mit Fachdienst des Jugendamtes oder Verbandes		Heim und vorrangig: Fachdienst des Jugendamtes oder Verbandes	Ursprungsfamilie
eigenständige Existenz	Heim in Abstimmung mit Fachdienst des Jugendamtes oder Verbandes		vorrangig: Nachgehende Betreuung des Heimes	Jugendlicher / junger Erwachsener

Wesentliche Voraussetzungen und Merkmale institutionell abgesicherter Organisationsformen sind u. a.:
Klare, einvernehmliche Definition der Ziele und des Arbeitsauftrags.
Institutionalisierte Kooperationsabsprachen.
Gewährleistung personaler und funktionaler Kontinuität.
Ausstattung mit Sach- und Fachkompetenz.
Verfügbare Arbeitskapazität.
Erreichbarkeit und Verläßlichkeit des Dienstes.
Kostendeckende, gesicherte Finanzierung.

Entsprechend den spezifischen Erfordernissen der drei Zielgruppen sind unterschiedliche Arbeitsansätze der Nachgehenden Betreuung im Heim erforderlich. Bei der Entscheidung, wie die Nachgehende Betreuung im Heim organisiert werden soll, muß berücksichtigt werden,
ob die angestrebten Ziele erreicht werden können;
ob der besonderen Situation des Einzelfalles damit Rechnung getragen werden kann;
ob die zur Verfügung stehenden Mittel und Ressourcen effektiv eingesetzt werden können.
Unter Beachtung regionaler Gegebenheiten und Abwägung der strukturellen Bedingungen des konkreten Heimes kommen die folgenden Organisationsmodelle der Nachgehenden Betreuung durch das Heim in Betracht:

1. Gruppen- bzw. erzieherbezogenes Modell
Das Erzieherteam, das das Kind/den Jugendlichen im Heim betreut hat, leistet nach der Entlassung aus dem Heim im Rahmen seines Arbeitsauftrages die Nachgehende Betreuung.

2. Gruppenergänzendes Modell
Die Nachgehende Betreuung wird dem Funktionsbereich des Gruppenergänzenden Dienstes angegliedert, z. B. als gesonderter „Spezialdienst" oder in Kombination mit anderen Aufgaben, z. B. Elternarbeit.

3. Modell: Verbund
Mehrere (kleine) Heime bilden einen Verbund. Ein dafür freigestellter Mitarbeiter übernimmt die Aufgaben der Nachgehenden Betreuung für alle Heime des Verbundes.

4. Kooperationsmodelle
4.1 Heim A beauftragt Heim B, das in der Nähe des zukünftigen Wohnortes des Kindes/Jugendlichen liegt, mit der Durchführung der Nachgehenden Betreuung.
4.2 Das Heim kooperiert mit der Sozialpädagogischen Familienhilfe am zukünftigen Wohnort des Kindes/Jugendlichen, die dann die Aufgaben der Nachgehenden Betreuung übernimmt.
4.3 Das Heim bezieht die Sozialen Dienste (Familienhilfe, Beratungsstelle, Allgemeiner Sozialer Dienst) eines freien Verbandes oder eines Jugendamtes am zukünftigen Wohnort des Kindes/Jugendlichen in die Vorbereitung auf die Heimentlassung ein und beauftragt den Dienst mit der Wahrnehmung der Nachgehenden Betreuung.

5. Modell: Initiativkreis
Das Heim initiiert und organisiert einen Kreis von (nicht nur ehrenamtlichen) Helfern, die im Sinne der Ziele der Nachgehenden Betreuung bestimmte Aufgaben übernehmen.

6. Modell: Selbsthilfekreis
Ehemalige Jugendliche eines Heimes und Jugendliche, die vor der Entlassung stehen, schließen sich unter Mitwirkung des Heimes zu einer Selbsthilfegruppe zusammen.

Diese nur kurz skizzierten Modelle sind an bestimmte Vorbedingungen geknüpft und nicht unbedingt auf jedes Heim übertragbar. Welches Organisationsmodell in Frage kommt, hängt ebenso davon ab, aus welcher Betreuungs- oder Wohnform, z. B. Heimgruppe, Jugendwohngemeinschaft, Außenwohngruppe, Sozialpädagogisch betreutes Wohnen, Tagesheimgruppe, das Kind/der Jugendliche entlassen wird und welche Probleme bei der Integration – prognostisch gesehen – zu erwarten sind. Die Vor- und Nachteile müssen sorgsam abgewogen werden. Primär wichtig bleibt, daß die Nachgehende Betreuung unter Berücksichtigung der unterschiedlichen örtlichen Bedingungen überhaupt institutionell organisiert und abgesichert wird. Für die Nachgehende Betreuung sind integrierte Organisationsformen unerläßlich; sie garantieren reflektiertes fachliches Handeln und Kontinuität.
Unabhängig von den genannten Organisationsmodellen sollten bei der konkreten Durchführung der Nachgehenden Betreuung vorhandene Ressourcen ausgeschöpft, die am Ort tätigen Sozialen Dienste als Kooperationspartner einbezogen und neue Wege der Mitwirkung und Mitbeteiligung initiiert und beschritten werden. In diesem Zusammenhang sollte insbesondere auch überlegt werden, inwieweit z. B. Familien, Jugendgruppen, Pfarrgemeinden zur verantwortlichen Mitarbeit in der Nachgehenden Betreuung gewonnen werden können.
Als wichtiges Fazit kann festgehalten werden: Die Heime müssen Nachgehende Betreuung für alle Kinder und Jugendlichen leisten. Jugendämter und Landesjugendämter müssen die Nachgehende Betreuung als Teil der Heimerziehung verstehen und finanzieren. Die Jugendämter müssen auch aus eigener Kraft eine Weiterbetreuung über diese Integrationshilfe hinaus organisieren und gegebenenfalls Dienste und Institutionen schaffen. Ein Gelingen des Übergangs und die Verschränkung ergänzender Angebote sind wesentlich für den Erfolg der gesamten erzieherischen Hilfe.

Auch bei Kostendruck gilt das Prinzip, Mittel wirtschaftlich einzusetzen. Wirtschaftlich kann hier – gesamtwirtschaftlich gesehen – aber nur bedeuten, die Aufgabe der gesellschaftlichen Integration junger Menschen auch bis zum Ziel weiterzuführen. Gerade im Hinblick auf die zu erwartenden demographischen Veränderungen kommt der Jugend zukünftig eine größere Bedeutung zu, denn immer weniger junge Menschen müssen immer mehr ältere Menschen mitfinanzieren. Wird hier am falschen Ende gespart, zahlt die Jugend es eines Tages heim. Wird am richtigen Ort investiert, zahlt die Jugend es zurück. Der Gesetzgeber ist aufgefordert, die Leistungsansprüche der Jugend zu verbessern und gesetzlich zu verankern, damit die gesamte Gesellschaft später auf die Jugend zählen kann.

Arbeitskreis 24

Heim und örtliche Vernetzung von Erziehungshilfen

Winfried Dressel, Kurt Nachbauer

Der Prozeß einer örtlichen Vernetzung von Erziehungshilfen wird im folgenden am Beispiel des Kinderheimes Haus Nazareth, Sigmaringen, beschrieben.

Es handelt sich beim Einzugsbereich bzw. Standort um 2 Landkreise: einen ländlich strukturierten Landkreis mit ca. 120000 Einwohnern und überwiegend katholischer Bevölkerung sowie einen teils ländlich, teils stark industrialisierten Landkreis mit ca. 180000 Einwohnern, in dem beide großen Konfessionen mit etwa gleichen Anteilen vertreten sind.

Der Einzugsbereich der Einrichtung leitet sich davon her, daß beide Landkreise ungefähr zur Hälfte das ehemalige Fürstentum in ihren Grenzen haben, für das das Heim vor 125 Jahren gegründet wurde.

Schon zur Gründungszeit war das Haus nicht nur Waisenanstalt, sondern auch Ruhesitz für ehemalige Waisen, welche ihr Leben rechtschaffen hinter sich gebracht hatten, und die hier einen ruhigen Lebensabend erhalten sollten.

Die ersten 90 Jahre des Bestehens der Einrichtung waren gekennzeichnet vor allem durch den 1. und 2. Weltkrieg, welche die Sorge um die Kinder noch vermehrten, aber zugleich die Möglichkeiten der Hilfe einschränkten. Besonders die Zeit des 3. Reiches war für die Institution sehr schwierig, doch wurde die drohende Auflösung letztlich nie umgesetzt, da viele – auch Parteigenossen – dies als Verrat an der eigenen Geschichte angesehen hätten.

Nach Ende des 2. Weltkrieges war die Einrichtung zeitweise mit 250 Kindern belegt, obwohl sie nur für 150 genehmigt war.

Eine eigene Schule wurde bereits 5 Jahre nach der Gründung des Heimes eröffnet, da – so in den Urkunden – der weite Weg zu der damals 2 km entfernten Schule den Kindern nicht zugemutet werden sollte. Ob dies der einzige Grund war, läßt sich bis heute nicht beweisen, zumal zu jener Zeit die Anstellung von Lehrern noch Aufgabe der Gemeinde war und das Heim bereits 10 Jahre nach Bestehen 45 Schüler zu unterrichten hatte.

Für alle weiteren Überlegungen ist also festzuhalten, daß diese Einrichtung im Bewußtsein der Bevölkerung fest verwurzelt ist und daß sie

außer einigen Altenheimen und Krankenhäusern lange Zeit die einzige soziale Institution in dieser Gegend war.
Nach dem 2. Weltkrieg, vor allem zu Beginn der 60er Jahre, wurde das Waisenhaus sehr stark differenziert und auch in Kinderheim umbenannt. Folge der Differenzierung war, daß der stationäre Bereich sowohl Jungen-, Mädchen- als auch koeduktive Gruppen bekam.
Zur Unterstützung der Erzieher in den Gruppen mit insgesamt 120 Kindern wurde nunmehr ein heilpädagogischer Dienst eingerichtet, in dem heute drei Diplom-Psychologen arbeiten.
Die Stellung der leitenden Mitarbeiter des Hauses im Sozialgefüge des Landkreises war und ist immer von Erwartungen an diese geprägt. So sind sie zum Beispiel gewählte Mitglieder des Kreisjugendwohlfahrtsausschusses, Vorsitzende oder Mitglieder des Vorstandes des Kreiscaritasverbandes und über diesen in Gremien der Liga der freien Wohlfahrtspflege.
Zu Beginn der 70er Jahre wurde die Einrichtung vor die Aufgabe gestellt, Kinder und Jugendliche, welche im Landkreis aufgegriffen wurden, während des kurzen Aufenthalts pädagogisch zu betreuen (Jugendschutzstelle).
Zu Beginn der 80er Jahre verschärfte sich das Problem der Frauen mit Kindern in Not. Da schon seit Jahrzehnten immer wieder auch Frauen mit Kindern in schwierigen Situationen aufgenommen wurden, kam es jetzt zur offiziellen Installierung einer Wohnung innerhalb der Einrichtung für Mütter mit Kindern.
Im Zuge der intensiven Elternarbeit der Tagesheimgruppen lernten wir die Tätigkeit der Familienhilfe kennen. Nachdem die beiden Landkreise diese Familienhilfe auslaufen lassen wollten, haben wir uns angeboten, diese in eigener Trägerschaft, aber nicht nur für die Familien der Tagesheimgruppen, sondern in erster Linie für die vom Jugendamt ausersehenen Familien zu übernehmen. So wurde vor zwei Jahren die Sozialpädagogische Familienhilfe für beide Landkreise vom Heim aus übernommen.
Die letzte Aufgabe, welcher sich der Träger auf Drängen der örtlichen Gemeinde stellen mußte, war die Errichtung eines Ganztags-Kindergartens, nachdem sich die Liga der freien Wohlfahrtspflege und die Kirchen außerstande sahen, dies in eigener Regie zu besorgen. Nach dieser Darstellung der Aufgaben ist deutlich zu betonen, daß die verschiedenen Dienste nur dann dem Menschen dienen, wenn sie untereinander in stetiger Wechselbeziehung sind.
Als feste Institution haben wir dafür die sozialpädagogische Konferenz, an der alle Mitarbeiter aus den angeführten Bereichen beteiligt sind. Daraus ergeben sich die Gespräche, die die Mitarbeiter im Einzelfall führen. Diese Vernetzung untereinander muß gewährleistet sein.

Die Vernetzung der einzelnen Aufgaben mit den verschiedenen Trägern der freien Wohlfahrtspflege und der öffentlichen Jugendhilfe ist im nachfolgenden Schema (S. 238) dargestellt.
Grundsatz der Zusammenarbeit ist die gleichberechtigte Partnerschaft. So kann und will der freie Träger die vom Jugendwohlfahrtsgesetz fest umrissene Verantwortung dem öffentlichen Träger nicht abnehmen, wie auch der öffentliche Träger sich hütet, den freien Verbänden Vorschriften zu machen, wo er laut Gesetz nur zu beraten hat.
Unter dieser Prämisse muß nun die gesamte Zusammenarbeit gesehen werden. Dies soll an folgenden Beispielen verdeutlicht werden.
Das Mutter-und-Kind-Modell, welches im Land Baden-Württemberg besteht, hat in unserem Landkreis immer die Schwierigkeit, den Müttern während und vor allem nach Beendigung des Modells Möglichkeiten anzubieten, die Kinder den Tag über unterzubringen, damit die Mütter auch finanziell für ihre Kinder sorgen können. Jahrelang wurde dieses Thema sowohl in den freien Wohlfahrtsverbänden als auch bei den öffentlichen Jugendhilfeträgern diskutiert.
Als dieses nun seit Jahren drängende Problem zu einem gravierenden Politikum wurde, sah sich der Gemeinderat der Kreisstadt gezwungen, einen Träger für diese Aufgabe zu suchen. Dabei wurde das Heim direkt angesprochen und einbezogen. Gegenüber der Gemeinde wurde klargestellt, daß der Träger des Heimes finanzielle Verpflichtungen zu den laufenden Kosten des Betriebes nicht übernehmen, sich aber wohl an den Investitionen finanziell beteiligen kann.
Die so zustande gekommene Vereinbarung wurde nochmals mit der öffentlichen Jugendhilfe, den freien Wohlfahrtsverbänden und den Selbsthilfegruppen besprochen, so daß der Ganztags-Kindergarten errichtet wurde.
Wie aus der graphischen Darstellung zu ersehen ist, arbeiten wir mit allen Trägern der freien Wohlfahrtspflege zusammen und auch mit Selbsthilfe-Gruppen, hier vor allem im Bereich der Hilfe für arbeitslose Jugendliche. Dabei werden arbeitslose junge Menschen aus unserem Haus in die Projekte dieser Selbsthilfe-Gruppen von uns vermittelt, dort betreut und von uns begleitet.
Ein weiteres Beispiel bietet die Einrichtung der Tagesheimgruppen. Ein Jugendamt der Region war von Anfang an dafür, diese teilstationäre Hilfe einzurichten. Sowohl bei den freien Wohlfahrtsverbänden als auch den anderen öffentlichen Jugendhilfeträgern war es notwendig, Überzeugungsarbeit zu leisten, um die Errichtung der Tagesheimgruppen durchzusetzen.
Da, wie bereits angedeutet, unsere Einrichtung von der Geschichte her

Graphische Darstellung örtlicher Vernetzungen von Erziehungshilfen eines Heimes:

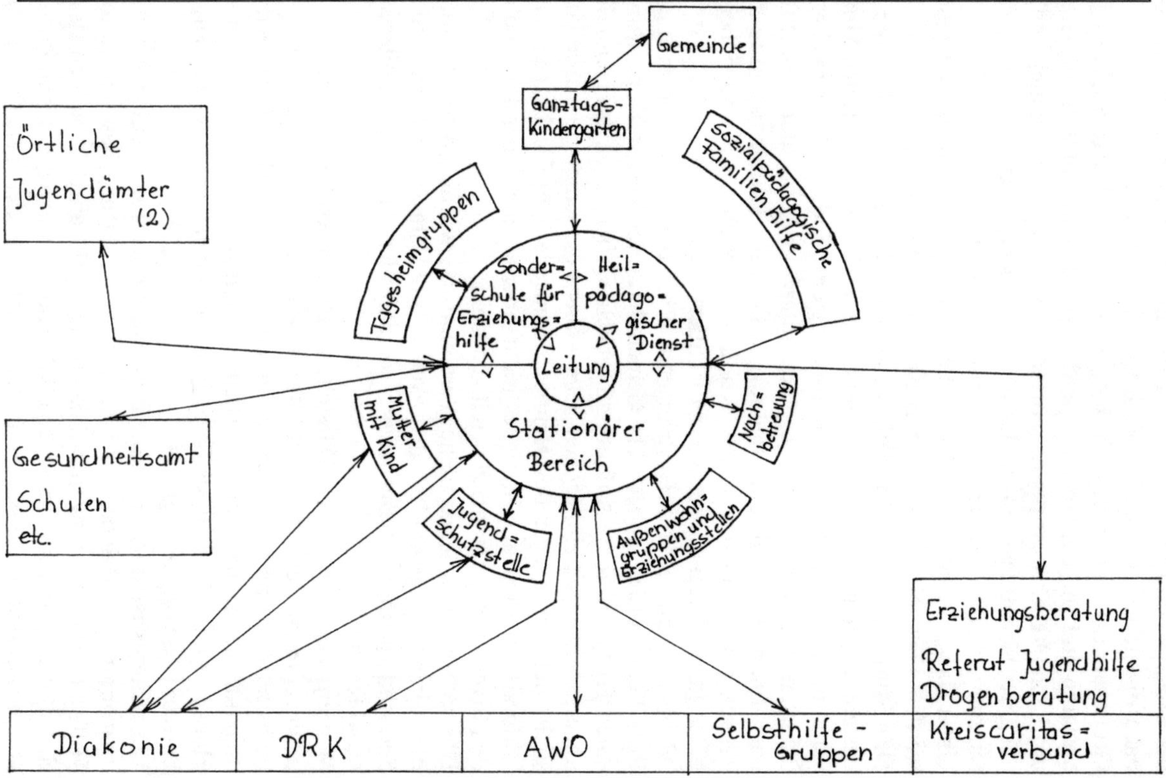

sehr stark für eine ganze Region zuständig war, mußte, vor allem nachdem die Regionalisierung politisch vorangetrieben wurde, ein Weg der Zusammenarbeit zwischen den vielfältigen Trägern gefunden werden.
Wie wir aus pädagogischer Sicht wissen, geht die Regionalisierung davon aus, daß verschiedene Hilfen verbunden sein sollten, um den wirklichen Bedürfnissen junger Menschen zu entsprechen. Dadurch kann der junge Mensch, wenn möglich, in seinem gewohnten Lebensraum und den gewachsenen Beziehungen verbleiben. Durch den Verbleib im vertrauten Umfeld sind das Kind und der Jugendliche eher zu motivieren, zu stabilisieren und bezüglich ihrer Zukunft besser zu sichern.
Dies kann und darf jedoch für den einzelnen nur dann vertreten werden, wenn der junge Mensch wieder in vollem Umfang in seiner angestammten Umgebung Fuß fassen kann.
Vor dem Hintergrund dieses pädagogischen Wissens wurde die engere Zusammenarbeit zwischen den freien Trägern und den Jugendämtern gesucht.
Daraus entwickelte sich vor allem eine kontinuierliche Zusammenarbeit zwischen den Mitarbeitern der einzelnen Referate des Heimes, den Partnern der freien Wohlfahrtspflege und den öffentlichen Trägern der Jugendhilfe auf der Ebene der „Sachbearbeiter“.
Zusätzlich zu diesen im Zuge der Einzelfallhilfe entstehenden Gesprächen findet jeweils auf den verschiedenen Ebenen mindestens einmal im Jahr ein Gespräch außerhalb spezieller Anlässe statt.
Ebenso werden diese Gespräche auf der Geschäftsführerebene bzw. Leitungsebene fortgeführt. Dabei werden Fragen von Zukunftsplänen im Bereich der Jugendhilfe für die Region besprochen, aber ebenso auch die Frage, welche Bereiche der Jugendhilfe evtl. überholt sind, um Spielraum für neue Initiativen zu schaffen.
Es sollte nochmals klar herausgestellt werden, welche Aufgaben aus dem stationären Bereich heraus sich entwickelt haben:

1. Der heilpädagogische Dienst.
2. Außenwohngruppen bzw. Erziehungsstellen.
3. Nachbetreuung.
4. Sozialpädagogische Familienhilfe.

Auf Grund der Anregung von freien Trägern und öffentlicher Jugendhilfe entwickelten sich:

1. Die Jugendschutzstelle.
2. Die Tagesheimgruppen.
3. Der Ganztags-Kindergarten.

Der Aufbau einer solchen Institution hat – wie alles – Licht und Schatten.

Positiv kann berichtet werden, daß dem jungen Menschen die adäquate Hilfe, die er braucht, schneller gegeben werden kann. Das heißt, daß er nicht unbedingt aus seinem Umfeld gelöst werden muß und die fachliche Kompetenz unserer Einrichtung besser genutzt wird. Die Zusammenarbeit mit den Jugendämtern hat sich dabei erfreulich gut entwickelt.
Eher negative Aspekte sind:
1. Die Mitarbeiter werden immer zahlreicher. Dadurch sind viele Gespräche und Konferenzen notwendig. (Könnte in dieser Zeit nicht mehr mit den jungen Menschen unmittelbar getan werden? Dieser Frage muß man sich stellen, vor allem, weil die Mitarbeiter mehr gefordert werden.)
2. Die Überschaubarkeit und der Prozeß einer Einrichtung gestalten sich schwieriger.
3. Die Kosten der ambulanten Hilfe sind nicht viel geringer, vor allem muß der Träger zuerst investieren.
Zum Schluß sei nochmals betont, daß dies ein Beispiel ist, anhand eines Heimes in der Zusammenarbeit mit öffentlichen Trägern der Jugendhilfe und mit den freien Wohlfahrtsverbänden, aber letztlich nicht einfach übertragbar, sondern allenfalls nach den je besonderen Bedingungen einer Region zu variieren. Dennoch ist festzuhalten, daß jedes Heim – aus seiner Perspektive – einen ganz erheblichen Beitrag zur Gestaltung des sozialen Umfeldes leisten kann. Es sollte sich an seine Vergangenheit erinnern, aus dieser Vergangenheit die Zeichen der Zukunft seines jetzigen Umfeldes erkennen, um den Kindern und Jugendlichen in ihren Nöten und Sorgen Hilfe anzubieten.
Pater Florentini, der Gründer der Kreuzschwestern von Ingenbohl (Schweiz), sagt: „Bedürfnis der Zeit ist der Wille Gottes."
Wenn wir das Bedürfnis der Zeit erkennen, werden wir auch die Menschen finden, die bereit sind, solche Konzepte mit in die Tat umzusetzen.
(REFERAT: WINFRIED DRESSEL)

ANMERKUNG

Die Diskussion im Arbeitskreis ergab eine grundsätzliche Zustimmung zu Formen wie Vernetzung oder Erziehungshilfe-Zentrum, starke Nachfrage nach Einzelbedingungen der vorgestellten Situation in Sigmaringen, Beiträge über vergleichbare Bestrebungen, aber auch Hinweise auf erhebliche Hindernisse in der Praxis, die sich teils aus finanziellen, teils aus bürokratischen Engpässen ergeben oder auch auf institutionsegoistisches Taktieren zurückzuführen seien.

Knabenkapelle des Kinderdorfes Ellwangen

Sport- und Musikshow

Der rollende Zauber – St. Josephsheim Würzburg

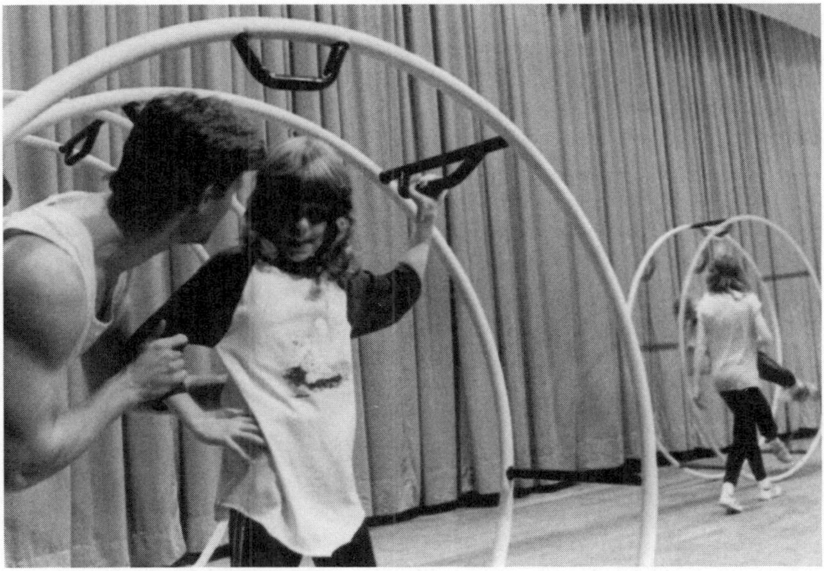

Motopädagogisches Bewegungstheater – St. Josephshaus Klein-Zimmern

Skateboardgruppe – Jugendheim Marienhausen/Rüdesheim

Zirkus- und Zaubergala – Bernardshof Mayen

Heimerziehung im Jugendhilfeverbund – Zum Selbstverständnis des Verbandes katholischer Einrichtungen der Heim- und Heilpädagogik

Alfons Henrich

„Heimerziehung im Jugendhilfeverbund – Konzepte und Konsequenzen", so lautete das Thema unserer 18. Bundestagung hier in Essen.
Zwei Tage lang haben wir uns in den Arbeitskreisen mit diesem Thema befaßt, angeregt durch die beiden Schwerpunktreferate von Dr. Peter Flosdorf und Dr. Franz Jürgen Blumenberg. Beiden Referenten nochmals unseren herzlichen Dank für ihre hervorragenden Referate. Wir haben das Thema unter einem doppelten Aspekt diskutiert.
Wir haben es diskutiert unter dem Aspekt, was Heimerziehung mit ihren spezifischen Möglichkeiten innerhalb der Jugendhilfe zu leisten vermag: Konzepte erzieherischer Hilfen im Heim und ihre Verwirklichung, und wir haben es diskutiert unter dem Aspekt der Zusammenarbeit mit anderen Erziehungshilfen und Institutionen, unter dem Aspekt der Verbindung und Vernetzung der verschiedenen Erziehungshilfen.
Die jugendpolitischen und jugendhilferechtlichen Vorstellungen und Perspektiven aus staatlicher Sicht werden von Frau Bundesministerin Professor Dr. Rita Süssmuth vorgetragen.
Lassen Sie mich nun als Vorsitzender unseres Verbandes und in Abstimmung mit dem Vorstand einige Grundaussagen zum Thema unserer Bundestagung machen aus dem Selbstverständnis unseres Verbandes.

1. Heimerziehung hat nicht mehr *die* zentrale und dominierende Stellung, die sie früher einmal innerhalb der Jugendhilfe hatte. Wir erleben seit einigen Jahren, daß Standort und Funktion der Heimerziehung durch einen Umstrukturierungsprozeß innerhalb der Jugendhilfe neu bestimmt werden. Die einzelnen Einrichtungen und ihre Träger sind von den Auswirkungen dieses Prozesses durch Belegungsprobleme und Kapazitätsabbau unterschiedlich betroffen, je nach regionalen Bedingungen und abhängig von ihrem pädagogischen Angebot und ihren Fähigkeiten und Möglichkeiten, darauf zu reagieren. Auf Bundesebene verzeichnen wir seit Mitte der 70er Jahre in der katholischen Heimerziehung einen Rückgang der Heimplätze um etwa 50%. Etwa 15% der katholischen Heime wurden geschlossen. Die Zahl der pädagogischen

Mitarbeiterinnen und Mitarbeiter ist allerdings fast gleich geblieben bei einer zunehmend höheren Qualifizierung, was eindeutig auf eine Qualitätsverbesserung der Heimerziehung hinweist.
Die Gründe für die neue Standortbestimmung der Heimerziehung innerhalb des Spektrums der Erziehungshilfen und der Umstrukturierungsprozeß innerhalb der Jugendhilfe sind vielschichtig und lassen sich nicht auf einen einzigen Punkt bringen. Sie gelten auch für andere soziale Bereiche. Zu nennen sind vor allem:
der Vorrang der Prophylaxe;
die verstärkte Familienorientierung und der Auf- und Ausbau familienunterstützender statt familienergänzender Hilfen;
der Ansatz der Hilfen im unmittelbaren Lebensumfeld des jungen Menschen;
und nicht zuletzt auch die Folgen der Institutionskritik.

Auswirkungen dieser neuen Denkansätze, angestoßen durch neue Erkenntnisse der Humanwissenschaften, sind:
die Verbesserung des Adoptionsvermittlungsgesetzes im Jahr 1976, um Kinder früher und schneller in Adoption geben zu können;
der Auf- und Ausbau des Pflegekinderwesens und die fachliche Begleitung;
die Erweiterung des Angebotes an Erziehungs- und Jugendberatungsstellen;
die ambulanten Dienste wurden verstärkt und ergänzt, um vorbeugend, aber auch orts- und familiennah intervenieren zu können;
neue Hilfeformen wurden entwickelt, so die Sozialpädagogische Familienhilfe, die Schutzhilfe für ältere Jugendliche, Jugendwohngemeinschaften, um nur einige zu nennen;
die Allgemeinen Sozialen Dienste bei öffentlichen und freien Trägern wurden ausgebaut und mit zusätzlichen Aufgaben betraut;
die Jugendämter entwickelten sich zu fachlich qualifizierten Behörden mit entsprechender Personalausstattung, vor allem im Großstadtbereich. Neue Haushaltsregelungen machten es möglich, die verfügbaren Gelder in der Jugendhilfe flexibler und sachgerechter einzusetzen;
Sonderkindergärten, heilpädagogische Horte und sonstige spezielle Tageseinrichtungen wurden erweitert;
für Jugendliche, die bei der Berufsvorbereitung und Berufsausbildung eine besondere pädagogische und psychologische Betreuung benötigen, wurden Berufsförderungseinrichtungen geschaffen;
in der Zeit der Lehrstellennot wurden einige Jugendwerkstätten errichtet, teilweise auch in der Regie von Jugendämtern.

Forciert wurde dieser Prozeß aber auch durch Finanzierungsprobleme. Sagte man noch Anfang der 70er Jahre bei staatlichen Stellen, als es um die Reform der Heimerziehung ging, „Geld spielt keine Rolle“, so heißt es seit Ende der 70er Jahre, „die teure Heimerziehung ist zu vermeiden, es müssen Alternativen zur Heimerziehung entwickelt werden“.
Dem Auf- und Ausbau der Erziehungshilfen auf breiter Basis im Vorfeld der Heimerziehung liegen die Erkenntnis und das Bestreben zugrunde, daß bei einem bedarfsentsprechenden Angebot rechtzeitiger familienbezogener Hilfen die extrafamiliäre Heimerziehung weitgehend reduziert werden kann. Und wenn schon eine Herausnahme aus der Familie angezeigt ist und notwendig wird, dann soll dies für jüngere Kinder in einer Pflegefamilie oder Pflegestelle sein, insbesondere in qualifizierten heilpädagogischen Pflegestellen oder in einem Pflegenest.

2. Wenn auch die Heimerziehung innerhalb dieses Entwicklungs- und Umstrukturierungsprozesses ihre ursprüngliche Monopolstellung innerhalb der Erziehungshilfen verloren hat, so hat sich doch gezeigt, daß sie innerhalb der Jugendhilfe unverzichtbar ist. Und sie wird es auch bleiben.
Heimerziehung ist immer dann angezeigt, wenn eine Kombination sozialpädagogischer Leistungen erforderlich ist, die von der Planung und Organisation her ambulant nicht erbracht werden kann. Sie ist notwendig, wenn die Voraussetzungen und Bedingungen in der Familie bei jungen Menschen eine Fehlentwicklung ausgelöst haben und abzusehen ist, daß ambulante Hilfen keine grundlegende Änderung bewirken können und eine Unterbringung in einer Pflegefamilie sich nicht als sinnvoll erweist[1].
Heimerziehung versteht sich heute als spezifisches Angebot innerhalb des Jugendhilfesystems. Ihre Besonderheit ist die Kombination von Leistungen, die nur in einer Institution erbracht werden können. Hierzu zählen das pädagogisch-therapeutische Milieu, die Gruppe als Medium gruppenpädagogischer Prozesse, das Zusammenwirken verschiedener Fachkräfte mit der Möglichkeit fallgerechter Verbindung der Hilfen und systematische Elternarbeit oder besser gesagt Familienarbeit[2].
Das rechtzeitig zu unserer Bundestagung erschienene zweibändige Buch in der Reihe „Freiburger Sozialpädagogische Beiträge“ mit dem Titel „Theorie und Praxis stationärer Erziehungshilfe“, herausgegeben von unserem Vorstandsmitglied Dr. Peter Flosdorf, gibt Auskunft über die Möglichkeiten und Fähigkeiten heutiger Heimerziehung.
Die neuen Denkansätze in der Jugendhilfe und der damit verbundene Umstrukturierungsprozeß stellen höhere Ansprüche an die Heimerzie-

hung. Die Probleme, mit denen Heimerziehung heute zu kämpfen hat, lassen sich in die drei Worte fassen: zu spät, zu alt, zu kurz. Die jungen Menschen, die in späteren Jahren in Heimerziehung kommen, haben gewöhnlich schon eine längere Negativkarriere hinter sich, ambulante Hilfeversuche sind gescheitert, die Wunden und Schäden sind entsprechend tief. Heimerziehung soll vielfach dann Hilfe gewähren, wenn andere Hilfen versagt haben. In nicht wenigen Fällen erfolgt Heimunterbringung im Zusammenhang mit Straffälligkeit.

Heimerziehung sollte zur rechten Zeit einsetzen. Sozialpädagogische Hilfen dürfen nicht als Reihenfolge verstanden werden. Vielmehr ist von Beginn an eine umfassende Diagnose zu erstellen, um über die angemessene Art und Form zu entscheiden.

Die Heime der Jugendhilfe haben die neuen Herausforderungen innerhalb eines veränderten Jugendhilfespektrums angenommen und stellen sich heute als ein differenziertes Angebot erzieherischer Hilfen dar:

das einzelne Kind und der einzelne Jugendliche stehen im Mittelpunkt im Zuge einer stärkeren Individualisierung der pädagogischen Arbeit;

die pädagogischen Mitarbeiterinnen und Mitarbeiter in den Heimen sind fachlich qualifiziert und verfügen über ein breites Spektrum an verschiedenen beruflichen Kompetenzen;

starre Strukturen wurden aufgelockert zugunsten einer stärkeren Differenzierung der pädagogischen Betreuungsformen;

die pädagogische Arbeit wurde ergänzt durch psychologisch-therapeutische Hilfen im Sinne einer heilpädagogischen Orientierung der Erziehungsarbeit;

die Heime sind keine Inseln mehr, sondern integriert in das soziale Umfeld;

Regionalisierung und Eltern- und Familienarbeit beziehen die sozialen Bezüge in die pädagogische Arbeit ein;

Schul- und Berufsausbildung sind auf den zu betreuenden Personenkreis zugeschnitten und bereiten in ihrer sozialpädagogischen Orientierung auf das Leben in der Arbeitswelt vor;

an die Stelle der Spezialisierung ist eine Binnenstrukturierung getreten, um Heimverlegungen zu vermeiden;

Heime haben ihre Angebote für junge Menschen aus der Region geöffnet und wirken mit ihren Tagesheimgruppen, mit ihren Schulen für externe Schüler und mit ihren Ausbildungswerkstätten für externe Lehrlinge in das Umfeld des Heimes;

im Zuge der Verselbständigung wurden kontinuierliche Formen der Ablösung vom Heim entwickelt bis hin zum selbständigen Wohnen und zur Nachbetreuung bei Entlassung aus dem Heim.

Heimerziehung ist also ein fachlich kompetentes Leistungsangebot innerhalb der Erziehungshilfen und wird auf Dauer notwendig und gefragt sein. Freilich stößt Heimerziehung in ihrer Entwicklung, die weitgehend auf das Engagement der Mitarbeiterinnen und Mitarbeiter in den Heimen zurückzuführen ist, mittlerweile an Grenzen, weil die rechtlichen Grundlagen der Jugendhilfe immer noch auf dem mittlerweile 65 Jahren alten JWG basieren. Mehrere Versuche, das Jugendhilferecht zu reformieren und die Weichen für eine zeitgemäße Jugendhilfepraxis zu stellen, sind fehlgeschlagen. Bei einer Novellierung des JWG sind aus der Sicht der Heimerziehung vor allem zu fordern:
die Ausweitung der Jugendhilfe über das 18. Lebensjahr hinaus. Das 18. Lebensjahr darf nicht zur Falle werden;
die Elternarbeit und Familienarbeit sowie die Nachbetreuung müssen finanziell abgesichert werden;
die schulische und berufliche Bildung benachteiligter junger Menschen müssen im Rahmen der Jugendhilfe gesetzlich verankert werden;
die Verlagerung der Jugendhilfe auf die kommunale Ebene ist nur dann sinnvoll, wenn damit auch eine Stärkung der Finanzkraft der Kommunen einhergeht.

Wir begrüßen deshalb die Zusage von Frau Bundesministerin Dr. Rita Süssmuth, noch in dieser Legislaturperiode ein neues Jugendhilferecht in das Gesetzgebungsverfahren einzubringen.

3. Im Spektrum der Heimerziehung hat katholische Heimerziehung ihre eigene unverwechselbare Antwort zu geben.
In einer pluralistischen Gesellschaft müssen auch im Bereich der Jugendhilfe plurale Angebote verhanden sein. Diese Notwendigkeit ergibt sich aus dem Recht der Eltern, die Grundrichtung der Erziehung ihrer Kinder zu bestimmen und unter weltanschaulich verschiedenen Angeboten zu wählen. Der Staat hat dementsprechend die Pflicht, dafür zu sorgen, daß ein Angebot von verschiedenen gesellschaftlichen Kräften und Gruppen erstellt wird. Das Recht auf der einen Seite und die Pflicht auf der anderen Seite leiten sich her aus dem wesensgemäßen Zusammenhang zwischen Weltanschauung und Erziehung. So ist es neben der Pflicht des Staates, ein plurales Angebot zu sichern, auch Pflicht der Kirchen in unserer Gesellschaft, beim fachgerechten Vollzug der Jugendhilfe, also auch bei der Heimerziehung, die christliche Wertorientierung als Grundlage anzubieten. Die häufig erhobene Forderung nach einer wertfreien, weltanschaulich neutralen, vor allem aber einer religiös ungebundenen Erziehung kann nur als Zeichen der Unkenntnis wesen-

hafter Wertbindung jeglicher Erziehung oder als ideologisch einseitige Versteifung auf eine bestimmte Richtung verstanden werden. Denn der Mensch kann nur im Deutungszusammenhang eines Sinn- und Werterahmens leben und erzogen werden. Eine weltanschaulich keimfreie Erziehung gibt es nicht[3].
Heime der Jugendhilfe im Bereich der Caritas haben also die Aufgabe, Erziehungsarbeit zu leisten mit einem klaren Selbstverständnis und im Einklang mit den anthropologischen Grundlagen einer christlich verstandenen Erziehung. Dies bedeutet für uns als Mitarbeiter in katholischen Heimen, daß unsere fachlich pädagogische Arbeit eingebunden sein muß in die Orientierung am christlichen Welt- und Menschenbild.
Konkret bedeutet dies:
ein vorbehaltloses Ja zum jungen Menschen;
Partnerschaftlichkeit in der Erziehung;
Aufbau einer personalen Beziehung;
mitmenschliche Begegnung;
Angenommensein und Geborgensein;
Reifen am personalen Vorbild;
Hinführung zu Gott;
Vorgabe verbindlicher Leitziele;
durchgehend religiöse Interpretation des menschlichen Lebens.

Die weltanschauliche Ebene, für uns die christliche Ebene, ist nicht etwas, was noch als „Zuckerguß“ auf unsere pädagogische Arbeit draufkommt, sondern sie ist integrativer Teil unserer Fachlichkeit.
Von ihrem Selbstverständnis und von ihrer Sendung her kann sich die Kirche nicht davon dispensieren, gerade bei *den* jungen Menschen zu sein, deren Leben bereits mit einer schweren Hypothek belastet ist und die oft nur sehr schwer eine Lebensperspektive finden. Es geht hier um den Grundauftrag der Kirche, daß sie in ihrer alltäglichen Praxis dorthin geht, wo Menschen mit ihren Problemen leben.
Heimerziehung bleibt auch heute Dienst der Kirche, und die Arbeit im katholischen Heim ist Dienst im Auftrag der Kirche. Nur wer in und mit der Kirche lebt, kann diesen Dienst auch im Sinne der Kirche tun. Nur wer selbst überzeugt ist von seinem Glauben, kann Glauben weiterzeugen. Wir sollen den jungen Menschen zeigen, wie das Leben geht. Und das Leben, das wir ihnen zeigen, darf nicht im Greifbaren steckenbleiben und im rein Materiellen versanden.
Jesus Christus sagt: „Ich bin gekommen, damit sie das Leben haben und es in Fülle haben.“ (Jo 10, 10)
„Leben in Fülle“, d.h., sich auf den Weg machen mit der Botschaft und

der Verheißung, die Jesus Christus uns verkündet hat. Es ist die frohmachende Botschaft, daß Gott uns Menschen liebt, daß Gott ein Gott mit uns ist, daß er wie ein guter Vater unser Leben kennt und weiß um unsere Freuden und Sorgen, daß er unser Leben trägt und hält und daß wir uns ihm anvertrauen und auf ihn bauen können. Und es ist die beglückende Verheißung, daß Gott uns eine große Zukunft schenkt, Leben über den Tod hinaus, Leben in seiner Herrlichkeit, Leben bei sich und mit ihm.
Diese Botschaft, diese Verheißung, diese Hoffnung ist uns allen geschenkt, die wir den Namen Jesu Christi tragen. Und diese Hoffnung sollen wir weiterschenken an alle, für die wir Verantwortung tragen, damit sie das Leben haben und es in Fülle haben.
Wir wissen, daß auch Mitarbeiterinnen und Mitarbeiter im Heim ihre Probleme mit dem Glauben haben, vor allem Probleme mit der Kirche. Jesus geht im Pilgerkleid seiner Kirche durch die Zeit, wie es in einem Lied heißt. Und dieses Pilgerkleid hat seine Flicken und Flecken und ist auch nicht immer modisch modern. Hier fällt der Dienstgemeinschaft eines Heimes die Aufgabe zu, auch den verunsicherten und suchenden Mitarbeiter anzunehmen und mitzutragen. Denn Glaube wächst in der Gemeinschaft der Glaubenden.

4. In der Diskussion um eine zeitgerechte Gestaltung und Weiterentwicklung der Jugendhilfe sagt katholische Heimerziehung ein „Ja" zur Schaffung von Verbundsystemen. Grundsätzlich bejaht sie die Forderung der Bundesregierung in ihrer Stellungnahme zum 7. Jugendhilfebericht, in der es heißt: „Ausschlaggebendes Kriterium für die Wahl der Hilfereform im Einzelfall darf nicht der finanzielle Aufwand, sondern nur der erzieherische Bedarf sein. Freie und öffentliche Träger sollten dabei künftig noch stärker die Möglichkeiten des Hilfeverbundes nutzen, um auf einen sich ändernden Hilfebedarf flexibel und ohne Wechsel der sozialen Bezüge für das Kind reagieren zu können" (Bundesdrucksache 10/6730, XV).
Unser Verband hat bereits bei der Verbandsratssitzung im März 1986 in Augsburg diese Forderung aufgegriffen und dafür einen Fachausschuß gegründet, der sich mit den Fragen der Verbindung und Vernetzung der verschiedenen Formen der Erziehungshilfen befaßte. Auf breiterer Basis wurden die Ergebnisse des Fachausschusses bei der Mitgliederversammlung im September vergangenen Jahres in Paderborn diskutiert und führten zur Stellungnahme unseres Verbandes „Verbundsysteme in der Jugendhilfe", veröffentlicht im Jugendwohl vom Mai 1988[4]. Der Sonderdruck dieser Stellungnahme wurde Ihnen bei unserer Bundestagung

übergeben. Das Thema unserer Bundestagung „Heimerziehung im Jugendhilfeverbund“ sollte die Diskussion noch weiter vorantreiben. Denn Individualisierung der pädagogischen Hilfen, die den konkreten Erziehungsbedarf, die konkret erforderliche Hilfe für den jungen Menschen im Auge hat, Ganzheitlichkeit, die beim Hilfeansatz die Familie und das soziale Umfeld des Kindes und Jugendlichen mit einbezieht, Herkunftsorientierung und Regionalisierung sind nur zu realisieren, wenn das Heim mit anderen Einrichtungen und Diensten in Verbindung steht, die im Vorfeld oder gleichzeitig oder im nachhinein mit dem Kind oder Jugendlichen und seiner Familie befaßt waren, sind oder sein werden. Dieser Grundsatz darf freilich nicht so eng gefaßt werden, daß er nicht auch eine Wohnortferne und eine von der Herkunftsfamilie distanzierte Heimunterbringung zuläßt, wo dies im Einzelfall angezeigt ist, ja dringend notwendig wird.

Drei Grundformen von Verbundsystemen werden in der Stellungnahme genannt und sind auch teilweise schon verwirklicht:

das Erziehungshilfezentrum;

der Verbund von Erziehungshilfen verschiedener freier Träger;

der Jugendhilfeverbund.

Unter Erziehungshilfezentrum verstehen wir eine Bündelung von stationären und/oder teilstationären und/oder ambulanten Erziehungshilfen, die von einem Heim im örtlichen und regionalen Bereich angeboten werden.

Das Erziehungshilfezentrum bietet gute Voraussetzungen, eine möglichst umfassende Hilfe zu geben, die den Bedürfnissen des Einzelfalles angemessen ist. Soweit die personellen und materiellen Voraussetzungen und der ausreichende Bedarf vorliegen, ist das Erziehungshilfezentrum die aus der Sicht katholischer freier Trägerschaft erstrebenswerteste Form der Bündelung fachlicher Angebote. In dieser Richtung haben sich bereits viele Heime, vor allem größere Heime mit Schulen und Ausbildungswerkstätten, entwickelt. In verschiedenen Arbeitskreisen wurden bei unserer Bundestagung gelungene und geglückte Beispiele vorgestellt. Gute Voraussetzungen für die Errichtung eines Erziehungshilfezentrums sind dort zu finden, wo der Träger ein vitales Interesse daran hat, sich mit seinem Gepräge einzubringen, notwendige fachliche Veränderungen und Anpassungen zu realisieren und unter Wahrung seiner Identität neue Aufgaben zu übernehmen. Der Ansatz, Hilfen zu verbinden, kann dazu führen, daß ein vorher isoliert gehaltenes Angebot aktualisiert, erweitert, flexibler und klientengerechter gestaltet wird. Welche Erziehungshilfeformen im einzelnen von einem Erziehungshilfezentrum vorgehalten werden, hängt vom örtlichen Bedarf und den schon vorhandenen Angeboten ab.

Der Verbund von Erziehungshilfen verschiedener Träger bietet Möglichkeiten aufeinander abgestimmter Erziehungshilfen unter anderen organisatorischen Bedingungen als beim Erziehungshilfezentrum. Hier ist vor allem zu denken an die Zusammenarbeit verschiedener Träger von Erziehungshilfen auf örtlicher oder regionaler Ebene, nicht zuletzt auch an die Zusammenarbeit von Heimen innerhalb einer Region.
So geben zum Beispiel Heime ohne berufliche Angebote ihre Jugendlichen zur Ausbildung in Heime mit Berufsausbildung. Dasselbe gilt auch für die schulische Förderung, wenn Kinder und Jugendliche in einer öffentlichen Schule aufgrund ihrer Problematik nicht adäquat gefördert werden können. Vor allem Mädchenheime könnten in Zusammenarbeit mit Jungenheimen, die in der Regel ein breites berufliches Angebot vorhalten, neue berufliche Perspektiven für ihre Mädchen eröffnen. Heimwechsel werden vermieden, Beziehungen brauchen nicht abgebrochen zu werden. Ich glaube, hier ist noch ein weites Feld in Richtung Verbund und Vernetzung[5].
Notwendig dabei ist eine besondere Qualität der Zusammenarbeit aller Beteiligten. Unabdingbare Voraussetzung ist eine kontinuierliche und nicht nur im Einzelfall zustande kommende Verbindung. Im wesentlichen bedeutet das, auf der Grundlage gegenseitigen Vertrauens den beständigen fachlichen Austausch sicherzustellen, verbindliche Absprachen und somit verläßliche Strukturen der Zusammenarbeit unter den Trägern und den Mitarbeitern zu schaffen.
Die Heimberatungsstelle, die Diözesan-Arbeitsgemeinschaft Heim- und Heilpädagogik und der Caritasverband haben die Aufgabe, den Verbund von Erziehungshilfen anzuregen und deren Realisierung zu unterstützen.
Neben diesen beiden Grundformen von Verbundsystemen, bei denen die Initiative von den einzelnen Trägern ausgeht, wird der Jugendhilfeverbund als vereinbarte Zusammenarbeit aller Träger der Jugendhilfe unter der Regie des zuständigen Jugendamtes von kommunalen und staatlichen Stellen zunehmend stärker in die Diskussion gebracht. Freie Träger der Jugendhilfe können sich an einem solchen Jugendhilfeverbund beteiligen, wenn gewährleistet ist, daß sie ihre Identität und Autonomie wahren können und der Jugendhilfeverbund die gesellschaftliche Pluralität nicht aufhebt.
Jugendhilfe geschieht immer in gemeinsamer Verantwortung von öffentlichen und freien Trägern. Beide arbeiten bei der Durchführung der Jugendhilfe partnerschaftlich zusammen. Dabei hat das Jugendamt nach geltendem Recht in Partnerschaft mit den freien Trägern den allgemeinen und individuellen Bedarf zu erkennen und festzustellen oder zu

bestätigen, freie Träger zu fördern und Hilfen bedarfsentsprechend zu gewähren. Freie Träger der Jugendhilfe nehmen freiwillig und selbständig Aufgaben der Jugendhilfe wahr. Freie Trägerschaft ist ein unserer gesellschaftlichen Grundordnung gemäßes Element zur Erfüllung von Aufgaben der Jugendhilfe und sichert das Wahlrecht des Hilfesuchenden sowie die Pluralität der Grundrichtungen der Erziehung.
Ein Verbundsystem der Jugendhilfe darf deshalb das plurale Angebot wertgebundener, weltanschaulich geprägter Erziehungshilfe nicht beseitigen. Denn dies würde eine Preisgabe des Wahlrechts der Hilfesuchenden nach wertorientierter Erziehungshilfe bedeuten.
Was Heimerziehung im Jugendhilfeverbund bedeuten kann, das wollen wir in einem Heft „Beiträge zur Erziehungshilfe" aufzeigen, das in nächster Zukunft als weiteres Heft dieser Reihe erscheinen wird. Zusammen mit der Stellungnahme sollen geglückte und erprobte Beispiele der Verbindung und Vernetzung von Erziehungshilfe vorgestellt und beschrieben werden.

Die Jugendhilfe hat ihre Strukturen verändert, der Umstrukturierungsprozeß geht weiter. Zwei Fachtagungen von Diözesanarbeitsgemeinschaften haben meiner Ansicht nach den Ball aufgegriffen und, wie ich meine, die Richtung des Agierens angegeben. Die in Münster hatte das Thema „Heimerziehung offensiv" und die in Trier hatte das Thema „Baustelle Heimerziehung". Wir dürfen nicht die Hände in den Schoß legen und uns mit dem Erreichten zufrieden geben. Wir müssen vielmehr flexibel und kreativ weiterbauen zum Wohl der jungen Menschen, deren Anwalt wir sind. Und wir dürfen nicht ängstlich im Gewohnten verharren, sondern müssen offensiv mitgestalten. Haben wir den Mut zu immer wieder neuen Initiativen. Unser Verband wird mit Vorstand, Verbandsrat, Mitgliederversammlung und seinen Fachausschüssen auf Bundesebene und mit seinen Diözesanarbeitsgemeinschaften auf der Länderebene unsere Heime fachlich begleiten und sie unterstützen in ihren Bemühungen um eine zukunftsorientierte und sachgerechte Heimerziehung im Jugendhilfeverbund.

Anmerkungen / Literatur

[1] Arbeitsgemeinschaft für Heimerziehung Rheinland-Pfalz (Hrsg.): Handbuch Heimerziehung. Grünstadt 1987, vgl. S. 17.
[2] Verband katholischer Einrichtungen der Heim- und Heilpädagogik (Hrsg.): Heimerziehung in Einrichtungen der Caritas. Freiburg 1983, vgl. S. 12f.

[3] Flosdorf, Peter (Hrsg.): Theorie und Praxis stationärer Erziehungshilfe, Band 1, Konzepte in Heimen der Jugendhilfe. Freiburg 1978, S. 74ff.

[4] Stellungnahme des Verbandes katholischer Einrichtungen der Heim- und Heilpädagogik: Verbundsysteme in der Jugendhilfe. In: Jugendwohl 5/1988, S. 221ff.

[5] Berufliche Bildung in Heimen der Jugendhilfe. In: Jugendwohl, Sonderheft 1985, S. 14ff.

Heimerziehung im Jugendhilfeverbund – Jugendpolitische und jugendhilferechtliche Perspektiven

Rita Süssmuth

Sie haben mich gebeten, fachlich zur Heimerziehung im Jugendhilfeverbund sowie zu den jugendpolitischen und jugendrechtlichen Perspektiven Stellung zu nehmen. Frau Dr. Pankoke-Schenk hat Erfahrungen mitgeteilt und Erwartungen formuliert, die weit über das hinausgehen, was im Rahmen eines Ressorts, das für Jugendhilfe zuständig ist, geregelt werden kann. Ich muß mich dagegen auf das beschränken, was aus der Sicht der Jugendhilfe notwendig und überfällig ist und wie wir in einer Zeit in der Tat schwierig gewordener finanzieller Verhältnisse auf allen Ebenen die richtigen Prioritäten setzen. Dies bedeutet auch, daß notwendige Ausweitungen kurz- und langfristige Einsparungen in anderen Bereichen nach sich ziehen.

Die Heimerziehung, in der Sie sich engagieren, ist wohl die älteste Form im Kanon des Leistungsspektrums der Jugendhilfe. Sie kann auf eine lange Tradition zurückblicken, angefangen bei den mittelalterlichen Spital- und Waisenhäusern über die Rettungshausbewegungen im vorigen Jahrhundert, die unzähligen Kindern und Jugendlichen Wohn- und Lebensorte geboten hat. Mit dem Begriff Heimerziehung verbinden sich bei der Bevölkerung immer noch sehr verzerrte Vorstellungen. Die Diskussionen der vergangenen Jahre haben diese in Teilen sogar noch gefördert. Die Auseinandersetzung um den Slogan „Holt die Kinder aus den Heimen“ hat nicht dazu beigetragen, das Ansehen der Heime zu erhöhen. Wenn man das Heim lediglich als ultima ratio darstellt, ohne dabei auf die inneren Gegebenheiten, auf all das einzugehen, was Menschen dort füreinander tun, welche Bemühungen um Lebenskraft und Lebensentfaltung jugendlicher Menschen sich dort abspielen, dann kann es eigentlich nur Aufgabe der Politik sein, dafür Sorge zu tragen, daß die Zahl der Heiminsassen sich von Jahr zu Jahr verringert und die Heimerziehung selbst überflüssig gemacht wird. Dies ist leider eine Utopie, denn ihre Verwirklichung würde voraussetzen, daß man alle Menschen mit etwas gutem Willen durchaus auf den rechten Weg bringen könne, daß jedes Problem durch Erziehung zu meistern wäre, daß es

Eltern nach Maß geben könne, daß Lebensschicksale verfügbar wären. Die Bedingungen der menschlichen Existenz sind nun einmal nicht so. Dies sage ich bewußt zu Beginn meiner Ausführungen im Rahmen der Tagung katholischer Heimeinrichtungen. Es gilt nämlich, zugleich um das Gute *und* um die Untiefen im Menschen zu wissen, die individuell als Gegebenheit wahrgenommen und anerkannt werden müssen, die sich aber darin nicht erschöpfen. Bei dem, was wir in den menschlichen Verhältnissen gestalten wollen, geschieht nicht alles zum Wohl der Menschen, selbst dann nicht, wenn es in bester Absicht erfolgt. Gerade in der sogenannten postindustriellen Gesellschaft und in einer Wohlstandsgesellschaft wird uns deutlich bewußt, mit wieviel Hilflosigkeit wir bei den Menschen rechnen müssen, mit wieviel Über-besetzt-Sein mit der eigenen Lebensproblematik, mit mangelnder Hoffnung und mit Getriebensein.
Bei aller Entwicklung unserer industriellen und postindustriellen Gesellschaft haben wir uns aus meiner Sicht mehr um das äußere als um das innere Wohl des Menschen gekümmert. Aber wenn wir die Menschen nicht auch „leben" lehren und darauf achten, daß sie in ganz bestimmten Zusammenhängen funktionieren und ihre Leistungsfähigkeit entfalten, wird es immer mehr menschliche Zusammenbrüche und immer mehr Zusammenbrüche in den zwischenmenschlichen Beziehungen geben, die auch das äußere Wohl gefährden. Heimerziehung ist auch ein Ausfluß dessen, was wir an Unzuträglichem für Menschen geschaffen haben. In ihr schlägt sich nieder, ob und inwieweit es uns gelungen ist, Menschen auf Zusammenleben hinzuführen, ja, ob wir dieses Zusammenleben überhaupt möglich machen. Ich gewinne immer mehr den Eindruck, daß die Politik und daß auch die Menschen selbst Familie wollen, daß sie aber mit der Frage, wie Familienleben gelingt, alleingelassen werden, weil wir meinen, das lerne man von Kindheit an von den Eltern. Dies aber ist ein Irrtum. Wenn Familie einen zentralen Stellenwert hat, dann muß auch etwas in sie investiert werden, nicht nur in wirtschaftlicher, sondern auch in pädagogischer und struktureller Hinsicht.
Wir können die Heimerziehung der Vergangenheit nicht mit der Heimproblematik von heute vergleichen. So sehr es damals wie heute Suchtabhängigkeit oder Armut gab und gibt, so liegt doch ein Großteil der Probleme heute in einem anderen Bereich: auf der zwischenmenschlichen Ebene. Nicht von ungefähr kommt ein großer Teil unserer Heimkinder heute aus Stieffamilien oder Trennungs- und Scheidungsfamilien. Diese Gruppierung ist mit der der früheren Heimkinder nicht zu vergleichen. Es ist ein Irrtum anzunehmen, die Waisen von damals hätten die gleichen Probleme gehabt wie die Scheidungswaisen von heute.

Es ist etwas völlig anderes, ob ein Elternteil oder beide verstorben sind oder ob sie durch Trennung und Scheidung in Teilen verloren sind. Dann nämlich sind sie als wichtigste Bezugspersonen den jungen Menschen weiterhin vor Augen und bestimmen ihr Lebensschicksal in entscheidendem Maße. Das macht die Aufgaben und Probleme in den Heimen schwieriger. Mit einfachen Faustregeln kann man diesen Schwierigkeiten nicht begegnen. Dies ist zwar in der öffentlichen Auseinandersetzung sehr beliebt, wie die Formel „Die schlechteste Familie ist besser als das beste Heim" zeigt. Dies ist natürlich barer Unsinn. Es kommt vielmehr entscheidend darauf an, Kindern und Heranwachsenden, die nicht bei ihren Eltern aufwachsen können, eine andere Lebensperspektive zu schaffen. Viele dieser Kinder haben bereits Leid, Entbehrung und Enttäuschung erfahren. Und dann wird nach der Effizienz des Heimes gefragt, das seine Leistungsfähigkeit unter Beweis stellen soll, nachdem vorher so viele Fehler gemacht worden sind!

Lassen Sie mich in diesem Zusammenhang das Problem Adoptionsvermittlung ansprechen, das gerade gestern im Kabinett zur Debatte stand. Es wird häufig gefragt, ob die Adoption nicht zu bürokratisch sei, ob nicht zu hohe Anforderungen an Adoptiveltern gestellt werden. Es wird auch gefordert, mehr Kinder aus dem Ausland zu vermitteln. Wie die Vermittlungschancen der Kinder über sechs Jahre aussehen, wird dabei gar nicht berücksichtigt. Für das mangelnde Interesse an diesen Kindern mag die Vorstellung mit verantwortlich sein, die selbst in den Theorien oft noch eine Rolle spielt, daß Hans nämlich nimmermehr lerne, was Hänschen nicht bereits gelernt habe. Ich halte dies für eine zutiefst unchristliche Vorstellung von der Veränderungsfähigkeit des Menschen. Jeder weiß, daß das biologisch-soziale Erbe einen jeden Menschen begleitet, daß man nicht von der Herkunft und Prägung absehen kann. Aber darf ein Christ sich wirklich mit der Feststellung begnügen, daß jeder der Gefangene seiner eigenen Herkunft ist? Müssen wir nicht vielmehr nach dem fragen, was in einem Menschen angelegt ist, welche Entwicklungschancen er hat? Solche Offenheit ist zweifellos ein sehr langer, ein mühevoller Prozeß, der mit langen Phasen wechselseitigen Suchens und der Vertrauensbildung verbunden ist. Menschen sind nicht steuerbar wie Computersysteme. Das will uns offenbar noch immer nicht in den Kopf. Bilanzen kann man für Produkte anfertigen, nicht aber für Menschen. Deswegen tragen die meisten Kosten-Nutzen-Analysen nicht, die auch im Bereich der Jugendhilfe immer wieder nach ungeeigneten Ökonomie-Modellen angestrebt werden.

Ich trage Eulen nach Athen, wenn ich sage, daß die Heimerziehung alten Stils längst der Vergangenheit angehört. Wer darüber noch Filme drehen will, muß schon in den letzten Nischen recherchieren. Inzwischen gibt es eine Vielfalt von Formen stationärer Erziehungshilfen, die den alten Begriff Heimerziehung längst sprengt. Wenn wir dennoch der Einfachheit halber weiter von Heimerziehung sprechen, dann gilt es dabei, die stürmische Entwicklung der letzten 20 Jahre und die Vielfalt der dazu entwickelten Hilfeformen und pädagogischen Konzepte immer im Auge zu behalten. Immer stärker sieht sich die Jugendhilfe veranlaßt, im Verbund zu denken und zu handeln, die Familie und das soziale Umfeld des jungen Menschen in ihre pädagogische Arbeit einzubeziehen. Es geht ja nicht nur um Nachsorge, sondern auch um die dringend notwendige frühzeitige Hilfe, damit stationäre Unterbringung verhindert werden kann. Zur Vermeidung von Entwicklungsschäden für das Kind müssen zunächst die Erziehungsbedingungen in der Herkunftsfamilie verbessert werden, um eine Herausnahme aus seinem vertrauten Bezugsfeld zu vermeiden oder doch auf den notwendigen Umfang zu reduzieren. Adressaten von Jugendhilfe sind daher neben den Kindern immer stärker die Eltern geworden.

Vom Gedanken einer präventiven, familienorientierten Jugendhilfe her haben sich in den letzten Jahren – anknüpfend an die klassische Familienfürsorge – neue Hilfeformen entwickelt, die dem Kind im Kontext seiner Familie helfen und die Erziehungskompetenz der Eltern zu stärken versuchen. Prominentes Beispiel dafür ist die Sozialpädagogische Familienhilfe, die in den letzten Jahren immer stärker in die Jugendämter Einzug gehalten hat. Zu nennen sind auch die familientherapeutischen Ansätze, wie sie in vielen Beratungsstellen heute praktiziert werden. In der Öffentlichkeit werden diese neuen Ansätze leider oft als Alternative verstanden. Dabei wird zu wenig gesehen, wie sehr die Dinge ineinandergreifen. Das beginnt schon bei der klassischen Unterteilung in familienunterstützende, familienergänzende und familienersetzende Jugendhilfe. Auch dies sind keine einander ausschließenden Alternativen. Diese Erkenntnis bedeutet eine entscheidende qualitative Veränderung, die eine für den Menschen und ihre Chancen notwendige und wirksamere Arbeit ermöglicht, auch wenn dies nicht immer die kostengünstigere Lösung ist. Wir alle miteinander haben noch eine Menge zu tun, um dieses veränderte Konzept im öffentlichen Bewußtsein zu verankern. In unserer sozialpädagogischen Erfahrung bis hinein zu den Haushaltsdebatten hat die neue Sichtweise längst noch nicht überall Platz gegriffen.

Wir alle wissen, daß Heimerziehungsarbeit von reaktiver und nicht von präventiver Jugendhilfe auszugehen hat, wenn sie nicht auf Illusionen aufgebaut sein soll. Heimerziehung als die älteste Hilfeform ist deshalb häufig in die Defensive geraten. Wir sollten dem nicht noch Vorschub leisten, indem wir Zensuren für die einzelnen Hilfearten verteilen. Nicht von der Hilfeform, sondern vom Kind und Jugendlichen und seinen Nöten und Schwierigkeiten, seinen Wünschen und Bedürfnissen her gilt es zu handeln.

Vielleicht darf ich hier auch noch einmal den Grundsatz wiederholen, der, solange ich in der Jugendberichtskommission mitgearbeitet habe, für mich von zentraler Bedeutung war: So wie wir die klassische Typologie in der Abgrenzung aufgegeben haben, sollten wir auch Kindeswohl und Elternwohl nicht länger als Gegensatz, wohl aber im Verbund sehen. Anders kann ein familientherapeutischer Ansatz, kann sozialpädagogische Familienhilfe nicht wirksam werden. Wenn ich die Eltern primär als feindliche Bedrohung für das Kind sehe, habe ich kaum einen Ansatzpunkt, sie als die Partner des Kindes zu behandeln, die diesem Väter und Mütter sein wollen, auch zu dem Zeitpunkt, wo sie versagen. Kindeswohl und Elternwohl sind untrennbar im ganzen Lebenslauf miteinander verbunden, auch dann, wenn wir unsere Familie verlassen, wenn wir uns abnabeln oder abgenabelt werden müssen. Auch wenn Kinder aus der Familie herausgenommen werden müssen, bleiben sie untrennbar mit ihren Familien auch für die Zukunft verbunden.

Wir brauchen ein vielfältiges, differenziertes und qualifiziertes Hilfeangebot, das die Monotonie überkommener Hilfearten durchbricht. Streng genommen ist die Heimerziehung heute selbst schon ein Verbund unterschiedlicher Hilfeaspekte. Bereits die klassische Heimerziehung stellte eine Verbindung von Alltagspädagogik und Therapie dar, der sich häufig noch schulische oder berufliche Bildungsangebote hinzugesellten. Leben, Wohnen, Arbeiten – das sind die Schlüsselbegriffe zukunftsweisender Projekte, die aus einer weiterentwickelten Heimerziehung inzwischen hervorgegangen sind. Heimerziehung im Verbund meint heute aber mehr: Organisatorische und/oder eine personelle Verbindung mehrerer Erziehungshilfen, wie z.B. die Verbindung von binnendifferenzierter Heimerziehung mit Tagesgruppen im Heim, Erziehungsberatung, Jugendberatung, Sozialpädagogische Familienhilfe, Erziehungsbeistandsschaft und Pflegekindervermittlung, also die Verbindung ambulanter, teilstationärer und stationärer Erziehungshilfen. Die Grenzen zwischen den einzelnen Hilfearten werden damit überschritten. Damit drängt sich natürlich die Frage auf, ob wir überhaupt noch in bestimmten Hilfekategorien denken sollen. Vorteile hätte der Verzicht auf die herkömmliche Sichtweise durchaus. Der Sozialarbeiter bzw. das Team von Frauen und Männern, das die Entscheidung zu fällen hat, könnte sich ganz auf den individuellen Erziehungsbedarf des

Kindes und die vorhandenen oder zu weckenden Ressourcen seines sozialen Umfelds konzentrieren, unbeeinflußt von vorgegebenen Hilfestrukturen. Allerdings: Öffentlich organisierte und finanzierte Jugendhilfe wird ohne inhaltliche und personelle Vorgaben nicht auskommen können. Dies setzt wenigstens modellhaft die Sicherung und Vorhaltung unterschiedlicher Reaktionsformen für unterschiedliche Bedarfssituationen voraus. Wir müssen uns davor hüten, das Ideal des Verbundes so zum Dogma zu machen, daß es gar nicht funktionieren kann, weil die organisatorischen Teilschritte nicht mehr sichtbar und dann auch nicht mehr finanzierbar werden. Dies sage ich mit Nachdruck als entschiedene Verfechterin dieses Netzverbundes.
In der Praxis der Jugendhilfe werden heute verschiedene Formen von Verbundsystemen unterschieden.
Das Erziehungshilfezentrum: Darunter wird eine Bündelung von stationären und/oder teilstationären und/oder ambulanten Erziehungshilfen verstanden, die von einem Träger in einem in der Regel örtlichen Erziehungsbereich angeboten werden.
Der Verbund von Erziehungshilfen: Damit bezeichnet man den Zusammenschluß mehrerer Träger von Erziehungshilfen. Ein solcher Verbund ist im örtlichen und regionalen Bereich möglich.
Der Jugendhilfeverbund: Darunter versteht man die vereinbarte Zusammenarbeit verschiedener Träger von Erziehungshilfen, Angeboten der Jugendarbeit, Jugendsozialarbeit, des erzieherischen Jugendschutzes, die verschiedenen Trägerverbänden angehören. Ein solcher Jugendhilfeverbund ist auf örtlicher, regionaler und überörtlicher Ebene möglich.

Die Vorzüge und Vorteile solcher Verbundsysteme sind bekannt. Für den jungen Menschen und seine Eltern bedeuten sie eine stärkere Bezugnahme auf seine individuelle Bedarfssituation. Erziehung und Erziehungshilfe sind der Natur nach nicht starre, linear fortlaufende Leistungen, sondern bedürfen als wechselseitiger Beziehungsprozeß zwischen zwei oder mehreren Personen der ständigen Anpassung und Korrektur. Dies kann auch bedeuten, daß die Schwerpunkte des Hilfeansatzes geändert und die Hilfeart gewechselt werden müssen. Bei traditionellem Hilfeverständnis kann dies folgendes bedeuten: Die rechtliche Zuständigkeit und Gesamtverantwortung eines bestimmten Trägers ändert sich und geht auf einen anderen über. Der betreuende Dienst oder die Einrichtung wechselt. Der junge Mensch und seine Familie werden mit neuen Personen konfrontiert. Wegen der unterschiedlichen Organisations- und Finanzierungsformen gestalten sich die Übergänge vom örtlichen zum überörtlichen Träger, von der Jugendhilfe zur Sozialhilfe, von der Einrichtung eines der freien Träger zu einem Dienst des Jugendamtes häufig sehr schwierig. Es kommt zu Unterbrechungen und zum Leerlauf im Hilfeprozeß. Den Schaden haben das Kind, der Jugendliche und seine Eltern. Verbundsysteme können unterschiedliche Träger, Organisationen und Finanzierungssysteme nicht aus der Welt schaffen; sie können ihre Nachteile jedoch erheblich reduzieren und die Vorteile verschiedener Hilfeansätze wirkungsvoller miteinander verbinden.

Verbundsysteme erweisen sich nicht nur für die Hilfeempfänger als vorteilhaft; sie sichern und nutzen die Kompetenzen vorhandener Einrichtungen und die Dienste der dort tätigen Fachkräfte.

Schließlich ist es auch ein legitimes Anliegen der Träger selbst, ihr in Jahrzehnten aufgebautes Potential an Einrichtungen und Diensten, ihre vielfältigen Erfahrungen in der Praxis der Jugendhilfe und die fachliche Kompetenz ihrer Mitarbeiter im Interesse der Kinder, Jugendlichen und Eltern zur Geltung zu bringen. Wir verteilen in unseren verschiedenen Dienstleistungssystemen auch die Dienste für die Menschen auf immer mehr Instanzen, so daß die Desorientierung zunimmt und damit auch Hürden aufgebaut werden, die dem angestrebten Zweck nur hinderlich sind.

Sind Verbundsysteme die problemlose Patentlösung für die Zukunft der Jugendhilfen? Auch hier ist eine nüchterne, realistische Betrachtungsweise notwendig. Ein Verbund von Hilfeformen kann auch eine Einebnung der Jugendhilfelandschaft bedeuten mit der Folge, daß alternative Angebote und Lösungen ausgeschaltet werden. Wir haben immer wieder in unserer Gesellschaft die Tendenz zu größtmöglicher Vereinheitlichung. Meine Erfahrung ist, daß die Einheitlichkeit das Innovationspotential keineswegs fördert. Damit will ich die Schwierigkeiten bei den vielfältigen Absprachen und Koordinierungen, die zwischen verschiedenen Trägern notwendig sind, gar nicht verharmlosen. Dennoch halte ich dieses Problem für geringer, als die Folgen eines monopolierten Systems einheitlicher Träger.

Einheitslösungen sind in der Geschichte immer wieder zum Nachteil der Menschen, nicht zu ihrem Vorteil ausgegangen. Deshalb gilt es auch bei der jetzt anstehenden Neuordnung des Jugendhilferechts, die Pluralität der Träger und des Hilfeangebots nicht einzuebnen. Und auch das gesetzlich garantierte Wahlrecht der Betroffenen muß in diesem Zusammenhang noch einmal betont werden, wobei allerdings Ideal und Wirklichkeit bekanntlich oft weit voneinander abweichen. Oft weiß der Betroffene gar nicht, welche Wahlmöglichkeiten ihm in seiner Situation zur Verfügung stehen. Dennoch scheint mir wichtig, daß ein Verbundsystem – und das unterstreiche ich noch einmal – wichtige Garantien der Jugendhilfe in unserem freiheitlich verfaßten Staatswesen nicht außer Kraft setzen darf. Das plurale Angebot wertgebundener, weltanschaulich geprägter Erziehungshilfen darf nicht beseitigt werden. Dies sage ich auch vor dem Hintergrund der jüngsten zeitgeschichtlichen Erfahrungen. Wie schnell mündet der Zeitgeist in der These ein: Wenn es die Kleinfamlie nicht gäbe, gäbe es auch die Sozialisationsprobleme nicht! Damit vollzieht sich eine Reduktion von Problemen, die nicht statthaft ist und zu völlig falschen Schlußfolgerungen führt. Bei all dem Problem- und Leidensdruck, den wir in den Familien haben, ist eines in den 70er Jahren gelernt worden: daß es gilt, den Familien zu helfen, und nicht, sie abzuschaffen und zu glauben, wir können sie durch andere Systeme überwinden.

Beim Hilfeverbund als einem Instrument der Jugendhilfe geht es in der konkreten Ausgestaltung darum, daß er nicht einfach von oben her verordnet wird, sondern daß er in partnerschaftlicher Zusammenarbeit verschiedener Träger vor Ort geplant wird und sich entwickeln kann. Ich glaube allerdings, daß dafür der Gesetzgeber die Rahmenbedingungen schaffen muß, damit sich die Partner nicht bei der Suche nacheinander im Dickicht verlieren und mehr Zeit für die Suche als für den Hilfeverbund selbst aufbringen müssen.

Lassen Sie mich jetzt auf die gesetzliche Neuordnung des Jugendhilferechts eingehen. Sie wissen, daß die Zeiten inzwischen nicht günstiger geworden sind für die Vorlage eines Gesetzentwurfs. Ich kann zum gegenwärtigen Zeitpunkt auch nicht sicher voraussehen, welches Schicksal dieser Initiative beschieden ist. Aber wenn ich die vergangenen 60 Jahre überblicke, dann hat es offenbar nie einen günstigen Zeitpunkt für die Jugendhilfenovelle gegeben. Zwar wird mir immer wieder erklärt, das alte JWG sei so gut, daß es auch an neue Anforderungen angepaßt werden könne. Aber es gibt Bereiche, in denen wir deutlicher denn je spüren, daß eine dynamische Entwicklung des JWG uns heute in bestimmten Bereichen vor ganz besondere Probleme stellt, insbesondere in dem Feld der familienunterstützenden Hilfen, die im klassischen JWG zwar prinzipiell angelegt waren, die aber doch aus ganz anderen Notlagen entstanden sind.

Ich weiß, daß durch die Jahrzehnte hindurch eine Menge an programmatischer Arbeit geleistet wurde. Und wenn diese inzwischen umgesetzt worden wäre, stünden wir hier heute nicht mit der Frage nach der gesetzlichen Neuordnung der Jugendhilfe. Ich sage deshalb vorweg: Ich weiß um die Haushaltssituation bei Bund, Ländern und Gemeinden, aber ich hoffe, daß wir an einem anderen Punkt, der das Zustandekommen eines neuen Gesetzes bisher immer wieder verhindert hat, einander inzwischen nähergerückt sind. Ich meine damit die unterschiedlichen Leitbilder von Jugendhilfe, besonders ihre Beziehung zum Elternrecht, zur Familie und zu den Rechten junger Menschen. Wenn ich von „Näherrücken" spreche, soll das nicht heißen, daß es nicht weiterhin allerhand Polarisierungen auszudiskutieren gäbe. Das Schlechteste in einer Demokratie sind falsche Harmonisierungsversuche, die die Unterschiede und Gegensätze verkleistern. Die Leistung der Demokratie besteht gerade darin, daß die Kontroversen offenkundig werden können und ausgetragen werden müssen, so mühsam das manchmal sein kann.

Bei allen finanziellen Vorbehalten, die berücksichtigt werden müssen, würden wir den jungen Menschen und ihren Familien einen schlechten Dienst erweisen, wenn wir Verbesserungen in diesem Bereich auf bessere Zeiten vertagen wollten. Es stimmt übrigens nicht, daß Veränderungen im Feld der Sozialpolitik in erster Linie in Wohlstandszeiten durchgesetzt worden wären. Die Geschichte zeigt, daß entsprechende Veränderungen meist Antworten auf akute Probleme und Konfliktlagen waren. Dies sind heute für die Mehrheit – wie ich es sehe – nicht primär wirtschaftliche Nöte, auch wenn diese da, wo Familien von Arbeitslosigkeit und Verschuldung betroffen sind, erhebliche Auswirkungen auf das Familienleben haben. Aber im Mittelpunkt stehen heute seelische Probleme, die sich bis weit in die Mittelschicht hinein im Nichtgelingen des Zusammenlebens in Partnerschaft und mit Kindern niederschlagen. Wir reden zwar viel über das gemeinsame Sorgerecht nach der Scheidung, aber die Wirklichkeit ist in vielen Fällen doch geprägt von endlosen Auseinandersetzungen um die Kinder, von Gefühlen des Hasses und einem andauernden Kleinkrieg, der sich auf die Kinder niederschlägt. Hier sind wir vom Kindeswohl noch sehr weit entfernt. Die eigenen Beziehungskonflikte um des Kindes willen zurücknehmen zu können, ist ein Desiderat, an dem wir noch kräftig arbeiten müssen. Auch andere Probleme wie Gewalt gegen Kinder – nicht nur die körperliche Mißhandlung –, die Vernachlässigung oder die Beschränkung auf die materielle Versorgung führen zu tiefen seelischen Nöten, auf die ein Teil unserer Kinder und Jugendlichen mit Aggressivität und Apathie oder auffälligem Verhalten reagiert. Eltern wissen darauf oft überhaupt keine Antwort.

Immer noch wird angenommen, man könne Kinder mehr oder weniger nebenher erziehen; wieviel Zeit man für Kinder braucht und wie wir das gewichten, was in unserer Gesellschaft in den Familien an Erziehung und Pflegearbeit geleistet wird, haben wir in unsere Betrachtungsweisen noch kaum einbezogen. Nur so ist zu verstehen, daß wir zwar dreizehn Jahre Ausbildungszeit in unserem Rentenversicherungssystem anerken-

nen, während es nach 100 Jahren gerade zu einem einzigen Erziehungsjahr gereicht hat und wir um jeden weiteren Schritt der Anerkennung von Arbeit außerhalb der Erwerbsarbeit in unseren sozialen Sicherungssystemen kräftig kämpfen müssen. Unser System steht heute vor Herausforderungen, auf die wir antworten müssen. Ich kann nicht glauben, daß es in unserer Gesellschaft nicht möglich sein soll, die Arbeit so zu organisieren, daß man in bestimmten Lebenszeiten weniger oder gar keine Erwerbsarbeit leistet, um Zeit für Kinder zu haben – und zwar nicht nur für die Phase vom 1. bis zum 3. Lebensjahr. Wer Kinder im Jugendalter hat, weiß, daß diese oft mehr Betreuungs- und Zuwendungszeit benötigen als Kinder im jüngsten Lebensalter. Jede Familie muß für sich selbst entscheiden können, wann ein Ausscheiden aus dem Erwerbsleben angebracht ist. Ich habe bei meinen Forschungen viele Familien erlebt, in denen die Mütter als gelernte oder ungelernte Arbeiterinnen völlig überfordert waren. Sie sahen zwar die Probleme ihrer Kinder, waren aber so stark von der Hausarbeit und allem, was dazu gehörte, in Anspruch genommen, daß für die Kinder einfach keine Zeit mehr blieb. Auf der anderen Seite gibt es die Unzufriedenheit der qualifiziert ausgebildeten Frauen, bei denen Lebensplanung und Lebensverlauf so weit auseinanderklaffen, daß ihre Kinder davon ungewollt in Mitleidenschaft gezogen werden.
Das Hauptproblem liegt heute nicht darin, daß unsere jungen Menschen sich keine Kinder wünschen, sondern darin, daß die Fragen, wie man mit Kindern leben kann, wie wir die Bedingungen für dieses Leben gestalten und welchen Stellenwert Kinder in unserer Gesellschaft haben, längst noch nicht gelöst sind. Daß wir inzwischen überhaupt über Kinder sprechen, liegt vor allem an der nicht mehr übersehbaren katastrophalen demographischen Entwicklung. Das Kind muß immer erst in den Brunnen gefallen sein, ehe wir die Zusammenhänge begreifen, und hier geht es ja um mehr als nur um Auswirkungen geringer Kinderzahlen auf Krankenversicherung, Rente, Wirtschaft und Bildungssystem. Die entscheidende Frage ist doch wohl, was es für unsere Kultur und Zivilisation, für das Selbstverständnis von Menschen bedeutet, wenn sie keine Erfahrung mit Kindern mehr machen. Daß Kleinsein z. B. Schwäche und Stärke beinhalten kann, geht dann ganz verloren: Kinder können ungemein stark sein, auch für Eltern. Es ist nicht so, daß sie uns nur etwas nehmen. Das wissen sowohl diejenigen, die in einer Phase sehr glücklicher Erfahrungen mit ihren Kindern leben, als auch jene, die schwierige Situationen mit ihnen bewältigen müssen. Und das gilt genauso für Sie als soziale Eltern in den Heimen; auch Sie erfahren das Gewinnbringende an Kindern ebenso wie das manchmal Auszehrende.

Das gehört zu jeder menschlichen Beziehung, auch wenn wir oft so tun, als könne man darin ausschließlich Beglückendes erleben, solange man alles nur richtig mache. Menschliche Beziehungen sind nicht so planbar und verfügbar, wie Wissenschaft und Technik es uns oft suggerieren. Und deswegen ist es wichtig, über die Schule hinaus Familienbildung, Familienberatung und partnerschaftliche Formen vorsichtig intervenierender familienpädagogischer Hilfe anzubieten. Es ist kein Zufall, daß sich in diesem Bereich Selbsthilfegruppen gebildet haben, um mit den Problemen nicht allein zu bleiben, um untereinander Erfahrungen auszutauschen, was in den kleiner gewordenen Familien ja auch schwieriger geworden ist. Deshalb liegt ein Schwerpunkt des 7. Jugendberichts und auch des neuen Gesetzentwurfs in der Förderung der Erziehung in der Familie.
Wenn ich die Forderung nach Verbesserung der Hilfe für Familien in besonderen Lebenslagen erhebe, werde ich häufig angegriffen, sobald ich die Gruppe der Alleinerziehenden nenne. Dabei darf man diese Frage nicht unter den Tisch fallen lassen. Das Thema Schwangerschaftskonflikt zum Beispiel betrifft ja je zur Hälfte Familien mit Vater und Mutter sowie Unverheiratete, Ledige. Für beide Gruppen brauchen wir Formen der Hilfe. Nehmen Sie mir bitte diese Aussage ab: Ich wünsche jedem Kind, daß es Vater und Mutter hat, und zwar lebenslang. Aber wo dies nicht möglich ist, muß es doch ein Angebot der Hilfe geben. Die eigentlich christliche Botschaft der Lebenshilfe heißt doch: jedem in seiner Situation dazu zu verhelfen, daß er neu anfangen kann, daß er Bindungen leben kann, daß er erfährt, daß der Einsatz seiner Kräfte sinnvoll ist. Deshalb gehört zu den Hilfen für Familien immer auch die Hilfe für Alleinerziehende. Wir sollten auch hier stärker den Verbund sehen, in dem Beratung und Unterstützung bei der Ausübung der Personensorge, in Fragen der Partnerschaft, aber auch von Trennung und Scheidung verfügbar sein müssen.
In diesem Zusammenhang will ich noch einmal darauf hinweisen, daß wir in der Bundesrepublik immer noch einen erheblich ungedeckten Bedarf an Tagesbetreuung – jedenfalls für einen Teil der Familien – haben. Hier ist es nicht damit getan, die alleinerziehenden Eltern auf die Sozialhilfe zu verweisen. Wie wir Familienpolitik, wie wir Jugendhilfe verstehen, geht es doch darum, die Eigenverantwortung zu stärken, gilt es, Menschen ihr Leben selbst in die Hand nehmen zu lassen. Deswegen brauchen wir Hilfeformen gerade auch für Alleinerziehende, die die Ausbildung nachholen müssen oder auf Teilzeitarbeit angewiesen sind. Es muß uns doch zu denken geben, daß die Erwerbstätigenquote bei keiner Gruppe von Frauen so hoch ist wie bei den geschiedenen und ledigen

Alleinerziehenden. Niemand gibt sich der Illusion hin, hier könne über kurz oder lang eine Vollversorgung mit Betreuungseinrichtungen sichergestellt werden, aber wir müssen in Stufen unterschiedliche, ergänzende Formen der Tagesbetreuung im Sinne der Familientagespflege, der Nachbarschaftsgruppen, auch der Kinderkrippen ausbauen, damit wir die Menschen nicht allein lassen. Neben den Betreuungsfragen sind bei den Alleinerziehenden häufig auch die Wohnungsprobleme ungelöst. Ich glaube nicht, daß wir für die Zukunft hinnehmen können, daß weiterhin bis zu 70 % der Kinder in Heime eingewiesen werden müssen, weil wir anders die Probleme nicht zu lösen vermögen.

Im Jugendhilferecht ist zudem eine Neuordnung des Pflegekinderwesens vorgesehen. Das geltende Jugendwohlfahrtsgesetz regelt das Pflegekinderwesen in erster Linie aus dem Blickwinkel der Aufsicht über das Pflegekind. In der Praxis der Jugendhilfe ist dieser repressive Aspekt zunehmend hinter präventive Ansätze zurückgetreten, wie dem einer qualifizierten Vermittlung des Kindes in eine geeignete Familie, der Begleitung der Erziehung in einer Pflegefamilie und der Förderung des Kontakts mit der leiblichen Familie. Dabei wird zunehmend deutlich, daß Pflegekindschaft zunächst eine zeitlich befristete Hilfe ist, die im Interesse der Bindung des Kindes alsbald auf eine Rückkehr in die eigene Familie oder eine stabile adoptionsähnliche Bindung an die Pflegeeltern hin auszurichten ist. Auch in diesem Fall darf die Herkunftsfamilie im Interesse des Kindes nicht ausgeblendet werden.

Sie alle kennen die Konfliktherde in diesem Bereich zwischen Herkunfts- und Pflegefamilie. Ich verstehe die Unsicherheit, die daraus für die Lebensplanung der Betroffenen entsteht. Allerdings spielt im Hintergrund manchmal noch die Vorstellung eine Rolle, daß Kinder eine Art Besitz darstellen, daß die Zuwendung zu ihnen abhängig gemacht wird von der Frage, zu wem sie gehören. Mancher Pflegefamilie täte sicher die Erfahrung von Heimerzieherinnen und Heimerziehern gut, die sich immer wieder neu in der Einstellung üben und üben müssen, daß Kinder einem nicht gehören. Dieser Gedanke kommt in der Pflegefamilie, aber auch in der Herkunftsfamilie oft zu kurz, die zwar selbst unfähig ist, das ihre zu leisten, aber dennoch Besitzansprüche anmeldet.

Im Gesetzentwurf werden die Entscheidungen über die Inpflegegabe, die Vermittlung in eine geeignete Familie, die Begleitung und Beratung der Pflegefamilie, die begleitende Arbeit mit der Herkunftsfamilie als wesentliche Aufgaben im Pflegekinderwesen benannt. Darüber hinaus soll das derzeit örtlich unterschiedlich bemessene Pflegegeld durch landesrechtliche Vorgaben wenigstens auf der Ebene der Länder vereinheitlicht werden. Der Anspruch des Kindes auf Sicherstellung seines

Lebensunterhalts kann nicht im Ermessen des einzelnen Jugendamtes liegen, sondern muß wie im Bereich der Sozialhilfe und des Regelunterhalts für nichteheliche Kinder nach einheitlichen Kriterien erfolgen.
Ich komme im weiteren zur Verbesserung der Hilfen für junge Volljährige: Die Bestimmungen des JWG sind für junge Volljährige zu eng gefaßt. Junge Menschen werden gegenwärtig oft mitten in ihrem Ausbildungsprozeß von der Jugendhilfe im Stich gelassen. Ein stützendes Elternhaus, in das sie zurückkehren könnten, ist meist nicht mehr vorhanden. Eine Sozialhilfekarriere ist dann fast zwangsläufig, wenn nicht gar der Grundstein für eine Entwicklung gelegt wird, die in Kriminalität, Drogenabhängigkeit oder in die Abwanderung in Subkulturen führen kann. Deswegen ist dies ein ganz dringlicher Punkt der Jugendhilferechtsreform. Aus pädagogischen, aber auch aus finanziellen Gründen ist es wesentlich sinnvoller, junge Menschen in die Selbständigkeit zu begleiten und ihnen nicht das Gefühl zu vermitteln, sie hätten im Heim keinen Ansprechpartner mehr, weil niemand für sie verantwortlich sei. Wenn wir das Heim als Ersatzfamilie sehen, dann müssen wir daraus auch, wenigstens was diesen Punkt betrifft, Konsequenzen ziehen. Wenn wir von unaufkündbarer Elternschaft sprechen, gilt dies mutatis mutandis gerade auch für das Heim. Hier kann man nicht plötzlich Einschnitte vornehmen, die vom jungen Menschen überhaupt nicht verkraftet werden können. Deswegen ist es wichtig, die jungen Erwachsenen in die Selbständigkeit zu begleiten, statt sie unvorbereitet sich selbst zu überlassen. Eine Verbesserung der Hilfen für junge Volljährige muß sich ausschließlich an der Persönlichkeit des einzelnen jungen Menschen orientieren und nicht an der Frage, wie lange man noch zuständig ist. Wir wissen, daß sich das Jugendalter bei aller Akzeleration verlängert hat. Dies sollte nicht erst in der Jugendgerichtsbarkeit beachtet werden, sondern dort, wo man verhindern kann, daß es überhaupt so weit kommen muß. Das verstehe ich unter vorbeugender Jugendhilfe.
Ich kann hier nicht eigens in extenso auf die wichtige Funktion der Jugendhilfe im Bereich Ausbildung und Beschäftigung eingehen. Ich will nur deutlich hervorheben, daß die demographische Entwicklung nicht dazu führen wird, daß die 10 bis 12 Prozent eines Altersjahrgangs einfach verschwinden werden, die heute große Schwierigkeiten haben, in Ausbildung vermittelt zu werden. Das Problem wird es noch über Jahre geben, ausgelöst durch Krisen in den Familien oder durch zum Teil verfehlte Konzepte schulischen Lernens. Wir haben ja allzu lange angenommen, wenn der Kopf des Menschen funktioniere, funktioniere er insgesamt, und haben so seine Sinnestätigkeit, seine Fähigkeiten im Praktischen, in der Schule völlig an den Rand gedrängt. In vielen

betrieblichen und überbetrieblichen Einrichtungen zur Ausbildung Jugendlicher stellen wir fest, daß Menschen mit hohen praktischen Fähigkeiten als nicht vermittlungsfähig gelten. Für sie brauchen wir in der Jugendhilfe sozialpädagogisch flankierende Hilfen. Ich bin nicht der Meinung, daß die Jugendhilfe für die Ausbildung Jugendlicher zuständig sein soll. Ich halte es aber gerade für diese Gruppe als besonders dringlich, möglichst bald in der Arbeitswelt Fuß zu fassen, wenn nötig auch gefördert durch Zuschüsse an Betriebe, die diese jungen Menschen beschäftigen. Für sie ist die Erfahrung von Arbeit ganz wichtig. Allerdings können die Betriebe nicht die sozialpädagogische Betreuung übernehmen. Das ist eine Aufgabe der Jugendhilfe. Denn ich möchte nicht, daß wir eine Gesellschaft werden, in der ein bestimmter Teil von vornherein ausgeschlossen bleibt und in Sondereinrichtungen und Sondermaßnahmen verwiesen wird. Ich bin der Auffassung, daß es auch eine Ihrer Aufgaben in der Öffentlichkeitsarbeit sein muß, uns in der Politik beim Kampf um den ungeschmälerten Erhalt der Programme für benachteiligte Jugendliche zu unterstützen. Diese dürfen nämlich auf keinen Fall zurückgefahren werden.
Es wird im Rahmen der Anhörungen und der weiteren Debatten zur JWG-Novelle erneut die Frage aufkommen, welche Aufgaben denn nun auf die örtlichen Träger verlagert werden. Ich sage Ihnen ganz offen: Ich bin in dieser Frage sehr gespalten und gebe hier überhaupt noch kein Urteil ab. Ich weiß, daß dies schon bei früheren Novellen immer ein zentrales Anliegen unseres Hauses war, aber es gehört auch zu den Aufgaben der Ministerin, sich vor Ort ihr eigenes Urteil erst noch zu bilden. So faszinierend die Vorstellungen auch auf den ersten Blick sein mögen: Ich frage mich, wie es dann um die Finanzierung und die Wahrnehmung der Aufgaben steht.
Ein ähnliches Problem stellt sich ja auch in bezug auf die Behinderten. Selbstverständlich sind sie zur Zeit von der Systematik her nicht da eingegliedert, wo sie hingehören, aber ehe ich ihre Lage verschlechtere, werde ich die Systematik lieber so lassen, wie sie derzeit ist. Wenn ich nicht sicher sein kann, daß es anderswo zu einer besseren Lösung kommt, bin ich dafür, zunächst alles beim Alten zu belassen. Jedenfalls sind viele Rechtsansprüche in der Sozialhilfe besser abgesichert als in anderen Bereichen. An all diesen Punkten muß noch diskutiert werden. Entscheidungen sollte man erst dann treffen, wenn die Lösungen deutlich und abgesichert für die Betroffenen vorliegen.
Sie wissen, daß die Neuordnung des Jugendhilferechts nicht kostenneutral zu haben ist. Es wird in diesem Zusammenhang schwieriger Verhandlungen bedürfen. Wir werden auch – und das ist eine Aufgabe, der

wir uns gegenwärtig stellen – wieder fragen müssen: Wo liegen die Prioritäten, wenn man nicht alles Wünschenswerte realisieren kann? Frau Pankoke-Schenk hat schon gesagt, daß es wichtig ist, nicht erst Ende 1989 oder 1990 Klärungsprozesse herbeizuführen, weil es dann wieder heißt, jetzt sei die Zeit zu kurz. Ich stimme ihr zu: Wir müssen die Novelle in Kürze vorlegen. Ich brauche hier nicht zu wiederholen, daß die Stärkung des Funktionsschutzes freier Träger selbstverständlich ein zentrales Anliegen des neuen Gesetzentwurfs ist. Das Schutzbedürfnis freier Träger sollte sich dabei nicht nur auf die finanzielle Absicherung beziehen, sondern auch auf die frühzeitige Beteiligung an der Planung. Mir scheint es wichtig, daß Sie in diesen Wochen und Monaten Ihrerseits der Öffentlichkeit deutlich machen, an welchen Stellen eine neue Rechtsgrundlage dringlich erforderlich ist und was es bedeutet, wenn wir hier nicht handeln.
Ich finde, es ist an der Zeit, nicht nur zu beklagen, daß wir im Staatengefüge das Land mit der geringsten Geburtenziffer sind, sondern endlich deutlich zu machen, daß Kinder in der Bundesrepublik gewollt sind und daß wir etwas tun, damit Leben mit Kindern nicht behindert, sondern erleichtert wird. Ich sage auch noch einmal angesichts der aktuellen Debatte um den § 218: Jede Gesellschaft, jeder Staat braucht klare und eindeutige Rechtsnormen. Aber Sie, die Sie in Heimen Erfahrungen machen mit Kindern und Jugendlichen, die in Schwierigkeiten geraten sind, wissen, daß Rechtsnormen nicht ausreichen, um Rechtsverletzungen zu verhindern, sondern daß die Durchsetzung dessen, was an Werten hinter den Rechtsnormen steht, nur in harter Arbeit erreicht werden kann. Und deswegen sage ich abschließend: Fordern wir nicht nur das Ja zum Leben ein, sondern tragen wir alle vor Ort dazu bei, daß wir zum Leben ermutigen. Wir sollten immer wieder die Hoffnung zum Ausdruck bringen, daß wir Erlöste sind, damit Menschen durch uns erfahren, daß Leben auch in schwierigen Situationen mit Hilfe des Mitmenschen und mit Hilfe des Glaubens – einer Kraft, auf die wir nicht verzichten können – bewältigt werden kann.

Schlußwort

Monika Pankoke-Schenk

Die 18. Bundestagung unseres Verbandes katholischer Einrichtungen der Heim- und Heilpädagogik liegt hinter uns.
Wir hatten in diesem Jahr Essen als Standort gewählt. Damit sind wir in das Herz des Ruhrgebietes gegangen; eine traditionsreiche Industrielandschaft in unserem Land, die aber über alle Zeiten bis auf einige Phasen der Prosperität eine Krisenregion war und auch heute – das beweisen die erschreckende Zahl der Arbeitslosigkeit, die Umstrukturierungen und strukturellen Veränderungen – die Stigmata einer postindustriellen Gesellschaft trägt.
In vorauseilendem Gehorsam sozusagen haben wir den Standort Essen gewählt, dem als Bistum in unserer deutschen Kirche in diesen Tagen eine ganz besondere Auszeichnung zuteil wurde, damit ist auch ein wenig von diesem weltkirchlichen und römischen Glanz auf unsere Bundestagung herabgekommen.
Wir durften uns in diesen Tagen mit dem Bistum Essen und den Menschen des Ruhrgebietes über die Ernennung des Bischofs von Essen, Dr. Franz Hengsbach, zum Kardinal freuen.
Ein für uns unvergeßliches Gemeinschaftserlebnis wird die Heilige Messe im Essener Münster sein. An dieser Stelle ein herzliches Vergelt's Gott Herrn Weihbischof Große.
Daß wir heute Frau Professor Süssmuth, die Bundesministerin für Jugend, Familie, Frauen und Gesundheit, in unserer Mitte haben konnten, daß sie uns wegweisende, ermutigende jugendrechtliche wie jugendpolitische Perspektiven eröffnet hat, läßt uns gewiß auch ein wenig zuversichtlicher und gestärkter wieder in unseren Alltag heimkehren.
Gewiß gibt es da noch viel zu tun, das wissen wir alle. Packen wir es an.
Ich bin sicher, daß die Heimerziehung sich auf keinen Fall in den nächsten Jahren erübrigen wird. Nach einer Phase des differenzierten Ausbaus ambulanter Hilfen im Rahmen des Jugendhilfeverbundes wird immer deutlicher, daß es eine bestimmte Zielgruppe gibt, die dringend der gezielten, teils heilpädagogischen, aber auch therapeutischen Betreuung in stationären Einrichtungen bedarf.
Ein ganz neuer, zum Teil auch alarmierender Trend ist, daß plötzlich wieder Kleinkinder in unseren Einrichtungen aufgenommen werden müssen; das reicht von den Ein- bis zu den Vierjährigen – Hinweis auf

Haus Conradshöhe in Berlin, wo zur Zeit zwei neue Kindergruppen eingerichtet werden. Aber dieser Trend ist nicht spezifisch für Berlin, sondern läßt sich bereits in Großstädten ablesen, wo die Situation von Familien immer desolater wird, u. a. durch hohe Verschuldungen, die zu unterschiedlichen Krisen der Familie führen, die dann unter ihren Belastungen zusammenbrechen, und wo die Kinder – nicht zuletzt auch Kleinkinder – die Leidtragenden sind, die dann möglichst schnell einer Unterbringung in stationären Einrichtungen bedürfen.

Dank aber auch an unsere Verbandsleitung.
Mein erster Dank gilt dem Vorsitzenden unseres Verbandes, Herrn Alfons Henrich, für sein heutiges wegweisendes Referat, aber auch für sein frohes Herz, seine ruhige, gelassene, priesterliche Art, die aus der Tiefe seines Glaubens erwächst.
Herr Direktor Henrich, bleiben Sie so, wie Sie sind; wir brauchen Sie in den nächsten Jahren, auch als Vorsitzenden unseres Verbandes.
Lieber Herr Junge, Ihnen in einem Einzelpunkt Dank zu sagen, ist sehr schwierig. Sie sind der Motor dieses Verbandes, aber auch der katholischen Jugendhilfe und Heimerziehung. Vielleicht ist es das, was Sie so jung erhält. Herzlichen Dank für all Ihre Arbeit, Vorarbeit, Planung und das, was Sie für uns als Geschäftsführer dieses Verbandes tun.
Unser Dank gilt auch der ganzen Geschäftsstelle: Herrn Steffen, Frau Mecking, Frau Herbst.
Ein herzlicher Dank auch an Herrn Dr. Franz Blumenberg für sein exzellentes Referat „Heimerziehung im System der Erziehungshilfe".
Mit Herrn Dr. Blumenberg verbindet uns eine enge, gute Zusammenarbeit als Vorsitzender des AFET. Wir danken ihm für diese Kooperation, die auch ein Stück Netzwerk im Verbundsystem der Jugendhilfe darstellt und bildet, und wir hoffen, daß dieses eng geknüpfte Netz unserer Trägerverbände auch weiterhin eine tragfähige Basis und ein Auffangnetz sowohl zum Wohle der betroffenen Jugendlichen als auch ein tragfähiges Netzwerk unserer Gemeinschaft ist.
Ein herzliches Dankeschön auch dem Hauptreferenten aus unseren eigenen Reihen, Herrn Dr. Flosdorf. Sie sind sozusagen über Jahre hinaus ein Markenzeichen unseres Verbandes. Nicht zuletzt weist Sie Ihre Publikation „Theorie und Praxis stationärer Erziehungshilfe" über unseren Verband hinaus als kompetenten, sachkundigen Kenner der Heimerziehung aus, der diese praktischen Erfahrungen intellektuell umzusetzen und theoretisch zu reflektieren und sie durch sein Wort auch noch publizistisch einer breiten Öffentlichkeit zu vermitteln vermag.

Dank aber auch allen Arbeitskreisleitern und Mitwirkenden der Arbeitskreise, nicht zuletzt Ihnen allen, die Sie gekommen sind und ihre vielfältigen Alltags- und Praxiserfahrungen in diese Bundestagung eingebracht haben, die uns davor bewahrt haben, hier eine pseudo-theoretische, abstrakte Veranstaltung abzuhalten.
Geistlicher Mittelpunkt waren gewiß unsere gemeinsamen Eucharistiefeiern, die wir jeden Morgen hier erleben durften. Den Zelebranten und denjenigen, die die Messen vorbereitet haben, herzlichen Dank für diese liturgischen Gemeinschaftserlebnisse.
Dank an den gesamten Vorstand!
Ein Höhepunkt war die Sport- und Musik-Show, die von Sport- und Musikgruppen unserer Heime gestaltet wurde.
Hier gilt ein besonderer Dank zunächst Herrn Professor Dr. Ernst Kiphard, Frankfurt, aber auch Herrn Direktor Knab, dem Leiter des Josefsheimes, Großzimmern.
Dieser gemeinsame Abend mit unseren Jugendlichen zeigt, daß wir „Verbundsystem" nicht nur als ein Netzwerk der Kooperation verschiedener Institutionen freier und öffentlicher Jugendhilfe verstehen, sondern daß wir, die wir in der katholischen Jugendhilfe tätig sind oder sie als Träger mitverantworten, mit den Jugendlichen in unseren Heimen eine Gemeinschaft bilden, so daß wir hier nicht nur ein „Verbundsystem" nach außen, sondern auch nach innen bilden.
Wir sagen Frau Anna Zahalka von Herzen Dank für Ihre kreative Idee, allen Mitwirkenden des gestrigen Abends – bei der Sport- und Musik-Show – als Zeichen des Dankes eine Erinnerungsmedaille zu überreichen. So wird dieser im Inneren wie im Äußeren bewegende Abend in dankbarer Erinnerung in unseren Herzen bleiben.
Dank an den Diözesan-Caritasverband Essen, insbesondere an die Geschäftsführerin der Arbeitsgemeinschaft Heim- und Heilpädagogik, Frau Maria Maas.
Dank an Herrn Konermann, Arbeitsgemeinschaft der Heime im Bistum Aachen, für die Bildausstellung an der Stellwand im Foyer.
Dank an alle Gastgeber, an die Organisatoren und die Techniker des Städtischen Saalbaus Essen.
Als wichtigstes Ergebnis können wir feststellen: Heimerziehung wird auch in Zukunft im Verbundsystem der Jugendhilfe unverzichtbar sein.
Ich wünsche Ihnen und uns allen: Kommen Sie heile nach Hause, gutes Gelingen und Gottes Segen für unsere gemeinsame Arbeit!

Frau Professor Dr. Rita Süssmuth im Gespräch mit der 2. Vorsitzenden Frau Dr. Monika Pankoke-Schenk und dem Geschäftsführer

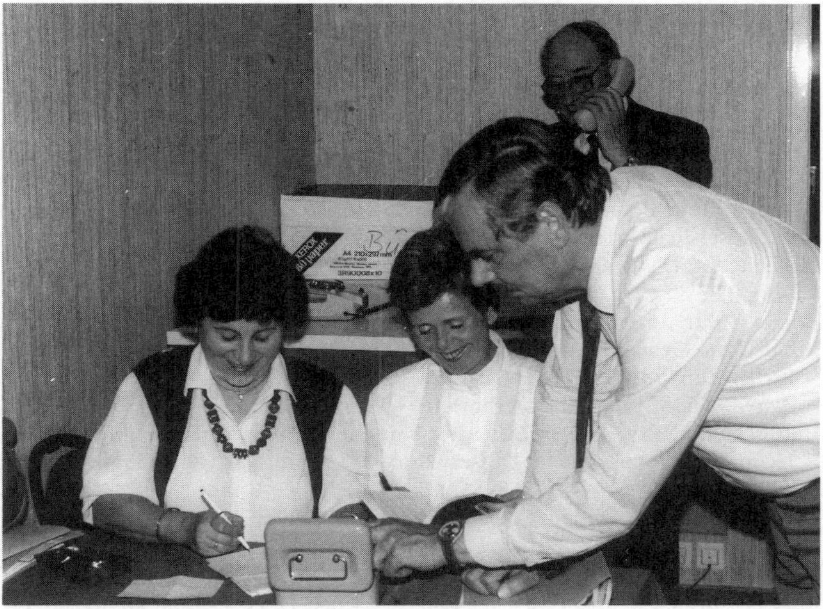

Die Geschäftsstelle: Ursula Herbst, Annemarie Mecking, Alfons Steffen

Dr. Peter Flosdorf am Bücherstand des Lambertus-Verlags mit den Geschäftsführern Fritz Boll und Gerhild Neugart

Anschriften der Mitwirkenden

Arend, Norbert, Verwaltungsamtsrat, Abteilungsleiter der Berufsberatung des Arbeitsamtes Landau, Postfach 1140, 6740 Landau

Bittler, Anton, Psychotherapeut für Kinder und Jugendliche (VKJP), Heimleiter, Josefsheim, Haußmannstraße 160, 7000 Stuttgart 1

Blumenberg, Dr. Franz Jürgen, Vorsitzender des AFET, Rosenau 4, 7800 Freiburg i. Br.

Bonna, Peter, Jugendstaatsanwalt, Fürther-Straße 112, 8500 Nürnberg 80

Breul, Theo, Abteilungsleiter, Geschäftsführer der Arbeitsgemeinschaft katholischer Einrichtungen der Heim- und Heilpädagogik im Erzbistum Paderborn, Am Stadelhof 15, 4790 Paderborn

Bub, Claudia, Psychologin (M. Sc.), Verband katholischer Einrichtungen der Heim- und Heilpädagogik Diözese Rottenburg-Stuttgart, Weißenburgstr. 13, 7000 Stuttgart 1

Dressel, Winfried, Diplom-Sozialarbeiter (FH), Heimleiter, Kinderheim Haus Nazareth, Brunnenbergstraße 34, 7480 Sigmaringen

Duffner, Herbert, Dorfleiter, Kinder- und Jugenddorf Klinge, 6966 Seckach

Enz, Dr. Franz, Professor an der Pädagogischen Hochschule Freiburg, Steinhalde 20, 7800 Freiburg i. Br.

Etteler, Hans, Regierungsschuldirektor a. D., Greiteler-Weg 33c, 4790 Paderborn

Flosdorf, Dr. Peter, Diplom-Psychologe, Leiter des überregionalen Beratungs- und Behandlungszentrums St. Josef, Frankfurter-Straße 24, 8700 Würzburg

Friedrich, Peter, Jugendamtsleiter, Postfach 660, 5750 Menden

Gräßle, Gerhard, Diplom-Sozialpädagoge (FH), Geschäftsführer der Arbeitsgemeinschaft katholischer Einrichtungen der Heim- und Heilpädagogik in der Erzdiözese Freiburg, Hildastraße 65, 7800 Freiburg i. Br.

Greiner, Peter, Sonderschulrektor i. E., Petrus Damian-Schule, Am Tannenköpfchen, 3530 Warburg

Große, Wolfgang, Weihbischof von Essen, Zwölfling 16, 4300 Essen

Henrich, Alfons, Direktor, Obere Langgasse 2, 6720 Speyer

Hölzl, Heinrich, Heilpädagoge, Heimleiter, Kinderdorf Die gute Hand, Jahnstraße 31, 5067 Biesfeld

Hügle, Alois, Diplom-Sozialarbeiter, Direktor, Jugendheim Johannesburg, Burgstraße 1 – 12, 2991 Surwold-Börgermoor

Junge, Hubertus, Diplom-Volkswirt, Abteilungsleiter im Deutschen Caritasverband, Karlstraße 40, 7800 Freiburg i. Br.

Kiehn, Erich, Draisstraße 22, 7800 Freiburg i. Br.

Kiphard, Dr. Ernst J., Professor für Motopädagogik am Institut für Sportwissenschaften der Universität Frankfurt, Ginnheimer Landstraße 39, 6000 Frankfurt/M. 90

Klein, Wichard, Diplom-Pädagoge, Jugendheim Johannesburg, Burgstr. 1 – 12, 2991 Surwold-Börgermoor

Knab, Eckhart, Direktor, St. Josephshaus Klein-Zimmern, 6112 Groß-Zimmern

Knam, Erwin, Direktor, Kinderdorf Marienpflege, Dalkingerstraße 2, 7090 Ellwangen/Jagst

Knoop, Klaus, Heimleiter, Haus im Druseltal, Im Druseltal 93, 3500 Kassel

Köhne, Dr. Josef, Arzt für Neurologie und Psychiatrie, Psychotherapie, Vorländerweg 116, 4400 Münster

König, Christian, Diplom-Psychologe, Kinderheim St. Josef, Dr. Nardini-Straße 3, 8433 Parsberg

Konermann, Klemens, Diplom-Pädagoge, Geschäftsführer der Arbeitsgemeinschaft katholischer Einrichtungen der Heim- und Heilpädagogik in der Diözese Aachen, Kapitelstraße 3, 5100 Aachen

Leinhofer, Dr. Gerhard, Diplom-Psychologe, Leiter der Beratungsstelle für Kinder, Jugendliche und Eltern, Weißenburgstraße 17, 8400 Regensburg

Lietz, Rudolf, Heilpädagogisches Institut Vincenzhaus, Vincenzstraße 29, 6238 Hofheim/Taunus

Maas, Maria, Diplom-Sozialpädagogin, Geschäftsführerin der Arbeitsgemeinschaft katholischer Einrichtungen der Heim- und Heilpädagogik im Bistum Essen, Am Porscheplatz 1, 4300 Essen

Menges, Josef, Geschäftsführer der Arbeitsgemeinschaft katholischer Einrichtungen der Heim- und Heilpädagogik in der Diözese Regensburg, Heiliggeistgasse 7, 8400 Regensburg

Nachbauer, Dr. Kurt, Abteilungsleiter im Deutschen Caritasverband, Karlstraße 63, 7800 Freiburg i. Br.

Noack Brigitte, Diplom-Pädagogin, Abteilungsleiterin im Jugendamt Köln, Postfach 108020, 5000 Köln 1

Pankoke-Schenk, Dr. Monika, Generalsekretärin, Sozialdienst katholischer Frauen, Agnes-Neuhaus-Straße 5, 4600 Dortmund 1

Patzelt, Harald, Diplom-Sozialpädagoge (FH), Supervisor, Überregionales Beratungs- und Behandlungszentrum St. Josef, Frankfurter-Straße 24, 8700 Würzburg

Pfaff, Gerhard, Heimleiter, Bernardshof, Polcher-Straße, 5440 Mayen

Pley, Ignaz, Heimleiter, Jugendwohnheim Hermann Joseph, Kasinostraße 3, 5000 Köln

Pütz, Karl-Heinz, Diplom-Sozialarbeiter, Geschäftsführer der Arbeitsgemeinschaft katholischer Einrichtungen der Heim- und Heilpädagogik im Bistum Münster, Kardinal-von-Galen-Ring 45, 4400 Münster

Rieß, Erhard, Diplom-Pädagoge, Erziehungsleiter, Jugendwerk St. Josef, Hauptstraße 231, 6740 Landau

Rube, Dr. Wolfgang, Schulleiter, Aichenbachstraße 114, 7060 Schorndorf

Scheiwe, Norbert, Diplom-Sozialpädagoge (FH), Heimleiter, Christophorus-Jugendwerk, 7814 Breisach-Oberrimsingen

Schlotmann, Hans-Otto, Diplom-Pädagoge, Diagnose- und Beratungsstelle, Mauritz-Lindenweg 56, 4400 Münster

Schmidt, Dr. Dr. Martin, Ordinarius für Kinder- und Jugendpsychiatrie der Universität Heidelberg, J 5, 6800 Mannheim

Schoch, P. Hans, Direktor, Berufsbildungswerk Waldwinkel, Waldwinkler Straße 1, 8261 Aschau/Inn

Schöneborn, Gerhard, Heimleiter, Hermann-Josef-Haus, Urfttalstraße 41, 5370 Kall-Urft

Scholten, Hans, Diplom-Sozialarbeiter, Familientherapeut, Raphaelshaus, Krefelderstraße 122, 4047 Dormagen

Schülken, Albert, Monsignore, Laurentiusgasse 3, 4790 Paderborn

Schuler, Arnulf, Sozialarbeiter grad., Supervisor, Geschäftsführer der Arbeitsgemeinschaft Heim- und Heilpädagogik in der Diözese Würzburg, Sterngasse 16, 8700 Würzburg

Schulz, Susanne, Soziologin M.A., Referentin, Sozialdienst katholischer Frauen, Agnes-Neuhaus-Straße 5, 4600 Dortmund 1

Schuster, Gerard, Diplom-Psychologe, Heimleiter, Jugenddorf Piusheim, Postfach, 8019 Glonn

Süssmuth, Professor Dr. Rita, Bundesministerin für Jugend, Familie, Frauen und Gesundheit, Postfach 200220, 5300 Bonn 2

Tull, Simon, Diplom-Psychologe, Geschäftsführer der Arbeitsgemeinschaft katholischer Einrichtungen der Heim- und Heilpädagogik in der Erzdiözese Köln, Georgstraße 7, 5000 Köln

Veith, Gerhard, Professor an der Katholischen Fachhochschule für Sozialwesen und Religionspädagogik Freiburg, Karlstraße 38, 7800 Freiburg i. Br.

Weiß, Ulrich, Diplom-Sozialarbeiter, Heimleiter, Stiftung van Gils, Van-Gils-Straße 10, 5010 Bergheim-Zieverich

Zahalka, Anna, Diplom-Pädagogin, Jugendhilfereferentin im Katholischen Jugendfürsorgeverein München, Postfach 151209, 8000 München 15

An der Sport- und Musikshow am 8. Juni 1988 wirkten Gruppen von Jugendlichen und Erziehern aus folgenden Einrichtungen mit:

Knabenkapelle des Kinderdorfes Ellwangen
Leitung: Werner Emmenecker

Rhönradgruppe des St. Josephsheimes Würzburg
Leitung: Albert Müller, Adriane Berdami

Don Bosco-Skateboard-Gruppe im Jugendheim Marienhausen/Rüdesheim
Leitung: Pater Bruno Lindemann

Fakirgruppe vom Bernardshof Mayen
Leitung: Eberhard Krob, Thomas Brühl

Jazz-Tanzgruppe des Johannesstiftes Wiesbaden
Leitung: Anita Ungeheuer

Akrobatikgruppe des St. Josephshauses Klein-Zimmern
Leitung: Slavek Halada, Eckhart Knab, Wilfried Rusch

Die Moderation der Veranstaltung hatte Professor Dr. Ernst J. Kiphard. Für die Gestaltung und Vorbereitung war Direktor Eckhart Knab verantwortlich.

Freiburger Sozialpädagogische Beiträge
Herausgegeben von Paul Schmidle † und Hubertus Junge

lieferbare Bände:

Reinhold Weinschenk	**Geplantes Erziehen im Heim** Band 13, 4. erweiterte und überarbeitete Auflage 1987, 252 Seiten, Forco, DM 24, –
Paul Schmidle Hubertus Junge (Hrsg.)	**Kinder im Heim – Kinder ohne Zukunft?** Fragen – Antworten – Perspektiven Band 14, 1980, 304 Seiten und 8 Fotoseiten, Alcor, DM 26, –
Erich Kiehn	**Sozialpädagogische Jugendwohngemeinschaften** Neue Möglichkeiten zur Selbstentfaltung junger Menschen Band 15, 1981, 256 Seiten, Forco, DM 26, –
Paul Schmidle Hubertus Junge (Hrsg.)	**Erziehen in unserer Zeit** Band 16, 1983, 248 Seiten, Forco, DM 26, –
Paul Schmidle Hubertus Junge (Hrsg.)	**Zukunft der Heimerziehung** Band 17, 1985, 276 Seiten, Forco, DM 26, –
Peter Flosdorf Arnulf Schuler Reinhold Weinschenk	**Anleiten, Befähigen, Beraten im Praxisfeld Heimerziehung** Formen und Möglichkeiten zur Verbesserung und Erhaltung der beruflichen und persönlichen Kompetenz der Mitarbeiter in der Heimerziehung Band 18, 1987, 136 Seiten, Forco, DM 18, –
Peter Flosdorf (Hrsg.)	**Theorie und Praxis stationärer Erziehungshilfe** Band 19 (zwei Bände), 1988 Band 1: Konzepte in Heimen der Jugendhilfe 280 Seiten, kart. lam., DM 28, – Band 2: Die Gestaltung des Lebensfeldes Heim 296 Seiten, mit Fotos, Tabellen, graphischen Darstellungen, kart. lam., DM 28, –